影响的张力.

域外学术思想探赜

刘成群 ———— 著

复旦大学出版社

作者简介

刘成群,河北高阳人。北京邮电大学教授,马克思主义学院研究生导师,人文学院副院长。主持国家社科基金2项,北京市社科基金1项;著有专著4部、散文集2部;发表学术论文60余篇,其中多篇被《中国社会科学文摘》、"人大复印报刊资料"转载。

目 录
CONTENTS

前言 ………………………………………………………………… 1

一、马克思主义编 ………………………………………………… 1

"人类学笔记"与马克思对黑格尔历史哲学的扬弃 ………… 3
马克思"六册计划"与"人类学笔记"土地所有制问题 …… 22
马克思恩格斯希腊罗马史观探析 …………………………… 42
马克思的"十字军东征"史观 ………………………………… 63
《历史学笔记》与马克思的宗教改革史观 …………………… 83

二、哲学思想编 …………………………………………………… 103

伊本·西那与"流溢说" ……………………………………… 105
俄国自由主义的"寻神"转向 ………………………………… 124
论卢卡奇哲学进路中的克尔凯郭尔维度 …………………… 148
论海德格尔马堡弟子群体 …………………………………… 169

洛维特与虚无主义问题 …………………………… 194

三、经济思想编 ………………………………………… 217
　　诺斯制度变迁模型与人口增长动力论 …………… 219
　　"搭便车"问题与诺斯制度变迁理论的转向 ……… 237
　　诺斯制度变迁理论与哈耶克心智学说关系辨析 … 256
　　论"加州学派"的经济史研究范式 ………………… 279

四、文化交流编 ………………………………………… 305
　　《福乐智慧》中的法拉比图式及苏非主义 ………… 307
　　论鲁迅对尼采"戏仿"的承袭 ……………………… 325
　　从浮世绘到印象主义——禅宗美学的世界影响 … 348

参考文献 ………………………………………………… 372

后记 ……………………………………………………… 411

再版后记 ………………………………………………… 416

前言
FOREWORD

　　本书的标题很容易让人想到哈罗德·布鲁姆《影响的焦虑》一书。不过笔者也不否认,本书在研究范式上的确受到了哈罗德·布鲁姆的影响。其实"影响的焦虑"是一个较为简单的术语,所谓"影响",当然是指前辈对后辈施加的影响,后辈无论承认与否,他们都不得不生活在前辈施下的逃脱不得的魔咒之中。无论是在西方正典里,还是在中国传统文化之中,这种现象都屡见不鲜。

　　哈罗德·布鲁姆《影响的焦虑》一书真正的特别之处并不在"影响",而在于"焦虑"。所谓"焦虑",是指后辈吮吸前辈养分后,会做出跳出前辈影响的种种努力,他们会通过"误读"去挑战前辈,试图从层层束缚中挣脱而出,从而塑造出一个全新的自我。正如哈罗德·布鲁姆所说:

　　　　诗的影响——当它涉及两位强者诗人、两位真正的诗人时——总是以对前一位诗人的误读而进行的。这种误读是一种创造性的校正,实际上必然是一种曲解。一部成果斐然的"诗的影响"的历史——亦即文艺复兴以来的西方诗歌的主要传统——乃是一部焦虑和自我拯救的漫画般的历史,是歪曲对方的历史,是反常的随心所欲修正的历史。而没有这一段历史,现代诗歌本身是不可能存在的。①

在哈罗德·布鲁姆的"焦虑"中,明显可以看到来自尼采谱系学和弗洛伊德"升华"学说的影响。他使用"影响的焦虑"这一理论,分析西方正典中众多来者修正前辈的经典案例,如弥尔顿和惠特曼为英美诗歌制造的巨大阴影,又如莎士比亚对马洛顽强抵抗以及压倒性的胜出。即便是弗洛伊德宣称的"发明了精神分析,因为此前并无文献记载"②,也被哈罗德·布鲁姆用莎士比亚的作品所颠覆。他指出:"弗洛伊德实质上就是散文化了的莎士比亚。"③可以说,"影响的焦虑"是哈罗德·布鲁姆驰骋文坛并纵横古今的"杀手锏"。"影响的焦虑"可以用诸文学,当然也可以在其他领域实现精准的操作。本书就是这一理论运用于哲学、经济学,乃至马克思主义和文化交流领域的试验品。

---

① [美]哈罗德·布鲁姆:《影响的焦虑:一种诗歌理论》,徐文博译,中国人民大学出版社2019年版,第23页。
② [美]哈罗德·布鲁姆:《西方正典:伟大作家和不朽作品》,江宁康译,译林出版社2005年版,第44页。
③ 同上书,第291页。

关于"张力"一词,也需要做一个简短的说明。"张力"本来是一个物理学名词,指的是在拉伸过程中,物体内部产生了两种相反的力,其引申义是指事物内部所存在的既对立又统一的复杂关系。1937年,美国新批评派文论家艾伦·退特发表《论诗的张力》一文,在文中,艾伦·退特讨论了诗歌的"外展"和"内包"之间的对立与统一,他认为诗的意义就是指它的张力:

> 我所能获得的最深远的比喻意义并无损于字面表述的外延作用,或者说我们可以从字面表述开始逐步发展比喻的复杂含意:在每一步上我们可以停下来说明已理解的意义,而每一步的含意都是贯通一气的。①

罗伯特·潘·沃伦也认为诗歌是一个充满矛盾的结构,其中存在着各种形态的张力:

> 诗的韵律和语言的韵律之间存在着张力,……张力还存在于韵律的刻板性和语言的随意性之间;存在于特殊与一般之间;存在于具体与抽象之间;存在于即使是最朴素的比喻中的各种因素之间;存在于美与丑之间;存在于各种概念之间;存在于反讽包含的各种因素之间;存在于散文体与陈腐古老

---

① [美]艾伦·退特:《论诗的张力》,姚奔译,赵毅衡编选:《"新批评"文集》,中国社会科学出版社1988年版,第117页。

的诗体之间。①

除了上述文论家外,瑞恰兹、兰色姆、维萨姆特、奥康纳等人对"张力"理论的深化也都作出了各自的贡献。他们通过努力,进一步将"张力"理论应用的场地由诗歌扩展至整个文学领域。也就是说,原则上所有文学作品都可以看做是一个矛盾的统一体。

正如"影响的焦虑"可以用于其他领域一样,"张力"同样也可以溢出文学,去分析哲学、经济学。在本书中,我们所谓的"张力"是定位在"连续"与"断裂"这一对立统一的关系上。在法国学界,关于历史书写,就曾经有"连续"与"断裂"两种较为对立的观点。布罗代尔认为,应该采用"长时段"的书写方式,从而挖掘"潜在的、深层的、长命百岁的历史"②;福柯则提出抛弃"连续"的思想史,强调"要描述非连续性本身的弥散"③。当然,布罗代尔与福柯的思路,都有其产生的学术语境,不能简单论之。不过,若以"张力"视角观察的话,则两者也不无统摄于一的可能性。

本书在论述"张力"的操作中,尝试建立前辈与来者的连续关系,将其作为"影响"之印迹。当然,我们也会描述两代学者的抵

---

① [美]罗伯特·潘·沃伦:《纯诗与非纯诗》,赵毅衡编选:《"新批评"文集》,蒋一飘、蒋平译,第181—182页。
② [法]布罗代尔:《法兰西的特性——历史和空间》,顾良等译,商务印书馆1994年版,第6页。
③ [法]米歇尔·福柯:《知识考古学》,董树宝译,生活·读书·新知三联书店2021年版,第205—206页。

悟之处,这也可以理解为所谓的"断裂"或"非连续性"。然而所谓的"断裂"也不是完全一刀两断,其实从"断裂"处还是可以考量出很多连续性的因素的。这也是我们不用"断裂"而更愿意用"转向"归纳差异的原因。

本书在表述"张力"的操作中,会着重去探索学术转向这样的"断裂"节点。这其中包括前辈与来者之间的学术转向,同时也包括来者在前辈影响之下所发生的学术转向。在"转向"这样的"断裂"节点处,可以探索来者试图摆脱前辈所作出的妥协与调整,以及不屈不挠的抗争。所以说,在学术转向的关头,不但可以研究前辈对来者的"影响",也是可以发现来者之于前辈的"焦虑"的。

"影响的焦虑"与"张力"都是文学理论概念,在这里,我们将其进一步拓展运用至哲学、经济学、马克思主义和文化交流领域,考察的年代涉及中古、近代乃至于当代,考察的国度也不限于德国、俄国、美国、日本以及中亚国家。我们的范式是"旧瓶",然而里面装的却都是"新酒",至于酒的味道如何,就交由读者们自己品鉴了。

另,本书所涉外文文献,笔者尽可能使用标准译名,而对引文中的译名影响既定,为免焦虑,则以出处为准,不做统一。

一、马克思主义编

"人类学笔记"与马克思对黑格尔历史哲学的扬弃

从1868年起,马克思开始认真阅读毛勒、尼·卡拉乔夫、哈克斯特豪森、乌蒂塞诺维奇、卡尔德纳斯、克雷马齐、索柯洛夫斯基等人有关德国、俄国、南斯拉夫、西班牙社会史的研究著作。1879年起,马克思又仔细研究并摘录了柯瓦列夫斯基的《公社土地占有制,其解体的原因、进程和结果》、摩尔根的《古代社会》、梅恩的《古代法制史讲演录》、拉伯克的《文明的起源和人的原始状态》、菲尔的《印度和锡兰的雅利安人村社》等人类学著作,这便是所谓的"人类学笔记"。"人类学笔记"在晚年马克思的意识里无疑占据十分重要的地位,以至他为此都暂时搁置了《资本论》第二卷、第三卷的订正和出版工作。

"人类学笔记"的陆续公布,在国内外学界引发了一股研究热潮,但这些研究大多集中在探讨"人类学笔记"主旨的角度上,以马克思学术逻辑变化为视角进行研究的尚不多见。我们在这里不准备过多论及"人类学笔记"的主旨,而是以"人类学笔记"为切入点讨论马克思对黑格尔历史哲学的扬弃这一命题,并以之求教于学界群贤。

一、马克思式的世界历史观

在1845—1846年完成的《德意志意识形态》中,马克思与恩格斯言及"分工发展的不同阶段,也同时就是所有制的各种不同形式"时,将资本主义以前的所有制形式划分为三个层次,分别是"部落所有制"、"古典古代的公社所有制和国家所有制"、"封建的或等级的所有制"。① 从马克思与恩格斯的叙述中可以明显看出,这几个层次不仅代表着时间的先后顺序,同时也意味着一种由低级到高级的发展线索。

马克思在1947年撰写的《雇佣劳动与资本》中又一次提及不同的社会类型,他认为人类历史发展中的每一个特殊阶段都是一个生产关系的总和,"古典古代社会、封建社会和资产阶级社会都是这样的生产关系的总和"。② 在这里,马克思是从生产关系这一角度审视古代社会、封建社会和资产阶级社会的,依然体现为一种由低级到高级的发展线索。

在《政治经济学批判(1857—1858年手稿)》一书中,马克思将

---

① [德]马克思、恩格斯:《马克思恩格斯文集》第1卷,人民出版社2009年版,第521—522页。
② 同上书,第724页。

资本主义生产以前的各种形式大体分为三种,即"亚细亚的基本形式"、"罗马的、希腊的(简言之,古典古代的)形式"、"日耳曼的所有制"。① 他认为,"家长制的、古代的(以及封建的)状态随着商业、奢侈、货币、交换价值的发展而没落下去,现代社会则随着这些东西同步发展起来。"② 从马克思的概括来看,他无疑是相信整个人类社会具有发展的统一性的。这一认识到了1859年发表的《政治经济学批判·序言》那里正式归结为四种形态:"大体说来,亚细亚的、古代的、封建的和现代资产阶级的生产方式可以看做是经济的社会形态演进的几个时代。"③ 可见马克思此时依然认为人类历史上存在着不同的社会经济形态,而且具有依次更替的特点。

1867年,《资本论》第一卷出版,在这部巨著中,马克思对于人类社会的发展形态依然持先前的观点,如其提及"资产阶级的社会生产有机体"产生之前的"古老的社会生产有机体"时写道:"在古亚细亚的、古代的等等生产方式下"④。也就是说,从资产阶级的社会可以追溯到"古亚细亚的、古代的等等生产方式",这无疑与先前"亚细亚的、古代的、封建的和现代资产阶级的生产方式"的表述是一致的。

---

① [德] 马克思、恩格斯:《马克思恩格斯全集》第2版第30卷,人民出版社1995年版,第467—472页。
② 同上书,第108页。
③ [德] 马克思、恩格斯:《马克思恩格斯全集》第2版第31卷,人民出版社1998年版,第413页。
④ [德] 马克思、恩格斯:《马克思恩格斯全集》第2版第44卷,第97页。

1873年,《资本论》第一卷第二版出版,马克思在"一切文明民族的历史初期都有过的这种劳动的原始的形式"处添加了一个注解:"……罗马和日耳曼的私有制的各种原型,就可以从印度的公有制的各种形式中推出来。"①可见,马克思认为亚细亚的公社所有制就是原始的公社所有制,罗马(古代的)和日耳曼的私人所有制(封建的)是其解体的各种形式。也就是说,亚细亚的生产方式就是后世各种社会形态的先前形式,不单为亚洲所有,可以认为是一切人类社会的原初形态。

从《德意志意识形态》开始,马克思就开始尝试分阶段地阐释历史上所存在的所有制形式,马克思的这种阐释绝不是只针对欧洲,而是明显从世界历史的角度寻找统一规律。也就是说,马克思是将人类历史看成一个单线索演进的系统,而不是多线索齐头并进式的。可以说,这就是马克思式的世界历史观。后来列宁的《论国家》,尤其是斯大林在《论辩证唯物主义和历史唯物主义》中主张"五种社会形态说",将其定位为人类历史发展放之四海而皆准的固定模式,其理论源头就来自马克思式的世界历史观无疑。

马克思式的世界历史观其本质是一种历史哲学,学者们进行理论追溯时,往往将其追溯到维科那里。维科是"历史哲学"这一学科的创立者,"是黑格尔历史哲学思想当之无愧的先驱"②。然

---

① [德]马克思、恩格斯:《马克思恩格斯全集》第2版第44卷,第95页。
② 李秋零:《维科的〈新科学〉和历史哲学的开端》,《外国哲学》第10辑,商务印书馆1989年版,第65页。

而马克思与维科之间的时间跨度较大,影响也未必直接。一般来说,马克思的世界历史理论最直接的思想来源乃是黑格尔学说。马克思与黑格尔之间的私淑关系,已是学界共识,此不赘述。马克思虽然对黑格尔多有批判,但不可否认的是,作为黑格尔哲学的后继者,马克思在黑格尔那里承继的东西远比人们想象的为多,尤其是马克思的世界历史理论。他的确"批判地继承了黑格尔的世界历史思想的合理因素"①。

在德国古典唯心哲学那里,一直就有一种世界历史观念的萌动,如费希特认为,经验自我生发出的自我意识克服非我因素通往绝对自我的过程,是创造世界历史的过程。又如谢林认为,人的自由从萌生到与必然实现同一的过程,就是创造整个人类历史的过程。黑格尔的看法与费希特、谢林一脉相承,他将世界历史视作"自由"这一"精神"的自我表现与自我实现,世界历史也就是"自由"的实现过程。当然,这一实现过程也要经历不同的阶段,而特定的阶段可以以特定的民族精神进行标识。黑格尔认为,一个民族精神的完成,同时也意味着一个新的民族精神的诞生,在这种表现出"扬弃"的发展形态里,民族精神是有层次高低之别的。在黑格尔看来,东方各民族与古希腊、罗马民族及日耳曼民族就呈现出从低到高的阶梯形进展,如其所说:"东方各国只知道一个人是自由的,希腊和罗马世界只知道一部分人是自由的,至于我们知道一

---

① 马俊峰:《马克思世界历史理论的方法论意义》,《中国社会科学》2013年第6期,第4页。

切人们(人类之为人类)绝对是自由的"①。洛维特非常清楚黑格尔的主张,即以中国、印度、波斯这些东方帝国为世界历史的开端,而终结于基督教—日耳曼帝国,正所谓"世界的普遍精神就是在东方升起、在西方落下太阳"②。

黑格尔关于"精神"自我实现的论断可以视作马克思"亚细亚的、古代的、封建的和现代资产阶级的"那种划分的先声,即便是马克思另辟蹊径,采用生产方式的视角进行了全新的阐释,但其对于世界历史走向的划分却基本遵循了黑格尔的立场。

黑格尔哲学明显具备一种历史主义的方法,这与康德以及康德以前的哲学家不同。康德强调"纯粹理性",这种"纯粹理性"之所以纯粹乃是和神秘的"物自体"划清了界限,虽则"纯粹",但也造成了认识论与道德论明显的割裂。黑格尔认为"真理就是全体"③,割裂的体系不是全体。为了解决康德体系"割裂"的问题,黑格尔谋求以一种新的理性以取代康德的"纯粹理性"。关于这种新的理性,黑格尔描述说它是自己的生存的唯一基础,也是自己绝对的最后目标,同时是实现目标的力量,它在"自然宇宙"与"精神宇宙"同时展开,是"真实的、永恒的、绝对地有力的东西"④。这种统摄"自然宇宙"与"精神宇宙"的理性在世界历史中辩证运

---

① [德] 黑格尔:《历史哲学》,王造时译,第 17 页。
② [德] 洛维特:《从黑格尔到尼采:十九世纪思维中的革命性决裂》,李秋零译,第 41 页。
③ [德] 黑格尔:《小逻辑》,贺麟译,商务印书馆 2019 年版,第 55 页。
④ [德] 黑格尔:《历史哲学》,王造时译,第 9 页。

动就会实现主体与客体的统一,逻辑与历史的一致。黑格尔第一次"把整个自然的、历史的、精神的世界描写为一个过程,即把它描写为处在不断的运动、变化、转变和发展中,并企图揭示这种运动和发展的内在联系"。恩格斯认为这就是黑格尔的"伟大功绩"。①

黑格尔的世界历史思想,其支撑点在于历史决定论的方法。所谓的"历史决定论",就是"假定历史预测是社会科学的主要目的,并且假定可以通过发现隐藏在历史演变下面的'节奏'或'模式'、'规律'或'倾向'来达到这个目的"。② 黑格尔的世界历史思想,是要在历史发展中梳理和总结规律,将历史转化为一种逻辑,其本质是一种以历史决定论为导向的历史哲学。从这个角度来说,黑格尔东升西落的世界历史观,也是由历史决定论这一逻辑的体现。马克思对黑格尔世界历史思想的吸收,在更深层次上来说,也是对黑格尔历史哲学的一种认可。

二、"人类学笔记"与马克思对"亚细亚的所有制形式"的搁置

人类童年时期的状况如何?这一问题向来为学界所关注。不

---

① [德]马克思、恩格斯:《马克思恩格斯全集》第 2 版第 26 卷,人民出版社 2014 年版,第 26 页。
② [英]卡尔·波普尔:《历史决定论的贫困》,杜汝楫等译,上海人民出版社 2009 年版,第 2 页。

过在达尔文进化论思想提出以前,这种关注大抵处于一种推测与猜想的层次上。1959年《物种起源》的出版为人类学提供了进化论的视野与方法。尽管我们不能把人类学学科的发展简单视作达尔文理论的扩展,但不能否认的是,进化论的确激发了人类学这一学科的突飞猛进。在《物种起源》之后,达尔文出版了人类学著作《人类的由来及性选择》,与此同时,泰勒等人的作品如也纷纷面世。摩尔根的《古代社会》、梅恩的《古代法制史讲演录》、柯瓦列夫斯基的《公社土地占有制,其解体的原因、进程和结果》、拉伯克的《文明的起源和人的原始状态》、菲尔的《印度和锡兰的雅利安人村社》等著作也在这一过程中应运而生。

与达尔文环球旅行获得世界各地有关地质和生物学资料相似,摩尔根等人也采用了严肃的田野方法并获得了众多有关北美洲、印度以及伊斯兰社会的实证资料,因而取得了明显的学术突破。马克思晚年读到摩尔根等人的著作后,立即被那些新方法和新资料所吸引,因此不惜中断了《资本论》第二卷、第三卷的订正、出版工作,对这些著作一本又一本地做起了摘要。从马克思的笔记来看,马克思对摩尔根、梅恩、柯瓦列夫斯基、拉伯克、菲尔等人的著作都进行了非常深入的研究,期间有批判,有吸收,可以说是做到了积极的扬弃。这种扬弃也使得马克思对自己先前持有的一些观念做出了适当的调整。

首先,马克思接受了"氏族解体从而产生了家庭"的观念,由是放弃了先前"个体家庭扩大为氏族乃至更大的公社共同体"的认识。早在《德意志意识形态》中，马克思就提出过"社会结构只局限于家庭的扩大"①这样一个结论，到了《经济学手稿(1857—1858年)》中，他将这一结论表述为"家庭和扩大成为氏族的家庭"以及"由氏族间的冲突和融合而产生的各种形式的公社"②，也就是说，马克思认为原始社会人类组织是遵循一个家庭→氏族→公社的普遍规律的。当然，马克思的上述结论只是出于推想，并无田野方法和实证资料支持。当阅读了摩尔根等人的著作后，他的思想发生了很大的转向，恩格斯对此就有过敏锐的察觉，他在《资本论》第三版里的注释中说：

> 后来对人类原始状况的透彻的研究，使作者得出结论：最初不是家庭发展为氏族，相反地，氏族是以血缘为基础的人类社会的自然形成的原始形式。由于氏族纽带的开始解体，各种各样家庭形式后来才发展起来。③

其次，马克思接受了人类学者"原始平等"的观念，从而在一定程度上调整了先前关于"亚细亚专制"的认识。在《政治经济学批判(1857—1858年手稿)》中，马克思认为家庭扩展为部落，部落联合形成自然的共同体，这就是"亚细亚的所有制形式"。在《政

---

① ［德］马克思、恩格斯：《马克思恩格斯文集》第1卷，第521页。
② ［德］马克思、恩格斯：《马克思恩格斯全集》第2版第30卷，人民出版社1995年版，第25页。
③ ［德］马克思、恩格斯：《马克思恩格斯全集》第2版第44卷，第407页。

治经济学批判》序言中,马克思进一步认为:"大体说来,亚细亚的、古代的、封建的和现代资产阶级的生产方式可以看做是经济的社会形态演进的几个时代。"①可见,马克思笔下的"亚细亚的"不仅仅指代东方社会,同时也用以描述人类历史的第一个阶段。因此可以说,在马克思的固有印象里,东方社会结构与人类历史的第一个阶段无异。马克思认为,那种凌驾于所有小共同体之上的统一体"是实际的所有者,并且是公共财产的实际前提"②,而公社只不过是世袭的占有者进行占有的一种表象而已,因此人类历史的第一个阶段往往表现为共同体的天然"首长"以共同体的名义剥夺个体的权益和自由,由此形成一种"虽无私产但极端专制"的社会结构。

然而,在阅读了摩尔根等人关于"原始平等"的描述后,马克思的思想受到了很大触动,以致他停下手头的工作来摘录这些人类学著作。摩尔根对北美的易洛魁人有深入的研究,他的"原始平等"的观念就是在易洛魁氏族社会那里提炼出来的。他认为易洛魁氏族成员生而自由,一律平等,即便是酋长都不能有任何特权,"自由、平等、博爱,虽然从来没有明确表达出来,却是氏族的根本原则"③。马克思对摩尔根关于易洛魁人的描述进行了详尽的摘录,显然是充满了浓厚的兴趣。不但如此,马克思还对柯瓦列夫斯

---

① [德] 马克思、恩格斯:《马克思恩格斯全集》第 2 版第 31 卷,第 413 页。
② [德] 马克思、恩格斯:《马克思恩格斯全集》第 2 版第 30 卷,第 467 页。
③ [德] 马克思:《马克思古代社会史笔记》,人民出版社 1996 年版,第 211 页。

基一书中的"卡尔普里"进行了详细的摘录。"卡尔普里"系定居于墨西哥、秘鲁的红种人的公社,苏里塔曾详细论述过这种"卡尔普里",柯瓦列夫斯基进行了引用,马克思则一并摘录。摘录的内容很显然强调了土地是卡尔普里全体公社成员的共同财富,公社的每个家庭都能得到一块长久使用且完全不许出让的土地,"如果某个家庭完全死绝,则属于它的财产就重新归还公社,由公社的部落长处理,交给最需要土地的家庭使用"①。

在马克思所作的摘要中看不出"卡尔普里"是平等还是专制,但从马克思对殖民者破坏公社土地制度的强烈谴责来看,马克思应该倾向于"卡尔普里"有平等的性质。后来恩格斯也在一定程度上接受了"原始平等"的观念。他指出:"在野蛮时代结束以前,不大可能有严格的世袭制,因为这种世袭制是同富人和穷人在氏族内部享有完全平等权利的秩序不相容的。"②

还有一个值得注意的现象是,马克思接触到摩尔根等人"原始平等"的氏族社会模型后便不再提及"虽无私产但极端专制"的"亚细亚的所有制形式"了。究其原因,可能是摩尔根的田野方法与实证资料的优势,令马克思无法辩驳。当此时,马克思关于"亚细亚的"也就是人类历史第一阶段"虽无私产但极端专制"的推想陷入了困境。承认摩尔根等人的"原始平等"的观念,也就意味着

---

① [德] 马克思:《马克思古代社会史笔记》,第7页。
② [德] 马克思、恩格斯:《马克思恩格斯全集》第2版第28卷,人民出版社2018年版,第121页。

要在一定程度上搁置原始共同体自带专制的设想,这可能就是此后马克思不再提及"亚细亚的所有制形式"的重要原因。

理论上陷入了困境,马克思不得不重新调整自己的思考逻辑。按照摩尔根说法,原始社会是自由平等的,倘若接受这一观念,那么必须要说明后世社会所出现的专制源自何处?为了解决这一问题,马克思开始尝试对原始社会进行界定与区分。在接触摩尔根等人著作之前,马克思对原始社会笼统地理解为"无私产",但在阅读了《古代社会》以后,马克思发现公社土地除了公有的属性外也存在私有的状况。因此他提道:"把所有的原始公社混为一谈是错误的;正像在地质的层系构造中一样,在历史的形态中,也有原生类型、次生类型、再次生类型等一系列的类型"[1],如"建立在公社社员的血统亲属关系上的""较早的原始公社"和"割断了这种牢固然而狭窄的联系"的"农业公社"。[2] 作为一种最新类型的古代社会形态,农业公社具有公有制社会向私有制社会过渡的性质。在"土地私有制已经通过房屋及农作园地的私有渗入公社内部"[3]的同时,私有制产生专制的状况也就发生了,就此柯瓦列夫斯基指出,那些部落首领权力增长得越来越大,他们在法律虚构层面的能力越来越强,"凭借这种法律虚构,民族首领成了本民族所占全部

---

[1] [德]马克思、恩格斯:《马克思恩格斯全集》第2版第25卷,人民出版社2001年版,第467—468页。
[2] 同上书,第460页。
[3] 同上书,第478页。

土地纵然不是事实上的、也是法律上的最高所有者。"①马克思对柯瓦列夫斯基的这一段原话进行了摘录,可见是予以认同的。通过对原始社会的界定与区分,也就顺理成章地引出了私有制产生专制的理念,这也使得马克思摆脱了暂时搁置"亚细亚的所有制形式"而后出现的理论困境。

如前所述,"亚细亚的所有制形式"观念是黑格尔历史哲学在马克思那里留下的余烬。搁置"亚细亚的所有制形式"在一定程度上也就意味着其断开了与黑格尔历史哲学的联系。虽然马克思一直想从黑格尔历史哲学的笼罩之中突围出来,但真正使他破茧而出的是通过摘录"人类学笔记"这一契机。

三、对黑格尔历史哲学的扬弃

马克思曾一度私淑黑格尔,他不但曾以"青年黑格尔派"自居,而且还在晚年宣称:"我公开承认我是这位大思想家的学生"②。如前所述,黑格尔的历史哲学是探索历史发展的内在联系,这一点马克思也是始终认同的,但是他反对将辩证法神秘化。马克思认为在黑格尔那里,"全部外化历史和外化的全部消除,不过是抽象的、绝对的思维的生产史,即逻辑的思辨的思维的生产

---

① [德] 马克思:《马克思古代社会史笔记》,第47—48页。
② [德] 马克思、恩格斯:《马克思恩格斯全集》第2版第44卷,第22页。

史。"①马克思显然不满黑格尔哲学因脱离现实世界而产生的"那种离奇古怪的调子"②。马克思所理解的历史,是由处于生产生活中的作为现实的人所集合成的现实的历史,唯有挖掘这种现实历史的内在联系才是真正的历史哲学,即历史唯物主义。

马克思建立历史唯物主义的过程,也是批判并改造黑格尔历史哲学的过程。从《黑格尔法哲学批判》《1844 年经济学哲学手稿》《神圣家族》到《德意志意识形态》,马克思"既吸取了黑格尔历史主义方法的积极因素,同时又从根本上对之进行了唯物主义的改造"③。一般来说,《德意志意识形态》系统地阐释了历史唯物主义的原则与方法,标志着历史唯物主义的创立,但这并不意味着马克思彻底清除了黑格尔历史哲学的幽灵。在《德意志意识形态》完成后的二三十年的时间里,马克思一直坚持着"亚细亚的、古代的、封建的和现代资产阶级"这样一个由低到高的发展序列,这无疑是源自黑格尔历史哲学的旧模式。而对这一旧模式的清除,直待"人类学笔记"时期才得以最终完成。

在黑格尔历史哲学幽灵未予以彻底清除的时期,马克思认为"亚细亚的所有制形式"是人类社会的第一阶段,古希腊罗马式的、日耳曼式的生产方式都可以从"亚细亚的所有制形式"当中推

---

① [德]马克思、恩格斯:《马克思恩格斯文集》第 1 卷,第 203 页。
② [德]马克思、恩格斯:《马克思恩格斯全集》第 2 版第 47 卷,人民出版社 2004 年版,第 13 页。
③ 齐艳红:《历史主义:从黑格尔到马克思》,《南开学报》2013 年第 6 期,第 17 页。

演而出。在阅读摩尔根等人的著作后,马克思才认识到"较早的原始公社"才是人类社会的第一阶段,而东方的农村公社已经不是人类社会的第一阶段,而是向次生形态过渡的阶段。因此,在"人类学笔记"时期,马克思不但摒弃了原始社会"虽无私产但极端专制"的固有认识,同时也在一定程度上搁置了"亚细亚的所有制形式"为人类社会最原始阶段的想法。在马克思学术逻辑发生转变的过程中,他更进一步地去除了"欧洲中心论"的影响,将东方社会结构作为一种并行的机制加以研究。

在"人类学笔记"时期,马克思"着力肯定了古代东方社会的法律文化面貌,并且将其放置到世界法律文明的背景下来加以观照。"①从法律角度来审视,马克思的确着力思考古代东方社会的法律文化的独特机制。从更宏观的角度来看,马克思的"人类学笔记"虽然未必明确探讨"世界资本主义体系中东方落后国家的发展道路和未来前景问题",但也绝不仅仅限于"探索人类的原始社会及文明时代的起源"。② 综合考量可知,马克思在这一时期及其后,的确在着力思索东方社会独特的发展机制问题。

在1877年的10月,马克思完成了《给〈祖国纪事〉杂志编辑部的信》,在这封没有寄出的信中,他批评了海米洛夫斯基对自己思想的曲解,他指出自己批评过赫尔岑,但这不意味着自己反对"俄

---

① 公丕祥:《东方法律文化的历史逻辑》,法律出版社2002年版,第26页。
② 林锋:《再论马克思"人类学笔记"的主题》,《江汉论坛》2009年第8期,第30页。

国人为他们的祖国寻找一条不同于西欧已经走过而且正在走着的发展道路"这样的观点;同时他也指出自己赞赏过车尔尼雪夫斯基,但同样也不意味着自己赞同"俄国可以在发展它所特有的历史条件的同时取得资本主义制度的全部成果,而又可以不经受资本主义制度的苦难"这样的认识。① 可见在这时候,马克思对俄国道路尤其俄国的公社并未形成深刻的认识,因而在观点表述上有些模棱两可。

在《给〈祖国纪事〉杂志编辑部的信》中,马克思并不主张自己在《资本论》阐述的理论被泛化使用,就像他后来说的那样"把这一切运动的'历史必然性'限于西欧各国"②,因此他反对海米洛夫斯基把他关于西欧资本主义的学说彻底变成一切民族都具备的一般发展道路的理论。他强调说:"极为相似的事变发生在不同的历史环境中就引起了完全不同的结果。"③也就是说,各个民族所处的历史环境不同,是不会注定都走与西欧相似的发展道路的。

马克思将历史必然性限制在西欧范围内而不是将其普世化,这明显展现出他是具有一种反"欧洲中心论"思想的。众所周知,黑格尔对世界历史的看法带有一种明显的"欧洲中心论"倾向。更具体来说,乃是为德意志中心主义张目。而马克思犹太人的出身以及其"世界公民"的信念,使得他对"欧洲中心论"不以为然。

---

① [德] 马克思、恩格斯:《马克思恩格斯全集》第 2 版第 25 卷,第 140—143 页。
② 同上书,第 455 页。
③ 同上书,第 145 页。

马克思对"莱茵-日耳曼模式与盎格鲁-撒克逊传统,以及在近代以来支撑或解释欧洲中心主义的法兰西激进传统、犹太教传统的多重批判"①,就明显带有对"欧洲中心论"的质疑。而在《给〈祖国纪事〉杂志编辑部的信》中,马克思反对自己的理论普遍适用,这也与其一贯的反"欧洲中心论"思维相吻合。

然而,在"人类学笔记"之前,马克思虽然具备反"欧洲中心论"思想,但由于对世界各地区的情况不甚了解,他很难做到对一种业已根深蒂固的思想进行大力度的扬弃,这与他在"人类学笔记"之前无法彻底清除黑格尔历史哲学的幽灵相似。在阅读摩尔根等人的著作之后,马克思对人类学田野方法和实证资料充分汲取,较为深刻地了解了世界各地的情况,尤其是对各地历史上的、现实中的农村公社有了进一步的认识。在"人类学笔记"之后,马克思的反"欧洲中心论"思维进一步发展,因而再谈及俄国公社与俄国道路时就具备了明确的指向性。

在潜心研究了柯瓦列夫斯基的《公社土地占有制,其解体的原因、进程和结果》、摩尔根《古代社会》两书以后,马克思在1881年的2—3月间,四易其稿完成了《给维·伊·查苏利奇的复信》。在给这位女革命家的信件里,马克思审慎地提出,在俄国这样一个具有东方国家特征的国度里,由于农业公社的存在,俄国"可以不通过资本主义制度的卡夫丁峡谷,而吸取资本主义制度所取得的一

---

① 邹诗鹏:《马克思对欧洲中心主义的批判与超越》,《哲学研究》2018年第9期,第16页。

切积极成果"①。这一观点在《共产党宣言》1882年俄文版序言中有了更加明确的表述,即俄国不必经历西欧历史上所经历的那个瓦解过程,而可以通过公社直接过渡到共产主义。"假如俄国革命将成为西方无产阶级革命的信号而双方互相补充的话,那么现今的俄国土地公有制便能成为共产主义发展的起点。"②可见马克思此时已经认为,在俄国由于有公社的存在,是可以走出一条不同于欧洲资本主义的独特道路的。这种观念的生成对于其反"欧洲中心论"的确是一个有力的支撑。

在《给维·伊·查苏利奇的复信》里,马克思提到了摩尔根,显然他是在阅读中受到了触动。所谓"不通过资本主义制度的卡夫丁峡谷",显然也是受摩尔根等人关于界定农业公社的观点所引发。正是通过摩尔根等人的著作,马克思认识到:"农业公社既然是原生的社会形态的最后阶段,所以它同时也是向次生的形态过渡的阶段,即以公有制为基础的社会向以私有制为基础的社会的过渡。"③虽然这种农业公社意味着向私有制为基础的社会过渡,但它毕竟还会保留一定程度的公有制基础。也就是说,在这种农业公社中,很可能存留着某些"原始平等",这正是马克思的希望之所在,同时也是他跨越"卡夫丁峡谷"这一设想的依据与支撑。

---

① [德]马克思、恩格斯:《马克思恩格斯全集》第2版第25卷,第479页。
② [德]马克思、恩格斯:《马克思恩格斯文集》第2卷,人民出版社2009年版,第8页。
③ [德]马克思、恩格斯:《马克思恩格斯全集》第2版第25卷,第478页。

通过摘录"人类学笔记",马克思已经认识到,原生形态的原始社会可以发展为东方社会的农业公社形式,也可以发展为古罗马式的奴隶制和日耳曼式的农奴制,东方社会与欧洲是并行的关系。这一论断不但意味着马克思反"欧洲中心论"思想的进一步发展,同时也意味着其身上附着的黑格尔历史哲学幽灵的进一步去除。随着对黑格尔历史哲学的扬弃,马克思所创立的历史唯物主义也得到了进一步的发展与完善。

马克思"六册计划"与"人类学笔记"土地所有制问题

"人类学笔记"自公布以来,已经引发了国内外学界的广泛关注,西方学者也对其主旨进行了多角度研究,形成了"对自己以往'经济决定论'的否定"、"向青年马克思'哲学人类学'的复归"等观点。① 国内的研究成果不断呈现,如谢霖②、荣剑③、公丕祥④等学者认为这是马克思对东方社会发展道路或特殊机制的探讨。商德文认为这是马克思为了详细阐述他关于人类学的观点。⑤ 王东⑥、

---

① 江丹林:《西方关于马克思晚年"人类学笔记"主要观点论析》,《北京大学学报》1990年第1期,第51—52页。
② 谢霖:《马克思的"人类学笔记"与东方社会发展的道路》,《河北学刊》1988年第4期,第43—48页。
③ 荣剑:《马克思的史前社会理论和东方社会理论考察——兼论马克思晚年"人类学笔记"的创作动机》,《学术月刊》1988年第5期,第21—27页。
④ 公丕祥:《传统东方社会法律文化的固有逻辑——马克思晚年的理论探索》,《法律科学》1994年第1期,第3—9页。
⑤ 商德文:《马克思晚年〈人类学笔记〉研究》,《经济科学》1989年第4期,第66—72页。
⑥ 王东、刘军:《"人类学笔记",还是"国家与文明起源笔记"——为马克思晚年笔记正名》,《哲学研究》2004年第2期,第15—20页。

林锋[①]等学者则认为"人类学笔记"应该更名为"国家与文明起源笔记"。而孙熙国从更宏观的角度指出,马克思的目的是为了深化对无产阶级和人类解放这一认识并寻找解决的方法与路径。[②] 面对莫衷一是的研究格局,没有谁能做到一锤定音。在这里,我们尝试从马克思"六册计划"入手,为马克思晚年从事于"人类学笔记"的目的提供一种新的思考视角。

一、"六册计划"与"人类学笔记"

19世纪40年代,马克思的研究重心转入经济学领域,在此后的几十年的时间里,他对经济学都保有极大的兴趣并散射出强大的学术活力。马克思曾有创作一部名为《政治经济学批判》的宏伟计划,这在马克思的部分著作中可以发现一些线索,如在《经济学手稿(1857—1858年)》导言中,马克思就提出过由"一般的抽象的规定"、"生产的国际关系"、"世界市场和危机"等内容组成的"五篇结构"。[③] 1858年,马克思在与拉萨尔的通信中又将"五篇结构"升华为"六册计划",分别是资本(包括一些绪论性

[①] 林锋:《再论马克思"人类学笔记"的主题》,《江汉论坛》2009年第8期,第30—34页。
[②] 孙熙国、张莉:《马克思晚年"人类学笔记"的理论主题》,《北京大学学报》2017年第6期,第25—35页。
[③] [德]马克思、恩格斯:《马克思恩格斯全集》第2版第30卷,第50页。

的章节)、土地所有制、雇佣劳动、国家、国际贸易、世界市场。① 在1859年出版的《政治经济学批判》第一册第一分册的序言里,马克思提出采用"从个别上升到一般"的思路考察资产阶级经济制度,大致分六册进行,其顺序是"资本、土地所有制、雇佣劳动、国家、对外贸易、世界市场"②。综上,在19世纪50年代的最后几年里,马克思对自己的经济学研究有了全新的定位与构思。从马克思的计划来看,这无疑是一个巨大的工程。然而,由于各种原因,无论是"五篇结构"还是"六册计划"最终都没有完成。正如史清竹指出:

> 从"五篇结构"到"六册计划",在马克思的计划中的写作计划都比后来出版的《资本论》更加全面、包含更多的内容。从内容上看,《资本论》仅仅完成了"五篇结构"计划的前两篇,从"国家"开始的后三部分没有得到展开。《资本论》也仅实现了"六册计划"的第一册和第二册的写作,"六册计划"中的其他四册都没有来得及充分论述。③

进入到20世纪,随着马克思几部经济学手稿的陆续公布,越

---

① [德]马克思、恩格斯:《马克思恩格斯文集》第10卷,人民出版社2009年版,第150页。
② [德]马克思、恩格斯:《马克思恩格斯全集》第2版第31卷,第411页。
③ 史清竹:《马克思〈政治经济学批判〉研究读本》,中央编译出版社2017年版,第155页。

来越多的学者对"六册计划"产生了浓厚兴趣。在这之中,日本学者佐藤金三郎、苏联学者阿·科甘、德国学者温·施瓦尔茨等人"都主张计划不变说,认为《资本论》没有取代'六册计划'"。① 国内也有不少学者对"六册计划"进行了讨论,20世纪的一批学者如田光、汤在新、顾海良等人大都力挺"六册计划"说。② 新千年以来,这一问题依然得到学界关注,如刘明远认为《资本论》只是"六册计划"中《资本》册中的《资本一般》篇,以此为基点"总结出了一个反映'六册结构'计划总体轮廓的纲要"。③ 综上可见,马克思"六册计划"一直保持着较高的学术热度。

如前所述,无论是"五篇结构"还是"六册计划",其中都有关于土地所有制或地产的内容,可见土地所有制一直是马克思学术兴趣之所在。不过,马克思一直没有展开关于土地所有制的专题研究。在各种经济学著作中,马克思提及土地所有制时都是强调应该另有"独立研究"。如在《资本论》中,凡涉及土地所有权的问题,马克思的处理都是一带而过。如"我们只是在资本所产生的剩余价值的一部分归土地所有者所有的范围内,研究土地所有权的问题"④,如"我们可以指出的某些限制性的或补充性的东西,也是

---

① 汤在新主编:《〈资本论〉续篇探索——关于马克思计划写的六册经济学著作》,中国金融出版社1995年版,第631页。
② 同上书,第633—635页。
③ 刘明远:《马克思经济学著作"六册计划"的总体结构与内容探索》,《政治经济学评论》2016年第4期,第132页。
④ [德]马克思、恩格斯:《马克思恩格斯全集》第2版第46卷,人民出版社2003年版,第693页。

属于土地所有权的独立研究的范围,而不属于这里的范围"①。也就是说,《资本论》不需要专门论述土地所有权,"如果系统地论述土地所有权——这不在我们的计划以内——,土地所有者收入的这个部分是应该详加说明的。在这里,稍微谈一谈就够了"。② 至于土地所有权,应该另有专门著作论述,马克思就曾就地租谈道:"因为这里只是把地租的一般规律作为我的价值理论和费用价格理论的例证来发挥,只有到我专门考察土地所有权时我才详细论述地租"③。

汤在新认为,按照马克思的提示,《土地所有制》大约将主要考察"系统地论述土地所有权"、"对土地所有权的各种历史形式的分析"、"对分析土地所有制的基础——农业生产力发展——的研究"等三大方面。此外还可能有"农业中的竞争和垄断问题,农产品的国际价格问题,农产品的进出口和关税问题,对农业发展的国际影响问题等等"。④ 汤在新的看法有一定依据,起码"对土地所有权的各种历史形式的分析"那一项,就来自马克思的直接申述。如马克思在《资本论》里公开声明,"对土地所有权的各种历

---

① [德]马克思、恩格斯:《马克思恩格斯全集》第2版第46卷,人民出版社2003年版,第694页。
② 同上书,第699页。
③ [德]马克思、恩格斯:《马克思恩格斯全集》第2版第34卷,人民出版社2008年版,第297页。
④ 汤在新:《从经济学手稿到〈资本论〉》,《中国社会科学》1992年第5期,第112页。

史形式的分析,不属于本书的范围。"①此外,马克思还曾稍作展开说明:

> 现在本来应该研究:(1) 从封建土地所有制到另一种形式,到由资本主义生产调节的商业地租的过渡;或者,另一方面,从这种封建土地所有制到自由的农民土地所有制的过渡;(2) 在土地最初不是私有财产而资产阶级生产方式至少在形式上一开始就占统治地位的一些国家,如美国,地租是怎样产生的;(3) 仍然存在着的土地所有制的亚细亚形式。但是这一切都不属于这里要谈的。②

马克思一直期待"对土地所有权的各种历史形式的分析",而"仍然存在着的土地所有制的亚洲形式"则属于其重点关注的内容。所谓"土地所有制的亚洲形式"就指向了"亚细亚的生产方式"。在马克思的心目中,"亚细亚的生产方式"既是地理层面的概念,也是历史层面的概念。就地理意义而言,则是指东方社会,就历史意义而言,则是指人类历史的第一阶段。也就是说,"亚细亚的生产方式"的土地所有制形式,既存在于人类社会的早期,同时也残存于东方社会的某些区域。要想清楚描述土地所有权各种

---

① [德] 马克思、恩格斯:《马克思恩格斯全集》第 2 版第 46 卷,第 693 页。
② [德] 马克思、恩格斯:《马克思恩格斯全集》第 2 版第 34 卷,第 39 页。

历史形式的演变,则必须以"亚细亚的"这第一阶段为起点。而考察东方社会残存的"亚细亚的"土地所有制形式就成为解人类历史第一阶段的金钥匙。然而马克思并不是东方学家,也没有在东方生活和工作的经历,即便马克思有意考察"土地所有权的各种历史形式",但这"亚细亚的"第一关就难以逾越。这也就可以理解马克思为什么在写作《资本论》时一直强调土地所有权的问题不属于本书的范围。

按照"六册计划",考察土地所有制为马克思经济学研究的既定任务,但由于对东方社会土地所有制缺乏了解,《土地所有制》一册只能暂时搁置起来,或者说将永远搁置起来。幸运的是,19世纪下半叶人类学科学取得了突破性进展,田野方法的引入和大量实证资料的获得,使得东方社会乃至美洲等地的社会模式为世人所熟悉。《古代社会》《古代法制史讲演录》《公社土地占有制,其解体的原因、进程和结果》《文明的起源和人的原始状态》《印度和锡兰的雅利安人村社》等一系列优秀的人类学著作应运而生。马克思围绕着这些著作进行了深入研究并做了大量摘要,这些人类学著作所描述的东方社会乃至美洲等地的土地所有制形式为马克思考察"仍然存在着的土地所有制的亚洲形式"乃至"土地所有权的各种历史形式"提供了契机。这也正是马克思暂时搁置《资本论》第二卷和第三卷的出版工作,而改为摘录"人类学笔记"的重要原因。

二、作为旁证的《历史学笔记》

如前所述,"五篇结构"中有"资产阶级社会在国家形式上的概括"、"生产的国际关系"和"世界市场和危机"的内容,"六册计划"也有关于"国家"、"国际贸易(对外贸易)"和"世界市场"的内容。可见无论马克思的构思怎样调整,"国家"、"国际贸易"和"世界市场"都一直是其宏伟计划《政治经济学批判》的构成部分。

关于"国家"不用过多解释,而"国际贸易"和"世界市场",则须稍作说明。所谓"国际贸易",指的就是"生产的国际关系",即一个国家与其他国家之间的具体的经济联系;而"世界市场"则具有总体性特点,是全世界经济关系的总体表现。也就是说,"国际贸易"与"世界市场"的区别是具体和总体的区别。国家与"国际贸易"自古就存在,而"世界市场"则是在近代才出现的。大约在16世纪,"世界贸易"与"世界市场"才"揭开了资本的现代生活史"。① 正是资本主义的高度发展,整个世界得以联系为一体。正如马克思恩格斯所指出的:"资产阶级,由于开拓了世界市场,使一切国家的生产和消费都成为世界性的了。"②

马克思与恩格斯系统地考察过自16世纪世界市场形成以来整个欧美世界的国家形式与贸易发展情况,并指出交通工具、货币

---

① [德] 马克思、恩格斯:《马克思恩格斯全集》第2版第44卷,第171页。
② [德] 马克思、恩格斯:《马克思恩格斯文集》第2卷,第35页。

和信用制度在这一过程中所起的重要作用,如"由于交通工具的惊人发展,——远洋轮船、铁路、电报、苏伊士运河,——第一次真正地形成了世界市场。"①如"随着美洲和通往东印度的航线的发现,交往扩大了……首先是当时市场已经可能扩大为而且日益扩大为世界市场……"②如"信用制度加速了生产力的物质上的发展和世界市场的形成"③。与此同时,马克思也对这一时期欧美世界的国际贸易理论,譬如"重商主义的贸易理论、重农学派和古典学派的国际贸易理论,尤其是亚当·斯密和大卫·李嘉图的国际贸易理论做了批判性的吸纳"。④ 由于丰富的资料支撑,马克思对于近代以来国家的形式,及"国际贸易"和"世界市场"的形成并不陌生。

国家、"国际贸易"与"世界市场"之间既有区别,同时又有难以分割的联系。各国的经济交往,只有在"国际贸易"基础上,才有可能升级为容纳全部资本主义关系的"世界市场"。可以说,"国际贸易"是一个国家经济关系的延伸,同时也是"世界市场"的成长史。很显然,不了解成长史,也就很难为"世界市场"做全景描述,而作为"六册计划"中的"国家"、"国际贸易"和"世界市场"三部分必然无法整体完成。然而,有关"世界市场"的成长史是一

---

① [德] 马克思、恩格斯:《马克思恩格斯全集》第 2 版第 46 卷,第 554 页。
② [德] 马克思、恩格斯:《马克思恩格斯文集》第 1 卷,第 562 页。
③ [德] 马克思、恩格斯:《马克思恩格斯全集》第 2 版第 46 卷,第 500 页。
④ 杨圣明、冯雷、夏先良:《马克思国际贸易理论研究》,当代中国出版社 2017 年版,第 12—13 页。

个漫长的历史时段,距离马克思所处的时代已经十分遥远,即使像马克思那样的思想巨人,不经过系统地学习,恐怕也是难以掌握的。

大概在1881年到1882年间,马克思研读了卡尔洛·博塔的《意大利史》、施洛塞尔的《世界史》、科贝特的《英国和爱尔兰的新教改革史》、休谟的《英国史》、马基雅弗利的《佛罗伦萨史》、卡拉姆津的《俄罗斯国家史》、塞居尔的《俄国和彼得大帝史》、格林的《英国人民史》等历史学著作,进而摘录出了一部世界编年史。关于这部笔记的摘录意图,学界看法不一,但已经有学者敏锐地看出这一笔记与"六册计划"有关,如黄皖毅认为:

> 《历史学笔记》主要是以政治、国家、国际关系为主线,记载了国家(从古代到近代的过程)、政治史、国家关系史(包括战争史)。对于马克思这样有着明确研究目的的思想家来说,这不是一个巧合,而是清楚地证明,《历史学笔记》是马克思写作《资本论》续篇,尤其是其中的"国家篇"一组准备材料。①

《历史学笔记》的确以国家为考察对象,从横向来说,这部著作关注的国家除欧洲诸国以外,还包括波斯、安息以及后来"穆斯

---

① 黄皖毅:《马克思世界史观:文本、前沿与反思》,知识产权出版社2008年版,第82页。

林世界",甚至更东方的蒙古帝国,其中体现出一种明显的世界历史的意识。从纵向来说,这部著作展现了罗马奴隶制崩溃到封建制度确立,以及封建制度衰落和资本主义崛起的波澜壮阔的历史画卷。马克思从横向与纵向两个角度进行比较和分析,其目的是深入挖掘近代民族国家和近代国际秩序的生成机制。我们可以以《历史学笔记》中摘录的两场战争为例阐明马克思的这一目的。

马克思在《历史学笔记》中浓墨重彩地摘录了两场战争,一是对近代英国产生重大影响的"玫瑰战争",一是对近代欧洲政治格局产生重大影响的"三十年战争"。在"玫瑰战争"中,马克思重点展示的内容有:王室内部产生变革,议会功能逐步加强,封建贵族受到重创,而"各郡小业主的财富和人数越来越多,市民阶级随着贸易的发展也大发其财。"[1]这一切的变化为英国资产阶级革命和后来的工业革命创造了历史条件。《历史学笔记》有关"三十年战争"摘录的结尾,马克思重点关注了《威斯特伐利亚和约》的相关内容,包括"关于瑞典及其盟国"的八条规定,"关于宗教"的五条规定,"关于德意志帝国宪法"的四条规定。[2]《威斯特伐利亚和约》的缔结,确定了欧洲大陆新教与天主教控制范围的宗教新格局,并承认了欧洲众多邦国的主权独立性,从而拉开了欧洲近代史的序幕。

---

[1] [德] 马克思:《卡尔·马克思历史学笔记》第4册,中国人民大学出版社2005年版,第228页。

[2] [德] 马克思:《卡尔·马克思历史学笔记》第4册,第176页。

从以上论证可见,《历史学笔记》作为"六册计划"中"国家"一册的准备材料大抵是可以成立的。当然也有一些学者进一步认为,《历史学笔记》同样也具有为"国际贸易"和"世界市场"准备材料的目的,如王晓红和黄竹指出:

> "六册结构计划"仍然是马克思直到晚年一直坚持的理论构想,其中"国际贸易篇"和"世界市场篇"也仍然是马克思希望独立完成的工作。《历史学笔记》正是马克思为此所做的准备材料。①

在《历史学笔记》当中,的确可以看到马克思有关国际贸易的大量描述。首先是欧洲各国间的贸易:"热那亚和威尼斯已经掌握了世界贸易,这两个城市在埃及和叙利亚,在希腊帝国沿岸岛屿,在黑海附近,尤其是在克里木和亚速海都设有代理商行。"②"意大利南北的贸易往来都要通过德国,有利于德国南部各城市和汉撒。"③不仅如此,马克思还着意于研究东西方的贸易。如其摘录:"许多雕刻珍品从君士坦丁堡被运到西方"④;"土耳其人和阿拉伯人在

---

① 王晓红、黄竹:《晚年马克思〈历史学笔记〉新探——〈资本论〉的深化和拓展》,《马克思主义与现实》2012 年第 5 期,第 145 页。
② [德] 马克思:《卡尔·马克思历史学笔记》第 1 册,中国人民大学出版社 2005 年版,第 175 页。
③ [德] 马克思:《卡尔·马克思历史学笔记》第 3 册,中国人民大学出版社 2005 年版,第 80 页。
④ [德] 马克思:《卡尔·马克思历史学笔记》第 1 册,第 135 页。

那里(君士坦丁堡)在一定程度上是一个独立的商业国家"①;"热那亚人在克里木设立许多货栈,与中国进行贸易往来"②。

在强调国际贸易的基础上,《历史学笔记》也流露出对"世界市场"关切的苗头,如马克思摘录:"葡萄牙控制着德干高原上的整个帝国,很快又占领南美洲的一些岛屿和土地;西班牙有美洲的领地等等,海上都是它的船只,使威尼斯的船只相形失色。"③为了表示对地理大发现的高度重视,马克思在《历史学笔记》中的一章中专门加了一节《美洲的发现。克里斯托弗尔·哥伦布》。而且也将"美洲……金矿和银矿的发现、殖民地等等"认定为"开始起作用"的"一些崭新的因素"。④ 尤其他一针见血地批判说:"截船抢劫是一些美洲的西班牙冒险家的唯一目的。"⑤当然,与"国际贸易"相比,有关"世界市场"的资料显得较为单薄,不过以之论证《历史学笔记》中的"世界市场"意识也是可以的。

众所周知,"人类学笔记"与《历史学笔记》都是马克思晚年作摘录的笔记,二者在目的与意图层面存在着很大的相似性。我们在这里论证《历史学笔记》对"六册计划"中的"国家"、"国际贸易"和"世界市场"具有准备材料的作用,其实是为我们本文的论点——"人类学笔记"对"六册计划"中的土地所有制具有准备材

---

① [德] 马克思:《卡尔·马克思历史学笔记》第 1 册,第 129 页。
② 同上书,第 175 页。
③ [德] 马克思:《卡尔·马克思历史学笔记》第 3 册,第 73 页。
④ 同上书,第 55 页。
⑤ 同上书,第 57 页。

料的作用——提供一个有力的旁证。

三、"人类学笔记"与马克思对东方土地所有制认识的深化

马克思并不是东方学家,他对东方的认识一直受制于资料的掌握程度。最初,马克思是通过一些外交官、殖民者或旅行家的见闻录、游记去了解东方的一些情况,如在1853年,他依据贝尔尼埃《大莫卧儿国家(印度斯坦、克什米尔等国)游记》写信给恩格斯说:"不存在土地私有制。的确是了解整个东方一把钥匙。这是东方全部政治史和宗教史的基础。"[1]马克思认为,由于气候和地理条件的影响,东方农业必须建立在人工灌溉设施的基础之上,而这些大型设施的建造,则必须依赖公社这一共同体才能完成。在马克思看来,"每一个单个的人",只是"这个共同体的一个肢体"[2]。也就是说,个体对于共同体具有明显的依附关系。在此基础上,马克思进一步指出:

> 这种统一体是实际的所有者,并且是公共财产的实际前提,所以统一体本身能够表现为一种凌驾于这许多实际的单

---

[1] [德]马克思、恩格斯:《马克思恩格斯全集》第2版第49卷,人民出版社2016年版,第419页。

[2] [德]马克思、恩格斯:《马克思恩格斯全集》第2版第30卷,第466页。

个共同体之上的特殊东西,而在这些单个的共同体中,各个个别的人事实上失去了财产,或者说,财产——即单个的人把劳动和再生产的自然条件看做属于他的条件,看做他的主体的以无机自然形式存在的客观躯体这样一种关系——对这个别的人来说是间接的财产,因为这种财产,是由作为这许多共同体之父的专制君主所体现的总的统一体,以这些特殊的公社为中介而赐予他的。①

以土地所有权为中心,"东方社会建立起层次繁多、内容却一致的附庸关系,带着明显的身份依附特征。"②这种层次繁多的人身束缚,就是东方专制主义的外在表现形式。马克思曾论述过"亚细亚的生产方式"的专制主义。他认为:"在亚细亚形式下,……单个的人从来不能成为所有者,而只不过是占有者,所以他本身实质上就是作为公社统一体的体现者的那个人的财产,即奴隶。"③高度概括起来说,即"虽无私产,但绝对专制"。

马克思深受黑格尔思想影响,这一点世所共知。在黑格尔看来,东方各民族与古希腊、罗马民族及日耳曼民族呈现为从低到高的阶梯形进展。如其所说:"东方各国只知道一个人是自由的,希腊和罗马世界只知道一部分人是自由的,至于我们知道一切人们

---

① [德] 马克思、恩格斯:《马克思恩格斯全集》第2版第30卷,第467页。
② 王聚芹:《马克思东方发展理论研究》,吉林人民出版社2009年版,第320页。
③ [德] 马克思、恩格斯:《马克思恩格斯全集》第2版第30卷,第485—486页。

（人类之为人类）绝对是自由的。"①受黑格尔世界历史观影响，马克思也将人类社会的发展形态归结为一个由低到高的统一序列。从《德意志意识形态》《雇佣劳动与资本》《政治经济学批判（1857—1858年手稿）》到《政治经济学批判·序言》，大体可以看到马克思人类社会发展观的形成过程。1859年，马克思发表《政治经济学批判·序言》，将人类历史正式归结为四种形态："大体说来，亚细亚的、古代的、封建的和现代资产阶级的生产方式可以看做是经济的社会形态演进的几个时代。"②其中"亚细亚的"既是一个地理概念，即指代东方社会；同时也是一个时间概念，即用以描述人类历史的第一个阶段。在马克思看来，"虽无私产，但绝对专制"的"亚细亚的生产方式"无疑带有原始与落后的属性。

马克思"亚细亚的生产方式"的理论是建立在黑格尔世界历史观的逻辑之上的，同时辅以东方见闻录或东方游记中的一些二手材料，这就使得这一理论建构的过程主观推想大于客观的实证。有关这一点，马克思自己也是十分清楚的。况且黑格尔的世界历史观明显带有"欧洲中心论"的印痕，这是马克思一直反感而每每意欲寻求突破的。因此，马克思虽然较早就提出了"亚细亚的生产方式"，但若以马克思当时的知识掌握程度去完成"六册计划"中的"土地所有制"，恐怕是有点难度。严重的资料匮乏，一直制约

---

① ［德］黑格尔：《历史哲学》，王造时译，第17页。
② ［德］马克思、恩格斯：《马克思恩格斯全集》第2版第31卷，第413页。

着马克思的宏伟计划,这也恰恰是马克思甫一看到那些充满实证资料的人类学著作就要全力摘录的重要原因了。

在接触摩尔根等人的著作之前,马克思对原始社会笼统地理解为"无私产",但在阅读了摩尔根等人的作品以后,马克思发生了一定的思想变化,他对摩尔根提出的蒙昧期、野蛮期、文明期三个人类文明序列进行了标注:"不同的部落和族系的发展道路"①。同时,马克思还发现公社土地除了公有的属性外也存在私有的状况,因此他对原始公社进行了重新划分。他指出:"把所有的原始公社混为一谈是错误的;正像在地质的层系构造中一样,在历史的形态中,也有原生类型、次生类型、再次生类型等一系列的类型。"②譬如"建立在公社社员的血统亲属关系上的""较早的原始公社"和"割断了这种牢固然而狭窄的联系"的"农业公社"就颇不相同。③ 作为一种最新类型的古代社会形态,农业公社具有公有制社会向私有制社会过渡的性质。马克思曾经描述说:"土地私有制已经通过房屋及农作园地的私有渗入公社内部。"④此外,马克思还专门摘录了柯瓦列夫斯基关于印度土地从公有制向私有制的过渡的五个阶段。其中的第五阶段是:"一方面是公社土地,另一方面则是共同的家庭财产;但是这种家庭在历史发展的过程中也越来越简化为现代意义上的私人的(单个的)家庭了。"对引文中

---

① [德]马克思:《马克思古代社会史笔记》,第125页。
② [德]马克思、恩格斯:《马克思恩格斯全集》第2版第25卷,第467—468页。
③ 同上书,第460页。
④ 同上书,第478页。

"公社土地",马克思还特别注释说:"指与已变成私有财产的土地相对立的""或者原先只是附属地(Appertinenz)的土地"。① 可见,马克思在做"人类学笔记"时改变了东方社会不存在土地私有的看法,这也为其"私有制产生专制"新观念提供了依据。这一新的看法和观念对"虽无私产,但绝对专制"的"亚细亚生产方式"意味着极大的修正,但却与《资本论》里对私有制的批判做到了思路一致。

摩尔根的《原始社会》根据北美的易洛魁人氏族的某些特点而大讲"原始平等",这对马克思深有触动。马克思区分较早的原始公社与后来的农业公社,就是为了将较早的原始公社定位为"原始平等",而将"私有制产生专制"的看法赋予后来的农业公社。在这一理论调整的过程中,马克思对东方土地所有制产生了一定的态度变化,即着力批判"已经彼此孤立的人都力求成为私有者"②的现象,而对公社掌控下的"公有制"产生了好感。在倡导"亚细亚生产方式"的时期,马克思对东方主张"双重使命论",即"英国在印度要完成双重的使命:一个是破坏的使命,即消灭旧的亚洲式的社会;另一个是重建的使命,即在亚洲为西方式的社会奠定物质基础"。③ 但到阅读了柯瓦列夫斯基等人的著作后,马克思对英国人瓦解印度农村公社和土地"公有制"的行径大加批判,柯

---

① [德] 马克思:《马克思古代社会史笔记》,第37页。
② 同上书,第20页。
③ [德] 马克思、恩格斯:《马克思恩格斯全集》第2版第12卷,人民出版社1998年版,第246页。

瓦列夫斯基原文"公社所有制都被英国政府根本破坏了"被马克思改为"公社所有制都被'笨蛋们'根本破坏了"。① 他认为英国人的行径造成了印度的衰落,"实际上英国人自己却是造成这种衰落的主要的(主动的)罪人"②。

1881年,马克思四易其稿完成《给维·伊·查苏利奇的复信》。在该信中,马克思提出,在俄国这样一个具有东方国家特征的国度里,由于农业公社的存在,俄国"可以不通过资本主义制度的卡夫丁峡谷,而吸取资本主义制度所取得的一切积极成果"。③ 1882年,马克思在《共产党宣言》1882年俄文版序言中又指出:"假如俄国革命将成为西方无产阶级革命的信号而双方互相补充的话,那么现今的俄国土地公有制便能成为共产主义发展的起点。"④《给维·伊·查苏利奇的复信》中跨越"卡夫丁峡谷"设想的提出绝对不是马克思心血来潮或突发奇想,而是建立在对农业公社的认真研究基础上。马克思通过摘录"人类学笔记",认识到农业公社意味着以公有制为基础的社会向以私有制为基础的社会过渡,既然是过渡类型,则一定保留着前者的某些因素,如"原始平等",这正是马克思最为期待的,尽管他的这种期待有点操之过急,又显得有些一厢情愿。

综上可见,摘录"人类学笔记"的确使马克思加深了对东方社

---

① [德] 马克思:《马克思古代社会史笔记》,第93页。
② 同上书,第94页。
③ [德] 马克思、恩格斯:《马克思恩格斯全集》第2版第25卷,第479页。
④ [德] 马克思、恩格斯:《马克思恩格斯文集》第2卷,第8页。

会土地所有制的认识,同时还引发了他思路的重要调整——在一定程度上搁置了"亚细亚的生产方式"。从这个角度来看,马克思摘录"人类学笔记"显然有更大的学术抱负存在。从马克思精心摘录"人类学笔记"这一点来看,否定"六册计划"的论调在某种程度上可以休矣。①

---

① 如福尔格拉夫认为:"'六册计划'并不是马克思创作经济学著作的最终构想,不具备足够充分的事实依据,马克思也从未认真地对待过这一计划。'六册计划'只是马克思为了给自己的著作找到德国出版商而在私人书信中提出的一种策略手段。"参见[德] 福尔格拉夫:《"六册计划"再认识》,胡晓琛译,《马克思主义与现实》2016年第3期,第72页。

马克思恩格斯希腊罗马史观探析

马克思的著作里有不少内容涉及希腊和罗马历史,恩格斯同样也是如此。马克思恩格斯涉及希腊罗马史的著作不少为二人合著,且即使为恩格斯独著的,也基本上是深受马克思影响,同时遵循马克思的思路撰写出来的。可以说,马克思恩格斯涉及希腊罗马史的著作有着基本一致的看法,因此将二人合而论之也不为偏颇。当今学界早已注意到了马克思恩格斯有关希腊罗马方面的论述,也有一些学者为此写了专门的论文,诸如研究马克思恩格斯论希腊社会自由劳动和社会分工的论文,[1]或者是马克思恩格斯论罗马法的论文,[2]等等。不过,关于马克思恩格斯希腊罗马整体史观的论文尚不多。本文的意图即尝试在这一层面抛砖引玉,以就正于学界群英。

---

[1] Ellen Wood, "Marxism and Ancient Greece." *History Workshop*, No.11, 1981, p.8.

[2] 于沛霖:《马克思恩格斯论罗马法》,《法律科学》1989年第4期,第23—26页。

一、走出原始氏族共同体及个体的异化

马克思于《经济学手稿(1857—1858年)·导言》中写道:"我们越往前追溯历史,个人,从而也是进行生产的个人,就越表现为不独立,从属于一个较大的整体";所谓"较大的整体",其实就是共同体。马克思有时用"gemeinwesen",有时用"gemeinschaft",以之指称古代的或不发达的状态下所形成的具有人身依附性质的群体。按照马克思的说法,"最初还是十分自然地在家庭和扩大成为氏族的家庭中;后来是在由氏族间的冲突和融合而产生的各种形式的公社中。"①意思是个体家庭扩大为氏族,氏族融合产生更大的公社共同体,此为共同体演化的历史进程。在此前的《德意志意识形态》一书中,马克思所理解的部落所有制,也是由个体家庭细胞所构成,正如其所指出的:"社会结构只局限于家庭的扩大"②。

不过,马克思晚年通过阅读摩尔根等人的作品,放弃了先前持有的个体家庭扩大为氏族乃至更大的公社共同体的观念,转而认为氏族解体从而产生了家庭。在"人类学笔记"摘录时期,马克思明显接受了摩尔根父权制家庭出现于原始社会晚期的观念,并对梅恩的父权制思想进行了批评。恩格斯就曾注意到马克思阅读摩

---

① [德]马克思、恩格斯:《马克思恩格斯全集》第 2 版第 30 卷,第 25 页。
② [德]马克思、恩格斯:《马克思恩格斯文集》第 1 卷,第 521 页。

尔根著作后思想的变化。他指出,马克思的最后结论是:"最初不是家庭发展为氏族,相反地,氏族是以血缘为基础的人类社会的自然形成的原始形式。由于氏族纽带的开始解体,各种各样家庭形式后来才发展起来。"①

从"先家庭后氏族"到"先氏族后家庭",这是马克思阅读摩尔根后的一大思想变化,而从"亚细亚专制"到"原始平等"则是马克思阅读摩尔根后又一大思想变化。马克思在《政治经济学批判（1857—1858年手稿）》中曾讨论过"资本主义生产以前的各种形式",其中"亚细亚的所有制形式"被马克思描述为由"家庭"→"部落"→"部落的联合"的形成过程,至于形成"凌驾于所有这一切小的共同体之上的总合的统一体",这种统一体具有明显的东方专制的特点:

> 这种统一体是实际的所有者,并且是公共财产的实际前提,所以统一体本身能够表现为一种凌驾于这许多实际的单个共同体之上的特殊东西,而在这些单个的共同体中,各个个别的人事实上失去了财产,或者说,财产——即单个的人把劳动和再生产的自然条件看做属于他的条件,看做他的主体的以无机自然形式存在的客观躯体这样一种关系——对这个别的人来说是间接的财产,因为这种财产,是由作为这许多共同

---

① ［德］马克思、恩格斯:《马克思恩格斯全集》第2版第44卷,第407页。

体之父的专制君主所体现的总的统一体,以这些特殊的公社为中介而赐予他的。①

总而言之,马克思早先理解的那种共同体虽无私产但极端专制,但摩尔根关于氏族社会自由平等的描述在一定程度上触动了马克思,马克思在阅读摩尔根后便不再提及"亚细亚生产方式",或许与此有关,而马克思关于原始社会因"私有制产生专制"的认识调整也随着而来。有关这些,我们在前面的章节中已经多有论述,此不赘言。不过,我们在这里要着重强调一点:尽管马克思因摩尔根"原始平等"观念而有意进行了认识调整,但这并不是说他就完全放弃了先前的原始共同体产生专制的思想。

摩尔根自由平等的氏族社会模型源自易洛魁人部落,瑟维斯(Elman R. Service)的著作对此已有说明。② 这样一个发掘自小部落的社会模型,倘以之为放之四海而皆准的真理恐怕大有问题。虽然摩尔根极力塑造国家产生前的希腊、罗马氏族社会的平等性,但他的论述存在很大的问题。③ 马克思与恩格斯对摩尔根的希腊罗马氏族平等观并不予认同。他们认为,氏族社会后期产生了不

---

① [德] 马克思、恩格斯:《马克思恩格斯全集》第 2 版第 30 卷,第 467 页。
② [美] 埃尔曼·R.瑟维斯:《人类学百年争论:1860—1960》,贺志雄等译,云南大学出版社 1997 年版,第 47 页。
③ 易建平认为:"摩尔根与恩格斯所论述的国家产生前夕希腊和罗马社会的权力结构,不同于他们所描述的易洛魁人社会的权力结构;前者更为不平等。因此,将易洛魁人社会平等的权力结构模型,套用到前者,不能适用"。参见易建平:《部落联盟模式与希腊罗马早期社会权力结构》,《世界历史》2000 年第 6 期,第 63 页。

平等的等级制度是不争的事实,"因为每个氏族都起源于一个神,而部落首长的氏族则起源于一个'更显赫'的神,在这里就是起源于宙斯。"①这段话出自恩格斯《家庭、私有制和国家的起源》,但实则源自马克思的一些看法。神有显赫与不显赫之分,反映的是氏族之间的不平等。在此基础上,恩格斯还进一步论述了氏族权贵体制的产生:

> 在荷马的诗中,我们可以看到希腊的各部落大多数已联合成为一些小民族[kleine Völkerschaften];在这种小民族内部,氏族、胞族和部落仍然完全保持着它们的独立性。它们已经住在有城墙保护的城市里;人口的数目随着畜群的增加、农业的扩展以及手工业的萌芽而日益增长;与此同时,产生了财产上的差别,随之也就在古代自然形成的民主制内部产生了贵族分子。②

希腊英雄时代的战神山议事会由贵族分子组成,这一机构可能起源于氏族社会中的长老会议,当国家设立后,它则演变为元老院。据说罗马王政时期的权力分属元老院、库里亚会议与"王"这三者,其中元老院、库里亚会议也是以氏族为基本依据的。在氏族内部,则又明显体现出一种代表氏族共同体的氏族权贵束缚氏族

---

① [德]马克思、恩格斯:《马克思恩格斯全集》第2版第28卷,第128页。
② 同上书,第125页。

成员的特点。譬如在所谓的父权制家族阶段,个体家庭处于父权支配之下。马克思摘录道:"虽不是实行多偶制,但是罗马的家庭之父(pater familias)就是家长,而他的家庭就是父权制家庭。希腊各部落的古代家庭在较小的程度上也具有这种性质。"①而在更大的氏族共同体内部,共同体之父也以共同体的名义掌握着共同体一切财产的所有权。而作为个体的人,只是一定的狭隘人群的附属物。从这个角度来说,父权制家族阶段的希腊罗马社会是明显具有"亚细亚"专制意味的。马克思虽在后来不再提及"亚细亚生产方式",但不等于否定了具有"亚细亚"王权意味的共同体。

到了专偶制家族阶段,则发生了很大的变化,马克思又摘录道:

> 在野蛮时代高级阶段末期,占有形式有两种倾向,即国家占有和私人占有。在希腊人那里,土地有些仍为部落共同占有,有些为胞族共同占有供宗教之用,还有一些为氏族共同占有,但大部分土地都已归个人占有了。在梭伦时代,雅典社会还是氏族社会,土地一般已被个人占有,人们已学会了抵押土地。②

从父权制家族阶段到专偶制家族阶段,希腊罗马社会经历了

---

① [德] 马克思:《马克思古代社会史笔记》,第159页。
② 同上书,第184页。

一个明显的转变过程。随着生产力的提高,剩余财富的进一步增长,在氏族共同体中掌握权力的氏族酋长通过特权攫取了大量利益与财富,并通过世袭的手段传给子孙,私有制遂由此形成。马克思就此指出:

> 普卢塔克所说的"卑微贫穷的人欣然响应提修斯的号召",以及他所引用的亚里士多德所说的提修斯"倾向于人民"这些话,不管摩尔根怎样说,显然表明氏族酋长等人由于财富等等已经和氏族的群众处于利益冲突之中,这种情况,在存在着与专偶制家庭相联系的房屋、土地、畜群的私有制的条件下,乃是不可避免的。①

在希腊处于不安全状态的时代,个体从属于氏族是可以获得共同体保护的。但当"同一氏族中的财产差别使氏族成员的利益的共同性变成了他们之间的对抗性"时,共同体的保护功能已然失效,而束缚功能依旧强大,则受束缚的个体便会强烈向往自由。这便是梭伦变法所产生的历史背景。关于梭伦变法,摩尔根曾提及梭伦"按照财产的数量把人民分为四个阶级",使得"所有自由民,即使不属于任何氏族或部落,现在都开始在某种范围内参加管理,他们都成为公民和人民大会的成员"。②"同时,梭伦的政策的目

---

① [德] 马克思:《马克思古代社会史笔记》,第311页。
② 同上书,第314页。

的也是把希腊其他地区的勤劳移民招致到雅典来。这就成为氏族组织崩溃的原因之一。"①就此,马克思评价说:"移住、航海和各种与商业有关的人员流动——所有这些,以氏族为基础的社会都无法容纳了。"②可见,在马克思看来,梭伦变法其本质乃是氏族成员力图摆脱氏族元老束缚而争取成为古典自由民的一场伟大尝试。

罗马的塞尔维乌斯·土利乌斯时代所进行的立法改革是效法梭伦的,具体措施是:按照个人财产形成阶级;以百人团大会作为新的人民大会以代替库里亚大会、氏族会议;设置四个市区,各有划定的边界,各有其作为地域单位的名称,其中的居民必须登记入籍并登记自己的财产。摩尔根认为,塞尔维乌斯·土利乌斯这些措施的主要目的是"借以排除氏族和建立政治社会"③。对此,马克思进行了摘录,显然是认可摩尔根说法的。

公元前367年,李奇尼—塞克斯图法案授予平民分享公有土地的权利,这一法案在反对氏族制度层面可以视作是塞尔维乌斯·土利乌斯立法的延续,它破坏了氏族的血缘关系,使平民逐步摆脱了氏族元老的束缚而争取了自由,由此建立了以财产为基础的社会等级关系。恩格斯曾经概括说:"平民的胜利炸毁了旧的血族制度,并在它的废墟上面建立了国家,而氏族贵族和平民不久便完全溶化在国家中了。"④

---

① [德]马克思:《马克思古代社会史笔记》,第316页。
② 同上书,第316页。
③ 同上书,第349页。
④ 同上书,第198页。

希腊与罗马都是通过反抗王政的平民运动摆脱原始氏族共同体,走向了古典自由民社会。不过这其中也有特例,那就是马其顿王国。大约在公元前六世纪的下半叶,马其顿形成早期国家。马其顿虽然实行君主制,但同时氏族贵族会议也起到了很大的作用。在公元前五世纪末,马其顿国王阿尔赫拉奥斯为加强王权进行过改革。公元前四世纪,国王腓力二世为加强王权又进一步进行改革,贵族会议及公民大会均被削弱,一个空前强大的中央集权帝国逐步建立起来。与雅典不同,马其顿是以中央集权的专制体制扫荡原始氏族共同体的。但不管是采用怎样的方式,在雅典和马其顿,氏族成员都突破了氏族共同体的束缚。当然,马其顿的集权体制维系时间并不长,随着三次马其顿战争的溃败,马其顿帝国不复存在。再到后来,继承雅典传统的罗马共和国扫灭了继承马其顿传统的托勒密埃及,此后,地中海地区遂消除帝国臣民而成为古典意义上的自由民世界。

随着氏族的解体,平民与贵族之间的人身依附关系逐渐解除,平民从共同体中解放出来,成为古典意义上的自由民。但这些失去共同体保护的自由民在私有制空前发展的大环境中,逐渐发生了"自由地失去了自由"那种类型的异化。大量的自由民在财产集中化的风潮中被抛弃,日益沦为一无所有的阶层。在希腊,城邦公民是明显分为三个等级的。佩里·安德森指出:"贵族的政治统治,制止了所有彻底扭转持续的土地所有者两极分化的努力,其结果是造成对曾经是希腊城邦脊梁的小型农民阶级的持

久的侵害。"相对而言,希腊的情况还好,罗马的状况就更糟糕:

> 贵族对土地的日益垄断因此转向"小农",他们的人数在稳步减少,而"无产者"队伍则在不可抗拒地扩大。另外,罗马的军事扩张主义也是导致"小农"阶层人物减少的原因,他们是军队伤亡者和强制征召的对象。结果是,到公元前3世纪末,"无产者"几乎已经成为公民中的大多数,……而"小农"的财产则急剧减少,到下个世纪其数量已经降至可以维持生存的土地的最低线以下。①

在公元前四世纪末至公元前三世纪初的罗马,"平民"一词已经演变为指称贫困的农民与手工业者了,甚至还包括无家可归的游民无产阶级。马克思恩格斯在《德意志意识形态》中就指出过:"介于自由民与奴隶之间的平民,始终不过是流氓无产阶级。"②

氏族社会解体后,把持政权的权贵世家与新崛起的政治暴发户共同组成了一个"新贵"统治阶层,这个阶层汲取着日益扩大的大土地所有制的财力,使得古典自由民阶层迅速向无产阶级转化。马克思认为,是私有制的发展引发了阶级对立:希腊、罗马氏族共同体解体之后,人的自由遂与人的被遗弃感相联系,人的异化随即

---

① [英] 佩里·安德森:《从古代到封建主义的过渡》,郭方等译,上海人民出版社2016年版,第35页。
② [德] 马克思,恩格斯:《马克思恩格斯文集》第1卷,第577—578页。

产生，也就是马克思恩格斯所说的在"私有财产的集中"的同时，"由此而来的平民小农向无产阶级的转化，然而，后者由于处于有产者公民和奴隶之间的中间地位，并未获得独立的发展。"①

没有了氏族共同体或封建宗法共同体的庇护，个体的人也就赤裸裸地暴露在阶级对立的锋芒当中了。也就是说，在希腊罗马时代，由于分工所形成的"异己的，与他对立的力量"②都在驱使着个体的人，甚至把个体的人异化到不堪忍受的程度。这也就可以理解，为什么希腊罗马时代发生过平民"逃避自由"的奇怪现象了。譬如在庇西特拉图时代，人们之所以寻求庇西特拉图的保护，就是因为庇西特拉图有旨在保护中小地主利益的举措；而在恺撒时代，人们之所以寻求恺撒的保护，乃是因为恺撒对平民阶层的着力支持。不过，即便是恺撒或奥古斯都这样的政治强人，也很难平息后氏族时代阶级对立的巨大风潮，就像恩格斯所指出的那样：

> 共和国的贵族与平民为了担任官职以及分享国有土地而进行种种斗争，最后贵族溶化在大土地占有者和大货币占有者的新阶级中，这种大土地占有者和大货币占有者逐渐吞并了因兵役而破产的农民的一切地产，并使用奴隶来耕种由此产生的大庄园，把意大利弄到十室九空的地步，从而不仅给帝

---

① ［德］马克思,恩格斯:《马克思恩格斯文集》第1卷,第522页。
② 同上书,第537页。

政而且也给帝政的后继者德意志野蛮人打开了门户。①

二、走出封建宗法共同体及个体的异化

言及"共同体"方面的研究,很多人首先会想到斐迪南·滕尼斯、齐格蒙特·鲍曼这两位广为人知的学者。其实在这两位学者之前,马克思频频用"共同体"来指称古代的或不发达的状态下所形成的具有人身依附性质的群体。除了上文所提及的原始氏族共同体,马克思还曾对中世纪封建宗法共同体进行过批判。马克思对封建宗法共同体的批判是从论述土地所有制角度切入的,早在《1844年经济学哲学手稿》中,马克思就曾指出:

> 封建的土地占有已经包含土地作为某种异己力量对人们的统治。农奴是土地的附属物。同样,长子继承权享有者,即长子,也属于土地。土地继承了他。私有财产的统治一般是从土地占有开始的;土地占有是私有财产的基础。但是,在封建的土地占有制下,领主至少在表面上是领地的君王。②

---

① [德] 马克思、恩格斯:《马克思恩格斯全集》第2版第4卷,第154页。
② [德] 马克思、恩格斯:《马克思恩格斯文集》第1卷,第150页。

在《德意志意识形态》一书中,马克思恩格斯又将人类历史上的所有制形式划分为三个阶段,分别是:"部落所有制"、"古典古代的公社所有制和国家所有制"、"封建的或等级的所有制"。马克思恩格斯关于"封建的或等级的所有制"有过如下描述:

> 这种所有制像部落所有制和公社所有制一样,也是以一种共同体为基础的。但是作为直接进行生产的阶级而与这种共同体对立的,已经不是与古典古代的共同体相对立的奴隶,而是小农奴。随着封建制度的充分发展,也产生了与城市对立的现象。土地占有的等级结构以及与此相联系的武装扈从制度使贵族掌握了支配农奴的权力。①

在封建的或等级的所有制当中,以土地作为中介形成为一个领主与农奴的共同体。关于这种共同体,马克思在1867年出版的《资本论》第一卷当中也有过十分精彩的描述:

> 现在,让我们离开鲁滨逊的明朗的孤岛,转到欧洲昏暗的中世纪去吧。在这里,我们看到的,不再是一个独立的人了,人都是互相依赖的:农奴和领主,陪臣和诸侯,俗人和牧师。物质生产的社会关系以及建立在这种生产的基础上的生活领

---

① [德]马克思、恩格斯:《马克思恩格斯文集》第1卷,第522页。

域,都是以人身依附为特征的。①

欧洲封建制度的衰落与资本主义的兴起是世界历史发展过程中最为辉煌的转变。对于这一转变,很多学者进行了不同视角的解释,如道格拉斯·诺斯从产权的角度,阿夫纳·格雷夫从博弈论的角度,分别阐释了西方世界制度变迁的历史进程。不管这些解释有如何不同,但有一点却是共识,即从中世纪到近代,欧洲社会成功摆脱了封建宗法共同体的束缚,走向了以追求"自由平等"为指归的资本主义社会。

马克思并未使用过"资本主义"这一概念,②而是往往以"市民社会"代之,尽管"市民社会"的内涵比"资本主义社会"要丰富得多。马克思曾指出:"'市民社会'这一用语是在18世纪产生的,当时财产关系已经摆脱了古典古代的和中世纪的共同体。真正的市民社会只是随同资产阶级发展起来的。"③土地关系是当时最重要的财产关系之一,考茨基曾经指出,封建土地关系在某种程度上是"公社的土地与土地私有制之间的折衷办法"④。而资产阶级革

---

① [德]马克思、恩格斯:《马克思恩格斯全集》第2版第44卷,第94—95页。
② 张一兵等通过研究指出:"马克思在经济学研究中,虽然揭示了'资本主义'生产方式之内涵,但的确没有'资本主义'这个提法(名词)。"虽则如此,"资本主义"这一概念的出现还是与马克思有关,因为在《雇佣劳动和资本》中,马克思就谈到"把资本理解为关系",这应该是"资本主义"这一概念的肇端。参见张一兵、汪皓斌:《马克思真的没有使用过"资本主义"一词吗?》,《南京社会科学》1999年第4期,第1、7页。
③ [德]马克思、恩格斯:《马克思恩格斯文集》第1卷,第582—583页。
④ [德]考茨基:《土地问题》,梁琳译,生活·读书·新知三联书店1955年版,第40页。

命不论具体形式如何,最终结果总是一样的,即"原始的土地共产制的残余之废除,即是土地私有制之完全确立"①。"原始的土地共产制的残余之废除"也就意味着封建宗法共同体中维系领主与农奴的那根纽带的消失,个体从共同体中解放出来,不再以共同体附属物的形式存在,这就是人身依附关系的废除。

一个共同体之所以能够稳定存在,是因为同时具备了强大的保护功能与束缚功能。在这两种功能的双重笼罩下,即要求个体让渡自己可贵的自由。当共同体崩溃后,束缚功能随之消失,个体也就实现了自由的属性,成为一个真正独立的人。譬如马克思在《论犹太人问题》中所说的:"封建社会已经瓦解,只剩下了自己的基础——人,但这是作为它的真正基础的人,即利己的人。"②封建宗法共同体崩溃之后,个体在市民社会中实现了自由。不过按照马克思的理解,这种自由很快发生了"异化"。所谓的"异化"即是事物发展到极致,从而走向了自我的反面,就自由而言,即是自由地失去了自由。在市民社会中,"异化"就表现为资本对个体的戕害与奴役。随着资本主义的发展,社会结构日益形成资产阶级与无产阶级的对立,恰如马克思所说的"把人类的大多数变成完全'没有财产的'人,同时这些人又同现存的有钱的有教养的世界相对立"。③ 也就是说,马克思、恩格斯将中世纪到市民社会的发展

---

① [德] 考茨基:《土地问题》,梁琳译,第42页。
② [德] 马克思、恩格斯:《马克思恩格斯文集》第1卷,第45页。
③ 同上书,第538页。

线索定位为走出封建宗法共同体,又走进个体异化的历史进程。

三、"三段论"式的人类社会发展史观

马克思与恩格斯关于希腊罗马的论述虽然零散,但若认真梳理加以研究,则可发现有关论述实际具备一种系统性。所谓的系统性并不是说马克思与恩格斯写出了像乔治·格罗特《希腊史》或爱德华·吉本《罗马帝国衰亡史》那样纯粹的历史学著作,他们应该无意于此,然而他们对于希腊罗马历史的进程却是极为关注的,而且也就希腊罗马的历史发展形成了一种整体的史观。这种整体史观可以简要表述为:氏族成员突破氏族共同体的束缚,从而走向古典自由民的世界;但随着私有制的发展,自由民被异化,阶级对立由此而形成。希腊的历史如此,罗马的历史亦是如此。

马克思与恩格斯关于中世纪到市民社会发展的描述也可以简要表述为:农奴突破封建宗法共同体的束缚,从而走向由独立个体所组成的市民社会;随着私有制的空前发展,独立的个体被异化,阶级严酷对立由此而形成。通过与上文比较则可发现,马克思恩格斯关于中世纪到市民社会的发展的描述,与他们关于希腊罗马社会发展的描述何其相似! 当然,这种相似并非巧合,而是马克思恩格斯关于欧洲历史发展的一种高度的总结,在某种程度上也可以认为是一种历史哲学。

在市民社会,个体被异化,阶级严酷对立,这些都为马克思恩

格斯亲耳所闻、亲眼所见，而中世纪距离马克思恩格斯的时代也不甚久远，他们所掌握的资料也较为丰富，因此有关中世纪到市民社会发展历程的描述也是详尽而有力。相比较而言，希腊罗马时代距离马克思、恩格斯的时代就颇为久远了，材料相当有限，不过马克思与恩格斯还是依靠有限的材料梳理出了与后世中世纪到市民社会一样的发展脉络，可见他们的确是在着力寻找人类社会发展的一般特征。这与他们在其他经典著作中所展现的宏伟的学术抱负是一致的。

在氏族崩溃后的希腊罗马时代与所谓的市民社会中也不是没有共同体，譬如国家也应该属于一种共同体的形式，但是马克思恩格斯认为国家并不属于真实共同体，而是属于一种虚幻的共同体。他们指出：

> 正是由于特殊利益和共同利益之间的这种矛盾，共同利益才采取国家这种与实际的单个利益和全体利益相脱离的独立形式，同时采取虚幻的共同体的形式，……从这里可以看出，国家内部的一切斗争——民主政体、贵族政体和君主政体相互之间的斗争，争取选举权的斗争等等，不过是一些虚幻的形式——普遍的东西一般说来是一种虚幻的共同体的形式——，在这些形式下进行着各个不同阶级之间的真正的斗争。①

---

① ［德］马克思、恩格斯：《马克思恩格斯文集》第1卷，第536页。

在国家这种虚幻的共同体当中,所谓的"共同利益",是一种特殊的"普遍"利益,其本质不过是统治阶级欺骗被统治阶级的手段而已。同理,所谓的"自由",也只是存在于统治阶级内部的"自由",马克思恩格斯曾非常清晰地解释说:

> 从前各个人联合而成的虚假的共同体,总是相对各个人而独立的;由于这种共同体是一个阶级反对另一个阶级的联合,因此对于被统治的阶级来说,它不仅是完全虚幻的共同体,而且是新的桎梏。①

马克思曾在《论犹太人问题》一文中谈及"国家统一体",他指出:"国家统一体,作为这种组织的结果,也像国家统一体的意识、意志和活动即普遍国家权力一样,必然表现为一个同人民相脱离的统治者及其仆从的特殊事物。"②这样的国家统一体与人民相分离,充其量是一种虚幻的共同体。马克思进一步指出:"只有当人认识到自身'固有的力量'是社会力量,并把这种力量组织起来因而不再把社会力量以政治力量的形式同自身分离的时候,只有到了那个时候,人的解放才能完成。"③马克思所说的"社会力量"意味着人道的共同体,"人的解放"意味着自由。由此可见,在《论犹

---

① [德]马克思、恩格斯:《马克思恩格斯文集》第1卷,第571页。
② 同上书,第44页。
③ 同上书,第46页。

太人问题》中,马克思是在呼吁建立一种真正的自由且人道的共同体。

走出原始氏族共同体或封建宗法共同体之后,个体无法得到虚幻的共同体的保护,也就自由地失去了自由,于是发生了所谓的异化。马克思恩格斯有关希腊罗马的整体史观可以更为简练地表述为:氏族共同体→自由→异化;而中世纪到市民社会则可更为简练地表述为:封建共同体→自由→异化。前一种表述与后一种表述无疑是互相印证而相得益彰的。从这两种表述可以看出,马克思恩格斯的确是在有意强调"共同体→自由→异化"这样一个有关人类社会发展的逻辑线索。而强调这样一个逻辑线索则是为他们的终极理想——自由且人道的共同体的实现而做铺垫。

马克思认为,无论是在罗马时期还是在市民社会时期,都曾出现过尖锐的阶级对立,这种对立就是"异化"所形成的一种不堪忍受的力量。要克服异化,就是要以革命的手段推翻既有的剥削制度,重建一种自由且人道的共同体,以实现公平与正义。可以说,倘没有市民社会异化的残酷性,也就不会有对自由且人道的共同体的迫切需求。

在马克思与恩格斯的理念当中,共产主义是一种自由且人道的共同体。在这样的一个共同体中,公平与正义的实现绝不是以牺牲个体的自由为代价的。就像马克思与恩格斯在《共产党宣言》中所表述的:"代替那存在着阶级和阶级对立的资产阶级旧社会的,将是这样一个联合体,在那里,每个人的自由发展是一切人的自由发展的条件。"①这一观念在后来的《资本论》有了更为清晰的表达。在《资本论》中,马克思以"自由人联合体"②来概括共产主义社会的基本特征。在马克思的意识里,"自由人联合体"是比市民社会"更高级的、以每一个个人的全面而自由的发展为基本原则的社会形式"③。

自由人联合体其实还是一种共同体,这种共同体与原始氏族共同体或中世纪封建宗法共同体相比,其最大的特点就是在依赖共同体以实现公平正义的同时,却又可以避免对自由个性的奴役与剥夺。换句话说,自由人联合体可以达到共同体保护功能与束缚功能相结合的最好的"度",每一个个体在其中都可以找到避免奴役与获得保护的最佳平衡点。在马克思看来,自由人联合体是一种最理想的共同体,是人的自由王国,是"在真正的共同体的条件下,各个人在自己的联合中并通过这种联合获得自己的自由。"④

马克思恩格斯曾将中世纪以来的社会发展定位为一个由"封建宗法共同体"到"市民社会"再到"自由人联合体"的过程。这一过程分为三个阶段,第一阶段的社会关系是人身依附性质的,第二阶段的社会关系表现为一种不堪忍受的异化力量所形成的阶级对立,在第三阶段,每个人均能真正占有自由个性的这一人的本质,

---

① [德]马克思、恩格斯:《马克思恩格斯文集》第2卷,第53页。
② [德]马克思、恩格斯:《马克思恩格斯全集》第2版第44卷,第96页。
③ 同上书,第683页。
④ [德]马克思、恩格斯:《马克思恩格斯文集》第1卷,第571页。

从而得到自由而全面的发展。这三个阶段简单来说,就是一个"共同体束缚→个体异化→个性自由"的线索。很明显,这一线索确乎具备"三段论"性质,当系马克思恩格斯的精心提炼。可以说,这一线索是马克思恩格斯有关人类社会发展史的最清晰、最逻辑化的宏观表述。

马克思恩格斯的希腊罗马史观是将希腊罗马社会发展线索定位为一个由"氏族共同体束缚→个体异化"的逻辑过程。可以说,这一过程乃是马克思恩格斯人类社会发展史观"三段论"的前两段。马克思恩格斯希腊罗马史观所表现出的前两段发展线索,无疑是为"三段论"做铺垫或增加筹码的。希腊罗马"氏族共同体束缚→个体异化"这前两段的线索,不但可以使马克思、恩格斯关于中世纪以来的社会发展线索,即"封建共同体束缚→个体异化"的论证更为有力,而且也进一步明确"个性自由"与"自由人联合体"这样具有终极意义的信仰指向。

马克思的"十字军东征"史观

大概在 1881 年到 1882 年间,马克思研读了卡尔洛·博塔等人的著作,进而摘录出了一部世界编年史手稿。恩格斯在整理这一手稿时,为其加上了《编年摘录》的标题,这就是马克思最后一部作品《历史学笔记》。

《历史学笔记》共计有四册,140 多万字。《历史学笔记》的第一到第四册最早公布于苏联出版的新版《马克思恩格斯文库》第 5 卷(1938 年)、第 6 卷(1939 年)、第 7 卷(1940 年)、第 8 卷(1946 年)当中。国内最早由红旗出版社于 1992 年出版。2005 年,中国人民大学出版社又出版了第一个版本的修订版。《历史学笔记》在国内出版后,如同在国外一样,引发了研究的热潮。[①] 不过,国内外的研究大多集中在探讨《历史学笔记》主旨等宏观的角度上,而具体探讨《历史学笔记》所摘录的特定历史事件的文章尚不多见。本文拟就《历史学笔记》所记载的"十字军东征"展开充分讨

---

① 国内外关于《历史学笔记》的研究状况,参见李百玲:《马克思〈历史学笔记〉研究读本》,中央编译出版社 2014 年版,第 39—67 页。

论,以就正于学界群贤。

一、对东方社会的关注与
对"欧洲中心论"的反思

马克思在《历史学笔记》中按照编年顺序摘录了公元前1世纪到17世纪近2000年的历史大事件。这一摘录以欧洲为中心,同时对东方社会高度关注,在一定程度上表现出世界史的特点。如在第一分册中,马克思在摘录欧洲各民族历史的同时,还摘录了安息人、阿拉伯人、突厥人、花剌子模人、蒙古人的历史,不同的信仰群体和价值取向在他笔下碰撞交织,头绪虽多但并不紊乱。

在涉及罗马帝国史时,马克思就多次摘录了其与波斯人、安息人的战争。① 当然,对东方社会的关注在中古时期才是重头戏,如在公元945—1156年这一时段,马克思就单辟一节描述"穆斯林世界",对白益部族、塞尔柱突厥人以及伽色尼王朝等承认巴格达哈里发虚幻政权但实际上拥有无限权力的亚洲式君主国予以重点关注。这其中最为重点的就是突厥人,因为他们对拜占庭形成了军事威压。② 随后,马克思又辟一章《从花剌子模王国的产生到奥斯曼—土耳其人在小亚细亚的出现》,涉及更为东方的一些政治事件,如花剌子模和廓尔王朝的崛起与灭亡,成吉思汗及其子孙打造

---

① [德]马克思:《卡尔·马克思历史学笔记》第1册,第2页。
② 同上书,第74—77页。

的蒙古帝国,蒙古人西征所带来的欧洲和中亚政局的改变等等。①在 15 世纪,马克思又专门摘录了一章《君士坦丁堡被占领以前的土耳其和拜占庭史》,大致勾勒了 14 世纪末蒙古人退出世界舞台的历史以及信奉基督教的拜占庭帝国与信奉伊斯兰教的奥斯曼帝国之间的碰撞和冲突。② 通过以上摘录,中古时期的亚洲历史就较为清晰地展现在读者面前了。不过美中不足的是,其中缺失了中国史的内容,像金国、南宋和西夏,都是在叙述蒙古史的时候一带而过,让人颇觉遗憾。

在涉及中古史东西方交流方面,马克思以极大的耐心和超大的体量浓墨重彩地摘录了十字军东征这一重大历史事件。其中的章节包括:《第一次十字军远征和耶路撒冷王国(1093—1127年)》《第二次十字军远征前的宗教骑士团和耶路撒冷王国;第一批骑士团:约翰骑士团和圣殿骑士团(1118—1146年)》《第二次十字军远征(1147—1149年)和第三次十字军远征前的东方》《第三次十字军远征前的耶路撒冷王国(1149—1189年)》《弗里德里希·巴巴罗萨和他的十字军远征(1181—1191年)》《法王菲力浦·奥古斯特和英王狮心理查的十字军远征(1190—1192年10月第三次十字军远征)》《最后几次的十字军远征以及与此有关的一些事件(1198—1202年)》《第四次十字军远征或拉丁人的十字

---

① [德] 马克思:《卡尔·马克思历史学笔记》第 1 册,第 146—155 页。
② [德] 马克思:《卡尔·马克思历史学笔记》第 2 册,中国人民大学出版社 2005 年版,第 98—120 页。

军远征（1202年—1204年4月中）》《阿尤布王朝和最后几次十字军东征（从萨拉丁死亡到圣路易的第一次十字军远征结束）（1193—1254年）》《圣路易的十字军远征（1248—1254年）》《最后几次十字军远征时期的西方》，时间由1093年延伸至1302年，体量占据了《历史学笔记》第一分册三分之一强。可见在马克思的心目中，十字军东征绝对是中古时期值得大书特书的重大历史事件。

中世纪以来，基督教世界的历史书写中但凡涉及十字军的叙述多被神化和浪漫化，一些赞颂完美骑士的文学传记则更是如此，像耶路撒冷王国的建立者布永的戈弗雷以及狮心王理查都被当成英雄而广受赞誉。尽管这种"中世纪的英雄和奇观"在17—18世纪一度"被遗忘和'丢失'了"，但随后的浪漫主义运动又将其复苏，"让它们在意象的世界中重生，成为流光溢彩的传说"。① 然而伊斯兰世界却不以为然，他们认为十字军东征的本质是一场侵略战争。根据阿拉伯史学家的记载："阿拉伯不讲'十字军东征'，而讲'法兰克人侵略'，或'法兰克人的战争'。"② 而穆斯林作家和史学家"突出了高尚、智慧、勇气、英雄气概、忠心、真诚这样的主题"，将穆斯林统帅们"描绘成一个个与十字军奋勇厮杀的英

---

① ［法］雅克·勒高夫：《中世纪的英雄与奇观》，鹿泽新译，四川文艺出版社2020年版，第10页。
② ［法］阿敏·马卢夫：《阿拉伯人眼中的十字军东征》，彭广恺译，民主与建设出版社2018年版，第1页。

雄"。① 可见涉及十字军东征的历史书写往往受价值判断所左右,基督教世界与伊斯兰教世界对于同一史实的认知往往判若云泥。

《历史学笔记》以欧洲史为主体,旁涉亚洲史,在西方与东方之间并不厚此薄彼,体现出一种明显的多元视角与包容心态。马克思在摘录《历史学笔记》的时候曾多次谴责暴行,并不论这些暴行的制造者为谁?与礼赞十字军的传统书写不同,马克思对十字军所制造的杀戮十分反感,他常常摘录那些具有贬义的词汇,如"这帮基督教强盗"②、"十字军匪徒"③、"一伙强盗土匪为首的军队"④。之所以如此称呼,是因为"十字军一路烧杀掠夺"⑤,或者"十字军无恶不作。……因此鼓励军队再一次屠杀军民。十字军在耶路撒冷的暴行激起了东方一切信仰伊斯兰教居民的愤怒"⑥。

在马克思的摘录里能明显看到基督教与伊斯兰教之间的冲突。从马克思的立场来看,他既摘录十字军的暴行,同时也不放过作恶多端的西亚、北非统治者。譬如他就摘录有"逞凶的穆斯林君主们"⑦这样的称呼。关于穆斯林君主哈基姆,马克思就注意到他"非常狂暴","他疯狂地反对犹太人和基督教徒,下令捣毁国内的

---

① [土耳其] 易卜拉欣·卡伦:《认识镜中的自我:伊斯兰与西方关系史入门》,夏勇敏等译,新世出版社2018年版,第102页。
② [德] 马克思:《卡尔·马克思历史学笔记》第1册,第84页。
③ 同上书,第155页。
④ 同上书,第158页。
⑤ 同上书,第158页。
⑥ 同上书,第85页。
⑦ 同上书,第86页。

基督教教堂和犹太教会堂,禁止基督徒朝圣"。① 另一个信奉伊斯兰教的统治者哈桑,"他生性残暴,甚至东方某些史学家斥责他为'第一流的纵火犯',……一路烧杀劫掠,无所不为"。② 此外,对于更东方的部族制造的暴行,马克思也是予以无情批判的,在"野蛮的蒙古族和鞑靼族从东方的亚洲山区潮涌而来"③之后,出现了很多"城市被毁,居民被杀"的惨剧,马克思在摘录的时候直接称之为"蒙古式的暴行"④。

马克思并未因文化不同而对东方社会产生偏见,相反他还常常强调东方对西方所产生的促进作用。如在叙述完"意大利的封建制度"后,马克思还单辟一节《阿拉伯人统治的西西里》,在此节中,马克思摘录了伊斯兰教与基督教之间的宗教冲突,但并未予评判。此章让人眼前一亮的是东西交流所导致的一系列的变化,譬如物种的变化——东方的棉花、甘蔗、白蜡树的引进;更为重点的是生产关系的变化——阿拉伯人的到来,使西西里地区流行的贡赋为土地税所替代,地主和佃农的关系也得到了调整,农奴被释放,成为自由的劳动力。⑤ 此外,马克思还十分强调商品所起到的沟通作用,"许多雕刻珍品从君士坦丁堡被运到西方,这样西方才

---

① [德] 马克思:《卡尔·马克思历史学笔记》第 1 册,第 79 页。
② 同上书,第 146 页。
③ 同上书,第 147 页。
④ 同上书,第 158 页。
⑤ 同上书,第 22—24 页。

知道东方有如此高超的技艺。"①

马克思对于一些推动生产力发展的伊斯兰国家是持赞赏态度的,如关于艾哈迈德·本·图隆建立的图隆王朝,马克思摘录说:"图隆王朝在埃及实行的财政制度是符合国情和工农业特点的",在其统治之下,"产品丰富,人丁兴旺"。关于图隆王朝的后继者法蒂玛王朝,马克思也摘录说:"早期的法蒂玛王朝治国有方,北非和西西里的一些兴旺的国家最初都承认他们为最高统治者,过了一段时间又承认他们为精神的保护者和领袖,同他们的贸易畅通无阻。"②

综合《历史学笔记》关于十字军东征的摘录来看,马克思对于交战的双方没有什么倾向性,只是对暴行的制造者反感,而对十字军一方摘录的带有憎恶色彩的词汇尤多,可见马克思并没有站在"欧洲中心论"的立场之上。

马克思与黑格尔渊源极深,黑格尔哲学体系中带有明显的"欧洲中心论"意识。作为黑格尔的"伟大学生",马克思身上也会不可避免地承袭一些"欧洲中心论"的元素。当然,马克思可能也意识到了这一点,然而苦于对东方社会所知有限,因此他也很难做到全面扬弃黑格尔的"幽灵"。不过,摩尔根等人的人类学著作却给马克思提供了一个契机,在摘录完成《人类学笔记》之后,马克思

---

① [德]马克思:《卡尔·马克思历史学笔记》第1册,第135页。
② 同上书,第78页。

获得了有关东方社会的实证资料,这进一步触发了他大脑中早已存在的对"欧洲中心论"的叛逆。

在摘录"人类学笔记"之后,马克思紧接着就摘录了《历史学笔记》。在"人类学笔记"当中形成的关注东方社会的认知在《历史学笔记》中得以顺延下来。如前所述,马克思围绕着十字军东征这一历史,对东方社会政治、经济、文化的大量摘录,就体现出了其明显的反思"欧洲中心论"的意识。而在宗教问题上,马克思采取的客观公正、不偏袒和不感情用事的处理方式,使我们对他的批判思维和辩证唯物主义思路感受更深。可以说,《历史学笔记》步"人类学笔记"之后尘,极大地推动了马克思视角多元性的发展,而"十字军东征"作为一个重要环节,恰恰提供了一个反思"欧洲中心论"的观察平台。

二、《历史学笔记》与社会经济形态的演进

马克思的历史研究由来已久,从早年的哲学史、宗教史、艺术史的研究,到后来的政治史、社会史、经济史的研究,所有的研究无不体现着一种明显的历史意识。马克思的历史研究是带有批判性的,他对学界以往的历史研究"只能在历史上看到重大政治历史事件"[①]的倾向是不予认同的,他所创立的历史唯物主义正是要打破孤

---

① [德]马克思、恩格斯:《马克思恩格斯文集》第1卷,第545页。

立性和虚幻性,而从总体上、全局上把握人类历史发展的一般规律。

马克思一直以来都相信人类社会具有发展的统一性,如其在《政治经济学批判·序言》中写道:"大体说来,亚细亚的、古代的、封建的和现代资产阶级的生产方式可以看做是经济的社会形态演进的几个时代。"①其中"亚细亚的生产方式",可以认为是一切人类社会的原初形态,在其解体后演变出了古代的(罗马类型)和封建的(日耳曼类型)以及现代资产阶级的生产方式,这是一个统一的且单线进行的序列。在摘录"人类学笔记"后,马克思重新审视东方社会,将东方社会中的农业公社定位为原始公社的残留物,为此他还产生了依靠农业公社跳出资本主义制度的卡夫丁峡谷的构想。可见当此时,马克思一度产生人类社会多线索发展的思路,即亚细亚的生产方式未必一定会孕育出古代的(罗马类型)生产方式,如在东方社会,有可能就是沿着原始公社到农业公社的路线自我演进。可以说,在"人类学笔记"摘录时期,马克思对"欧洲中心论"的反思实现了从情感到理性的升华。

马克思不是东方学家,也没有写出一部东方学著作,所以我们不知道马克思会如何勾勒东方社会的发展轨迹。在摘录"人类学笔记"之后,马克思又摘录了一部《历史学笔记》,这部笔记显然具备世界历史的视野:注重了东西方的沟通与碰撞。在笔记的第一

---

① [德]马克思、恩格斯:《马克思恩格斯全集》第2版第31卷,第413页。

册和第二册中可以见到诸多有关阿拉伯人、花剌子模人、蒙古人、土耳其人历史的记载;在第三册和第四册中,也可以见到航海大发展和美洲的发现。马克思一针见血地指出:"截船抢劫是一些美洲的西班牙冒险家的唯一目的。"①在此基础上,国际贸易和世界市场得以形成。以上种种,都是马克思突破欧洲史进行叙事的尝试。

然而从本质上讲,《历史学笔记》还是以欧洲史为主框架的。虽然经过摘录"人类学笔记",马克思对"欧洲中心论"进行了深刻反思,但这并不意味着马克思就放弃了"亚细亚的、古代的、封建的和现代资产阶级"这四种社会经济形态依次演进的历史判断,起码涉及欧洲社会和欧洲历史时,马克思还会继续使用这一模式,就像他在《给〈祖国纪事〉杂志编辑部的信》中说的那样,"把这一切运动的'历史必然性'限于西欧各国"②,这从《历史学笔记》一书中就可以窥得一二。

在《历史学笔记》一书中,政治大事件的摘录最重。从表面上看,《历史学笔记》所摘录的历史事件似乎是随意的,甚至是感觉有些杂乱,有些零碎,但如果仔细研究,则可发现马克思的摘录其实是有明显的连续性的。不但每一分册中的内容有逻辑贯穿,就是一到四册,也是有条线索一以贯之,它就是"亚细亚的、古代的、封建的和现代资产阶级"等社会经济形态依次演进。

---

① [德]马克思:《卡尔·马克思历史学笔记》第3册,第57页。
② [德]马克思、恩格斯:《马克思恩格斯全集》第2版第25卷,第455页。

或许是因为了刚刚摘录了"人类学笔记",有关"亚细亚的生产方式"已经探讨得较为充分了,因此《历史学笔记》一书的摘录是从罗马帝国初期开始的。马克思摘录的第一节就是《从罗马帝国初期到东哥特人占领意大利》,其后是《意大利东哥特人的国家》《(查理大帝以前)希腊人统治下的意大利》《查理大帝执政时的意大利》以及《意大利的封建制度》。从这几个顺承下来的标题也可以看出,马克思的摘录体现出了罗马奴隶制崩溃直到意大利封建制度建立的过程。然后马克思继续摘录,内容一直延续到14世纪中叶。在此期间,封建制度在西欧形成并进一步巩固。当然北欧和东欧诸国的社会变迁也在其视域范围里。《历史学笔记》第一册时间跨度最大,长达1 500多年;后三册跨度较小,只有14世纪至17世纪中叶计300多年的时间,虽然这段时间不长,但内容却覆盖了封建制度衰落和资本主义崛起两个重要方面,可谓是资本主义产生的前史。

"人类学笔记"研究的是一切人类社会的原初形态,体现的是"亚细亚的生产方式",而《资本论》无疑体现了"现代资产阶级的生产方式"。《历史学笔记》以浩瀚的历史画卷展现了罗马奴隶制(古代的生产方式)衰落、封建制度的产生与衰落以及资本主义制度萌芽并崛起的一连串的历史进程。如果将"人类学笔记"、《历史学笔记》、《资本论》三者进行排比,则恰好展示出亚细亚的、古代的、封建的和现代资产阶级的生产方式作为社会经济形态依次演进的历史进程。

三、十字军东征对封建制度瓦解
　　所起到的推动作用

《历史学笔记》一书对战争的摘录几乎俯拾皆是,大大小小的战争在四册笔记中不可计数。大的战争如十字军东征、蒙古人西征、"玫瑰战争"、那不勒斯争夺战、英法百年战争、"神圣联盟"战争以及"三十年战争"等等。马克思对战争的关注是极有用意的,因为战争也是一种特别的交往方式,战争可以促进东西方的交流,同时也可以破除旧的社会形式并催生出新的生产关系,上述那些大的战争无不是如此。

在马克思的意识中,十字军东征这场绵延200多年的战争极大地促进了东西方的交流,更重要的是,这场战争还对封建制度的瓦解起到了不可估量的作用。虽然在《历史学笔记》第一分册中,马克思重点摘录的是封建制度形成的过程,然而这一形成过程也孕育了瓦解因素。在第二、第三分册中,内容就更重点地展示了封建制度的瓦解过程。关于欧洲封建制度的瓦解,学界虽有不同的理解视角,但基本都认同商品经济的发展是其主要原因。恩格斯《论封建制度的瓦解和民族国家的产生》一文指出:"城市的市民阶级还有一件对付封建主义的有力武器——货币。"①布洛赫认

---

① ［德］马克思、恩格斯:《马克思恩格斯文集》第4卷,人民出版社2009年版,第216页。

为:"当人类关系的网络已被拉得更紧密、商品和货币流通得到加强时,欧洲封建主义便发生了根本性的变化。"①诺思也描述说:"人口增长了,地区的和区际的商业恢复了,新技术得到了开发,庄园制和封建制的一些典型制度已经变得认不出来了。"②地区的和区际的商业恢复了,新技术得到了开发,庄园制和封建制的一些典型制度已经变得认不出来了。例不多举,总之,封建制度必须是在一个封闭且商业基本缺失的社会里才能确立,而当货币充分发挥作用时,这种制度也就离衰亡不远了。

一个问题是,在封建制度确立的时代,人身依附关系日益稳固,而需要身份对等才能维系的契约关系从何而来?换句话说,到底是什么力量在森严壁垒的封建庄园里撕开了一道商品经济的口子?有关这一问题,《历史学笔记》是暗藏答案的。如前所述,马克思对十字军东征的摘录占到《历史学笔记》第一册三分之一强的篇幅。马克思为什么要耗费如此多的精力描述一场东西方之间的战争呢?其中的关键就在于这场旷日持久的战争促进了欧洲商品经济的发展,成为导致封建制度瓦解的原因之一。

在《历史学笔记》记载十字军东征的部分,马克思摘录了很多来自东方的工商业信息,如"巴耳赫是一个繁荣的商业城市,有许多能工巧匠,[还有许多]供来往商队住宿的漂亮客栈"③。又如,

---

① [法]布洛赫:《封建社会:依附关系的成长》,张绪山译,商务印书馆2004年版,第139页。
② [美]诺思、罗伯斯·托马斯:《西方世界的兴起》,厉以平译,第46页。
③ [德]马克思:《卡尔·马克思历史学笔记》第1册,第149页。

"土耳其人和阿拉伯人在那里(君士坦丁堡)在一定程度上是一个独立的商业国家。"①"热那亚人在克里木设立许多货栈,与中国进行贸易往来。"②200多年的十字军东征,加强了东西方的联系,穆斯林两世并重和追求享乐的思想对基督教禁欲主义具有明显的冲击。来自东方的奢侈品在欧洲越来越受到欢迎,一个典型的例证是"随着养蚕业的发展,丝织和模仿东方的织锦十分流行"③。当然了,东方能工巧匠的到来,也极大地促进了欧洲手工业和航海技术的发展。马克思就注意到:"随着手工业的发展,意大利各地的科学、艺术、园艺、建筑等等也都有所发展。"④马克思尤其重点强调:"那不勒斯、西西里和阿拉贡同意大利其他地区之所以能有贸易联系,是因为使用了指南针——这显然是中国人的发明。"⑤

在十字军东征期间,意大利沿海各地区通过运送朝圣者和十字军而大发横财。马克思摘录说威尼斯人"因运送十字军和恢复与东方的贸易而大发横财,享有特权,得到税收、港湾和叙利亚沿岸的半数城市"⑥。"意大利的沿海各国仍然帮助鲍德温控制海岸线,靠着同东方开展的自由贸易而日渐富裕,运送朝圣者所得的高收益使它们的船舶日渐增多,工业蓬勃兴起。"⑦在此基础之上,金

---

① [德]马克思:《卡尔·马克思历史学笔记》第1册,第129页。
② 同上书,第175页。
③ 同上书,第175页。
④ 同上书,第175页。
⑤ 同上书,第174页。
⑥ 同上书,第127页。
⑦ 同上书,第86页。

融业开始出现。马克思摘录说:"在意大利出现了银行,这是因为意大利人为罗马到处向基督教徒征收大量贡赋和捐税并寄往罗马。"①"当时大量金钱流入意大利,它成了欧洲的银行、西方贸易的中心、欧洲能工巧匠的基地。它独享西方教会的大部分收入、捐税、十字军远征的果实。"②在金融业日趋繁荣之时,佛罗伦萨、普罗旺斯等地区出现了高利贷,有钱人"把钱币、有价证券当商品,发放高利贷"③。

学界提到中世纪意大利地区工商业的繁荣时,常谓之以资本主义萌芽。虽然不能说十字军东征导致了资本主义萌芽,但资本主义萌芽出现在意大利一定与十字军东征有关。马克思在摘录有关十字军东征的史料时,特别关注了热那亚和威尼斯两个城市。他摘录说:"热那亚和威尼斯已经掌握了世界贸易,这两个城市在埃及和叙利亚,在希腊帝国沿岸岛屿,在黑海附近,尤其是在克里木和亚速海都设有代理商行。埃及的繁荣全凭威尼斯人的贸易。"④总之,"十字军运动最初是开拓宗教之路的,但结果却是开拓了商业的道路"⑤。

中世纪的欧洲受到庄园领主经济和宗教禁欲主义的双重束缚,商品的作用微不足道,而十字军东征则为静态的欧洲打开了商

---

① [德] 马克思:《卡尔·马克思历史学笔记》第 1 册,第 175 页。
② 同上书,第 142 页。
③ 同上书,第 174 页。
④ 同上书,第 175 页。
⑤ 赵立行:《西欧社会变动与十字军东征的进程》,《复旦学报》2002 年第 4 期,第 84 页。

品经济的闸门,因而引发了封建制度的衰亡。《历史学笔记》持上述观点是无疑的。然而细读关于十字军东征的摘录还可以发现,马克思除了经济层面的探讨,还从政治等其他角度考察了封建制度退场的原因。在马克思的摘录中,可以看到普通民众参加十字军"是为了摆脱债主"①,而主导十字军东征的统治者们却是各怀鬼胎的。当然不排除个别人真的是从宗教感情出发而组织军队意欲解放"圣地",但更多的则是觊觎希腊教会,觊觎东方的财富,而借助东征加强自身权力者更是主流。

作为最大的封建主,国王对敢于与之抗衡的封建主十分反感,当然希望消灭那些异己的力量,而组织十字军东征便是非常好的时机。譬如法王路易七世时,神甫絮热执政,他要求在王权未被承认的地方要承认王权。"由于进行十字军远征,他利用一些人的欠款来增加王室领地和权利。"②与路易七世时期相似,法王菲力浦也借助十字军东征"抢占那些不听话的王公的部分领地"③。譬如蒙福尔家族不能控制的领地交给了法国王室,雷蒙也把大部分领地交给了法国王室,朗格多克也并入了国王的领地。在德意志,狮子亨利不愿跟随红胡子腓特烈一世(巴巴罗萨)去耶路撒冷朝圣而引发战争。狮子亨利失利后,他的领地就被瓜分了。王权的加强,对封建主是一种严重的削弱,封建关系自然也会相应地产生松

---

① [德] 马克思:《卡尔·马克思历史学笔记》第1册,第83页。
② 同上书,第103页。
③ 同上书,第123页。

弛效应。

在狮子亨利与红胡子腓特烈一世的冲突中,马克思还注意到自由城市的发展变化:不但与亨利敌对的戈斯拉尔继续享有自由城市的地位,"曾是公爵自治市的吕贝克和原属巴伐利亚公爵的雷根斯堡成了帝国的自由城市"①。自由城市的出现,代表与封建制度博弈的新兴力量。恩格斯就曾指出,封建主义在农村作威作福的同时,"周围已经兴起了城市……发展了中世纪的手工业(十足行会的和小规模的),积累起最初的资本,产生了城市相互之间和城市与外界之间商业往来的需要"②。当城市发展起来,"每一城市中的市民为了自卫不得不联合起来反对农村贵族;……从各个城市的许多地域性市民团体中,开始非常缓慢地产生出市民阶级。"③市民阶层与封建主的斗争十分胶着,马克思就发现:"各个城市在同封建主斗争时都求助于国王,可是,封建主也经常需要国王的帮助来对付各个城市。"④国王处理关系时也会左右通吃,但因为城市常常大力度地支持统治者,如絮热的日常开支就来自城市公社,其统治者往往会助力城市一方。一个典型的例证是,荷兰的威廉皇帝"鼓励城市自由,支持并准许城市结盟"⑤。在这种情况下,以封建主的失利最为常见。

---

① [德] 马克思:《卡尔·马克思历史学笔记》第1册,第100页。
② [德] 马克思恩格斯:《马克思恩格斯文集》第4卷,第215页。
③ 同上书,第569页。
④ [德] 马克思:《卡尔·马克思历史学笔记》第1册,第102页。
⑤ 同上书,第184页。

当然，封建主并不甘心失败，也会联手对付与自己反向而行的力量。如 1232 年召开贵族会议，"严格禁止各个城市彼此结盟；城市自由的原则不符合贵族君主制的统治方式，应予以谴责；恢复王公贵族的权力，以对付目前各自为政的城市。"①这一规定恰恰说明当时自由城市互相结盟的现象已经十分突出。马克思在摘录中注意到："从亨利四世时期起，意大利各城市已有较多的自由和权利，他们互相结盟，作为完全独立的国家进行战争。意大利北部的一些城市越来越民主，它们生意兴隆，财源茂盛。"②

城市的迅速发展当然会进一步萌生瓦解封建制度的因素，马克思就摘录了 1219 年戈斯拉尔颁布城市法，其中规定："凡是在本城居住一年零一天的人都是自由的；住宅中的一切不受侵犯。"不伦瑞克 1235 年颁布的城市法规定："禁止没收财产；凡是向内廷大臣控告贵族而未获胜诉的市民，只要他进入该城，就可以保住财产。"③1292 年，佛罗伦萨实行了两项新的改革，彻底解除了贵族的权力；而曼图亚"一下子就消灭了 50 多个贵族家族"④。总之，封建关系在十字军东征进程中出现了萎缩现象。如马克思指出："封建主的臣民（农奴）并未得到任何权力。不过这些人在英格兰已越来越少，而市民、小封臣和不富裕的自由民已日益增多。"⑤

---

① ［德］马克思：《卡尔·马克思历史学笔记》第 1 册，第 163 页。
② 同上书，第 96 页。
③ 同上书，第 181 页。
④ 同上书，第 176 页。
⑤ 同上书，第 124 页。

与经济、政治因素相比,文化因素可能是瓦解封建制度的更深沉的力量。在基督教教父神学时期,希腊理性主义遭到了禁绝,希腊哲学著作随着异端的基督徒流转到了东方。阿拉伯文化史上轰轰烈烈的"百年翻译运动"展开后,古希腊的许多经典都被翻译成了阿拉伯语而保存在了伊斯兰国家的图书馆当中。通过十字军东征和东西方贸易,"中世纪的手抄本把希腊-阿拉伯文化带进基督教的西方",而"阿拉伯人在这方面主要是中介者"。① 希腊理性主义哲学的重新回归导致了基督教神学从教父神学到经院神学的转变,并进一步拉开了文艺复兴和宗教改革的序幕。

　　马克思在摘录有关十字军东征的史料时,也注意到了东西方文化的交流。如其摘录:"双西西里的那些最忠诚、最富有和最有学问的臣仆,都是穆斯林或是由穆斯林培养的。"②通过穆斯林的中介作用,古希腊文化传入了意大利地区,"在那不勒斯,学校越来越多。在萨莱诺的一个学校(讲授)阿拉伯人的怀疑论哲学;在阿马尔非,有一个完全脱离教会的诺曼人创办的国家法学校;从那不勒斯传入了许多意大利和希腊的法学知识"③。而关于法国,马克思也摘录了"亚里士多德哲学和柏拉图哲学有所传播(阿伯拉尔等人)",并摘录了宗教狂热分子圣贝尔纳逮捕阿拉伯尔及其门徒的事件。④

---

① [法] 雅克·勒高夫:《中世纪的知识分子》,张弘译,第11、12页。
② [德] 马克思:《卡尔·马克思历史学笔记》第1册,第143页。
③ 同上书,第92页。
④ 同上书,第103页。

有关十字军东征，马克思在文化层面的观察较为简略，摘录得也较为有限，当然也没有进一步挖掘文化交流的力量是怎样瓦解封建制度的。可以说，马克思的兴趣点是放在了经济和政治层面。马克思笔下的十字军东征，展现出一幅幅恢宏的历史画卷，借助这些历史画卷，马克思深入考察了延续200年多的东征在瓦解封建制度层面所起到的重要作用。封建制度若不瓦解，则新兴的资产阶级无法最终崛起，而马克思有关亚细亚的、古代的、封建的和现代资产阶级的生产方式依次演进的进程描述就会因出现巨大缺环而无法成立。由此可见，十字军东征在马克思的逻辑当中何等的重要。通俗一些讲，这场战争在一定程度上起了催化作用，也正是由于这些催化作用，历史车轮才会滚滚前进，马克思的相关理论也才会自洽起来。

《历史学笔记》与
马克思的宗教改革史观

有关马克思与恩格斯的宗教思想,学界论述已多,此不赘述。16世纪上半叶开启并波及西欧大部分地区的宗教改革运动,是欧洲宗教发展史上不可或缺的一环,自然也应该在马克思与恩格斯的笔下有所展现。恩格斯《自然辩证法》《德国农民战争》等著作都有大量笔墨论及宗教改革运动,在这些著作里,他给予宗教改革高度的评价,如"这是人类以往从来没有经历过的一次最伟大的、进步的变革,是一个需要巨人而且产生了巨人的时代,那是一些在思维能力、激情和性格方面,在多才多艺和学识渊博方面的巨人"。正是有这些巨人的出现,领导了"最伟大的、进步的变革",才"给资产阶级的现代统治打下基础"。①

以往学者研究马克思与恩格斯关于宗教改革运动的认识,多是引证恩格斯的重要论述,对马克思则引证较少,有也主要是

---

① [德]马克思、恩格斯:《马克思恩格斯全集》第2版第26卷,第466页。

《〈黑格尔法哲学批判〉导言》中几段格言式的经典论述。① 这样就容易给读者造成一种刻板的印象,即马克思并未过多关注宗教改革运动,或是虽有关注但未过多论及。然而这种刻板印象是误解,之所以出现这样的误解,主要是对马克思经典文献掌握不够全面。马克思晚年所摘录的《历史学笔记》里,涉及了大量的有关宗教改革运动的内容。《历史学笔记》一共有四册,有关宗教改革运动的内容基本占据了第三册二分之一的篇幅,马克思对其重视程度由此可见一斑。

《历史学笔记》是马克思最后一部作品,因其是生前未出版的手稿,又系摘录之作,所以知名度远比其他著作低。更须指出的是,《历史学笔记》在中国直到1992年才有译本出现,因此未引起《资本论》那样广泛的关注也在情理之中。《历史学笔记》公布以来,受到了国内外不少研究者的青睐,不过国内外的研究大多集中在探讨《历史学笔记》主旨等宏观的角度上,而具体探讨《历史学笔记》所摘录的特定历史事件的文章尚不多见。本文拟就《历史学笔记》所记载的宗教改革运动展开充分讨论。

一、德国诸侯与教皇的博弈及王权的强化

在《历史学笔记》第三册当中,马克思为摘录宗教改革开辟了

---

① 万斌、金利安:《马克思恩格斯对资本主义兴起与宗教改革互动关系的基本论述》,《浙江社会科学》2006年第1期,第134—152页。

《宗教改革初期的德国、西班牙、法国、英国和意大利。16世纪》《沃尔姆斯帝国会议到第一个宗教合约(1532年)时期德国发生的几件事》《宗教改革运动的结果》等几个章节。在这几个章节里,马克思从路德发布《九十五条论纲》开始,详细地摘录了路德与罗马教廷抗争的历史过程,读者一路读下来,于宗教改革史自然可以了然于心。

从马克思的摘录可以看出,路德最开始时对教皇是小心翼翼的,如《九十五条论纲》就较为温和,又如在海德堡奥古斯丁会修士全体会议上驳斥教皇永无谬误论时也是颇为谨慎。然而到了后来,路德的火药味渐浓,他发表《告信奉基督教的德意志贵族》,号召德意志帝国骑士推翻教士压迫,又发表《论教会的巴比伦之囚》,同罗马教廷完全决裂,甚至公开焚烧了教皇开除他教籍的训谕。教皇利奥十世当然不能淡然处之,他发传票让路德到罗马受审,继而派遣特使卡尔·冯·米尔蒂茨到阿尔滕堡与路德会晤,派遣特使阿莱安德尔、埃克在沃尔姆斯帝国会议审讯路德,甚至颁布训谕开除路德的教籍乃至所有路德拥护者的教籍。不过,利奥十世直到死也没能成功。

关于教皇始终未能对路德动手的原因,马克思在摘录也给出了答案。马克思不止一次摘录萨克森选帝侯弗里德里希对路德的支持与保护,如"马克西米利安死。选帝侯萨克森的弗里德里希(路德的保护人)为此成为德国(空位时期)的重要人物"①,如"选帝侯萨克森的弗里德里希是路德的保护人"②,"路德由于他的君主的立场,才鼓足勇气安排了1520年12月10日的那场闹剧"③。据说弗里德里希的继承人像对待救世主一样对待路德,其他诸侯也多有支持路德。到了1525年的时候,"公然同意路德教义的有:黑森的菲力浦、萨克森选帝侯坚贞者约翰、哈瑙伯爵菲力浦、奥尔登堡的安东和克里斯托夫、泰克伦堡的康拉德以及纽伦堡、美因河畔法兰克福、斯特拉斯堡、北豪森这几个城市。"④

据说萨克森选帝侯弗里德里希与路德并无多少私交,他们之间只是通过很少几封信而已,现有的资料并不能证明两人是否曾经谋面,因此上从情感角度探讨弗里德里希对路德的保护并不足取。关于这一问题,马克思的眼光是相当犀利的,他准确地看到了其中重要的原因,即德国诸侯和罗马教廷之间的权力博弈和经济纠纷。

中世纪以来,罗马教廷在巩固其宗教权力的同时,越来越觊觎世俗权力,甚至宣称对欧洲保留宗教和世俗的最高权力。在这种态势下,波希米亚和纳瓦拉王国国王就因触怒教皇而受到了废黜和绝罚。然而,中世纪欧洲各国普遍处于封建制度之下,领主的自治属性使得他们会本能地抗拒来自外部的干扰。在德国,皇帝是

---

① [德]马克思:《卡尔·马克思历史学笔记》第3册,第85页。
② 同上书,第88页。
③ 同上书,第88页。
④ 同上书,第108页。

由三个大主教和四个世俗选帝侯选举产生的。在各诸侯的领地，皇帝的权力会时常失灵，更遑论鞭长莫及的教皇了。然而教皇即便不能在诸侯的领地行使世俗权力，也不会善罢甘休，他会通过各种手段控制各地教会的财权，尝试行使宗教的最高权力，从而造成了一系列的经济纠纷。

教皇为了维护罗马教廷因挥霍无度而造成的高额开支，肆无忌惮地向欧洲各地的教士征收名目繁多的税收，如什一税、巡视费、上任年贡、置僧衣费、空缺圣俸收入、各种津贴和豁免等等。除了这些常规名目外，还有诉讼费用、卖官收入等，其中最令人所不齿的就是出售赦罪符以获得巨额收入。赦罪符，又称赎罪券，是教廷为了满足不断增长的贪欲，向教民出售的用以勾销尘世罪责的款项。在《历史学笔记》中，马克思摘录说，教皇利奥十世敛财的重要手段就是出售赦罪符，与教皇分享盈利的有美因茨大主教阿尔布雷希特。此外还有众多教士从中渔利，如兜售赦罪符的多明我会修士特策尔就赚得盆满钵满。马克思为了形容他们使用了很多贬义词，如"厚颜无耻"、"聚财有道"等。①

不过，种种披着宗教外衣出现的剥削方式随着德国民族意识的高涨而遭到质疑，尤其是教区和修道院的收入，"令世俗君王看得眼红"，于是造成了大的分裂。② 以至出现了"智者弗里德里希在自己邦内禁止这种赦罪券"、"整个北德各邦当局都禁止出售这

---

① ［德］马克思：《卡尔·马克思历史学笔记》第3册，第84页。
② ［法］伏尔泰：《风俗论》中册，梁守锵等译，商务印书馆2011年版，第570页。

种赦罪券"的局面。① 也正是在这种情形之下，路德才抛出了"赎罪券叫卖者宣称教宗的赎罪券能使人免除一切刑罚，并且得救，实属谬误"②的论调。

马克思对德国诸侯和罗马教廷的权力博弈、经济纠纷看得十分透彻，他注意到了围绕着路德而产生的选帝侯和教皇之间的冲突。最初，马克思摘录了教皇使用怀柔的手段，派出密使卡尔·冯·米尔蒂茨，为选帝侯弗里德里希送上一朵"祛邪的金蔷薇"③，为的是平息争论。然而选帝侯并不领情，教皇的代理人埃克则威胁说，保护路德的人"也要受开除教籍的处罚，剥夺称号和封地"④。教皇传出的口信并非危言耸听，1521年1月3日，利奥十世颁布训谕，正式宣布路德及其保护人为异端者，不仅开除路德的教籍，而且也开除路德保护人的教籍，"也就是说，开除所有同情宗教改革的德国诸侯的教籍"。⑤ 这就等于撕破了脸而彻底决裂了。

德国诸侯利用宗教改革和教皇进行角力，从而获得了很大的收益，其中最重要就是教会财产收归俗用，这在马克思看来是"王公的解放"的标志。⑥ 当然了，教权的削弱，在一定程度上就加强

---

① ［德］马克斯·布劳巴赫等：《德意志史》第2卷《从宗教改革至专制主义结束》，陆世澄等译，商务印书馆1998年版，第43页。
② 《路德文集》中文版编辑委员会编：《路德文集》第1卷，上海三联书店2005年版，第17页。
③ ［德］马克思：《卡尔·马克思历史学笔记》第3册，第86页。
④ 同上书，第86页。
⑤ 同上书，第88页。
⑥ ［德］马克思、恩格斯：《马克思恩格斯文集》第1卷，第12页。

了世俗的权力。德国的诸侯们从某种程度上来说就是领地上的王,诸侯的胜出也标志着王权的增强,这为德意志近代民族国家的形成埋下了伏笔。

最初,德国诸侯和教皇都曾寄希望于皇帝的支持,马克思的摘录也明显透露出了这一信息。如德国诸侯要求过查理五世承担保护德国民族宗教的义务,查理五世的确也提醒过教皇"注意引起德国诸侯和各城市不满的赦罪符的丑闻"[1]。在马克思看来,查理五世"利用德国来吓唬教皇对他来说是有利可图的,因为教皇还在他和弗朗索瓦一世之间动摇不定(在有关意大利的问题上)"[2]。不过,利用教皇来控制诸侯对皇帝也是有力的,虽然最初皇帝"一直未敢贸然按照阿莱安德尔的要求在德国境内禁止路德的学说",但到了1520年情形改变了,在当年的11月,查理五世在科隆和选帝侯弗里德里希进行了整整一个月的谈判,"内容是让教皇使节阿莱安德尔和埃克博士作为教皇的全权代表审查路德的学说"[3]。虽然选帝侯愤然离去,但这对于诸侯绝对是一个砝码移动的信号,到了第二年的5月8日,查理五世就和教皇正式结盟了。

在德国诸侯与教皇的冲突中,皇帝查理五世是坐收渔利的。如果将德意志诸侯的权力看成是王权的话,则德意志皇帝的权力便是最高王权。在宗教改革运动中,皇帝查理五世就是通过教皇

---

[1] [德] 马克思:《卡尔·马克思历史学笔记》第3册,第85页。
[2] 同上书,第89页。
[3] 同上书,第88页。

钳制诸侯而加强了最高王权。马克思注意到,查理五世在1521年成功地改组了马克西米利安皇帝时期的贵族院,将其改成"皇帝陛下参议委员会","各地的地方长官和参议员从此只向皇帝宣誓效忠",帝国政府驻地由皇帝每次莅临德国时临时决定,这也是防止"地头蛇压制强龙"而采取的手段。马克思摘录道:"帝国政府有权决定帝国有关和平和法律的一切事务",作为帝国政府的主导者,皇帝"要处理最重要的政务和司法案件"。① 按照马克思的摘录,这就是查理五世有意"在德国推行王朝政治"②。1524年,农民起义时"宣布不再听命于贵族,只服从皇帝"③,其成效可见一斑。

宗教改革时期,在法兰西、西班牙、英格兰均已形成了统一王国的政治模式,而意大利和德意志在这方面却颇显滞后,王权不振,封建制度下的人身依附关系相对稳固。之所以出现这种差异,其中最重要的原因就是教权对于世俗权力的钳制与束缚。恩格斯曾指出,在中世纪的欧洲,罗马天主教会"按照封建的方式建立了自己的教阶制,最后,它本身就是最有势力的封建领主"。因此"要想把每个国家的世俗的封建制度成功地各个击败,就必须先摧毁它的这个神圣的中心组织"。④

综上,在马克思的摘录中显示出了这样一个结论:宗教改革

---

① [德] 马克思:《卡尔·马克思历史学笔记》第3册,第89页。
② 同上书,第112页。
③ 同上书,第103页。
④ [德] 马克思、恩格斯:《马克思恩格斯文集》第3卷,人民出版社2009年版,第509—510页。

的过程也是王权逐渐增强的过程,形形色色的王权正式利用了宗教改革这一抓手,才在一定程度上削弱了教权在德国的影响。从另一方面来说,抵制罗马天主教会也是开挖封建制度的墙角,从而对人身依附关系起到了松绑的作用。总之,宗教改革在诸侯、教廷、皇帝三者博弈的逼仄空间里艰难进行,作为推力之一,最终导致了封建制度的崩溃。

二、商品经济的繁荣与市民阶层的崛起

考察宗教改革运动发生发展的过程,固然不可忽略各方面政治势力的角力,然而这也并不是全部的原因。在马克思的摘录里,我们还可以看到一个更深层次的条件,即商品经济推动下城市的进一步兴起乃至新的市民阶层的逐渐形成。

在12、13世纪的时候,欧洲最为繁荣的城市是威尼斯、佛罗伦萨等意大利城市。这些城市的发展得益于十字军东征所推进的东西方贸易。然而奥斯曼土耳其崛起后,中西方的陆路交通线遂为其所掌控,欧洲人不得不诉诸新的航线。在葡萄牙人和西班牙人的海上探索成功之后,"与东印度和中国的贸易已转入葡萄牙之手",这直接造成了威尼斯的衰败。葡萄牙人和西班牙人所主导的地理大发现对欧洲商品经济的发展起到极大的推动作用。"葡萄牙控制着德干高原上的整个帝国,很快又占领南美洲的一些岛屿和土地;西班牙有美洲的领地等等,海上都是它的船只,使威尼斯

的船只相形失色。"① 为了表示对地理大发现的高度重视,马克思在《历史学笔记》中的《从 15 世纪末到 1519 年(马克西米利安逝世)(16 世纪)》这一章中专门加了一节《美洲的发现。克里斯托弗·哥伦布》。而且也将"美洲……金矿和银矿的发现、殖民地等等"认定为"开始起作用"的"一些崭新的因素"。②

随着威尼斯的败落,欧洲的经济重心逐渐向低地地区转移。马克思摘录道:"尼德兰利用西班牙人和葡萄牙人的发现得到了许多好处……随着威尼斯的衰败,尼德兰成长壮大了。"③与尼德兰山水相接的德意志也出现了商品经济发展、自由城市日益繁荣的境况。其实德国的自由城市起步也不算晚,在《历史学笔记》的第一分册当中,马克思就关注了 12、13 世纪欧洲各地自由城市的发展,其中涉及的德国城市就有戈斯拉尔、吕贝克、雷根斯堡、不伦瑞克等等。到了宗教改革前,德国还出现了施瓦本联盟。关于这一联盟的性质,马克思认为,就像在西班牙,"一些城市为了用武力维护城市制度,反对封建制度而结成的埃尔曼达德。""联盟维护了当时南德意志的地方和平,这对于各个城市至关重要,因为(意大利)南部和北部的贸易往来都要通过德国,有利于德国南部各城市和汉撒。"④

在有关宗教改革运动的摘录里,马克思对德国商品经济和城

---

① [德] 马克思:《卡尔·马克思历史学笔记》第 3 册,第 73 页。
② 同上书,第 55 页。
③ 同上书,第 73 页。
④ 同上书,第 80 页。

市发展虽着墨不多,但也透露出明显的信息,如济金根"认为'沃尔姆斯人'(Wormser)都是做生意的人,他在大路上抢夺他们运往法兰克福的货物"。此外,他们还"伏击法国人运往法兰克福的一辆运币车","抢劫兰道居民放牧的牲口","在美因茨附近的圣维克托劫掠12辆装有帕尔马干酪的马车"①。其贸易状况从中也可见之一斑。德国商品经济和城市的发展水平可能比不上意大利和尼德兰,但也绝对不是想象中的低水平。德国的南部工商业尤其是采矿和冶炼业十分繁荣,在此基础上甚至还产生了韦尔瑟家族和富格尔家族这样闻名欧洲的金融力量,这些家族甚至可以用"富埒王侯"来形容。②

封建主义在农村作威作福的同时,"周围已经兴起了城市……发展了中世纪的手工业(十足行会的和小规模的),积累起最初的资本,产生了城市相互之间和城市与外界之间商业往来的需要"③。工商业的繁荣,自由城市的发展为市民阶层的成长铺平了道路。马克思指出,当城市发展起来,"每一城市中的市民为了自卫不得不联合起来反对农村贵族……从各个城市的许多地域性市民团体中,开始非常缓慢地产生出市民阶级"④。市民阶层代表着工商业,代表着最初的资产阶级登上了历史的舞台。在宗教改革

---

① [德] 马克思:《卡尔·马克思历史学笔记》第3册,第78页。
② [法] 布罗代尔:《十五至十八世纪的物质文明、经济和资本主义》第2卷《形形色色的交换》,顾良等译,商务印书馆2017年版,第638页。
③ [德] 马克思恩格斯:《马克思恩格斯文集》第4卷,第215页。
④ 同上书,第569页。

过程中,市民阶层成为抵制罗马教廷的最基础也是最坚决的力量。在马克思在摘录中可以发现,在1510年召开的奥格斯堡帝国议会上,德国各界再次提出控诉教皇和罗马教会十大罪状的《日耳曼国民的控诉书》,其中"还专门有一些帝国城市的控诉,后来这些城市因此而首先脱离了罗马"①。

路德所主张的"因信称义"思想认为,修道院生活因其自私与逃避,在上帝面前并无称义的价值,反而是俗世的职业劳作才是博爱与善功的表现。马克斯·韦伯认为:"对世俗活动的道德辩护是宗教改革最重要成果之一。"②之所以谓其"最重要成果",是说它建立了新教伦理与资本主义精神的联系。市民阶层反对罗马教廷的理由大抵如德国诸侯们一样,是为了反抗贪得无厌的经济盘剥,正所谓"罗马的淫威已经使许多(德国)城市和一部分德国诸侯忍无可忍"③;而另外一个原因是出自对宗教改革教义的支持,因为新教教义赋予了他们世俗职业行为的道德意义。

受文艺复兴的影响,当时德国的人文主义者也有不少,单是《历史学笔记》中提到的就有雅科布·温普费林格和维利巴尔德·皮尔克海梅尔,这些人文主义者的思想也深刻地影响了市民阶层。市民阶层显然比身份束缚之下的农民阶级有着更多的知识和更好的理解能力。萨克森选帝侯弗里德里希给当时在罗马的藩

---

① [德]马克思:《卡尔·马克思历史学笔记》第3册,第64页。
② [德]马克斯·韦伯:《新教伦理与资本主义精神》,阎克文译,上海人民出版社2018年版,第243页。
③ [德]马克思:《卡尔·马克思历史学笔记》第3册,第86页。

属瓦伦廷·冯·托特勒本写的一封信里就提道:"如今的德国已今非昔比,艺术科学繁荣昌盛,黎民百姓也希望学会写作","艺术科学繁荣昌盛"的支撑点就在市民阶层那里。在信里,弗里德里希还用略带威胁的口吻说:"如果教皇只凭教权行事,否决路德所提的条件而拒不审查其教义,如果不从圣经中引用各种根据和充分的理由,很可能就会发生强劲有力的运动,这对教皇毫无裨益。"①

选帝侯弗里德里的话并非危言耸听,在与教廷对峙期间,市民阶层给予路德实际行动上的大力支持。如在维滕贝格,大学生和市民们就掀起了取消罗马教礼拜仪式的运动,他们用德语做弥撒,不再赞美主的恩赐,甚至发展到撤除教堂里的圣像,拆毁祭坛等等;如马格德堡的市民们聚集在一座奥古斯丁会的修道院里,要求议会实行新的礼拜仪式;而法兰克福的神甫也被民众赶出教堂,议会宣布实行改革。此外,纽伦堡、斯特拉斯堡,北豪森等城市也纷纷爆发了市民阶层所引导的群众运动,从而将宗教改革推向了纵深发展。

与瑞士出现的由苏黎世、伯尔尼、圣加仑、巴塞尔等城市所倡导的新教徒联盟相似,在德国也出现了纽伦堡、斯特拉斯堡、康斯坦茨、乌尔姆、不来梅、罗伊特林根、梅明根、海尔布隆、林道、肯普滕、伊斯尼、比伯拉赫、温茨海姆、魏尔德高的魏森堡、马格德堡等24 城市组织起来的施马尔卡尔登联盟。这些城市联盟的出现,是

---

① [德] 马克思:《卡尔·马克思历史学笔记》第 3 册,第 86 页。

宗教改革发展到新阶段的重要标志,同时也推动了资本主义的进一步发展。正如马克思所指出的:"对于这种社会(商品生产者的社会)来说,崇拜抽象人的基督教,特别是资产阶级发展阶段的基督教,如新教、自然神教等等,是最适当的宗教形式。"①

在马克思看来,宗教改革不仅仅是一场反对教廷奴役的宗教运动,同时也是一场资产阶级反抗封建主义的伟大斗争。在《历史学笔记》里,马克思再次强调说:"这场斗争(王权反对威尼斯所代表的资本实力的这场斗争)的目的是为了制伏资本即资产阶级的祸患、制伏这个产生于封建国家、还带有封建痕迹的君主国。在宗教上的反映就是教廷和宗教改革的斗争。"②在反对教廷和反对封建制度的斗争中,市民阶层显然代表着资产阶级的最初的力量。

恩格斯在《法学家的社会主义》中曾归纳说:

> 13 世纪至 17 世纪发生的一切宗教改革运动,以及在宗教幌子下进行的与此有关的斗争,从它们的理论方面来看,都只是市民阶级、城市平民以及同他们一起参加暴动的农民使旧的神学世界观适应于改变了的经济条件和新阶级的生活状况的反复尝试。③

---

① [德] 马克思、恩格斯:《马克思恩格斯全集》第 2 版第 44 卷,第 97 页。
② [德] 马克思:《卡尔·马克思历史学笔记》第 3 册,第 55 页。
③ [德] 马克思、恩格斯:《马克思恩格斯全集》第 2 版第 28 卷,第 609 页。

这段评论可谓一针见血,从经济角度一语道破了宗教改革运动的实质之所在。恩格斯视野相当开阔,在他的视域里,撬动封建主义的力量不仅仅有市民阶层,还有大量的站在市民阶层背后的城市平民及农民等广大备受压迫的阶级。

三、宗教改革与德国的农民战争

林赛在他的名著《宗教改革史》中提到了宗教改革时期发生的农民战争,他认为农民起义对宗教改革产生了"深刻、久远和不祥的影响",具体来说,就是"妨碍了宗教改革在德国各地的开展,……断送了可以创立一个经过改革的德国民族教会的希望"①。尽管林赛戴着有色眼镜看待农民起义,但他有些结论还是比较符合实际情况的,如解释起义原因时,他谈到"在人人焦虑不安和大多数人深受压迫之时传来勇敢传道士的言辞,极易感染那些觉得负担沉重和奴役难忍的人"②。也就是说,宗教改革实是农民起义的导火索。有关这一点,林赛的认识与恩格斯是一致的。恩格斯在谈及宗教改革和农民起义的联系曾指出:"在路德开始宣布教会改革、鼓动人民起来反对教会权力以后不久,德国南部和中部的农民掀起了总起义,反对他们的世俗的主。"③更具体来说,就

---

① [英]托马斯·马丁·林赛:《宗教改革史》,孔祥民等译,商务印书馆2017年版,第335页。
② 同上书,第335页。
③ [德]马克思、恩格斯:《马克思恩格斯全集》第2版第3卷,人民出版社2002年版,第485页。

是路德放出的闪电引起了燎原烈火。全体德国人民都投入了运动之中。一方面,农民和平民把路德的反对僧侣的号召和关于基督教自由的说教看成是起义的信号;另一方面,较温和的市民和一大部分下层贵族也站到了路德一边,甚至诸侯也被卷进了这个潮流。①

马克思在《历史学笔记》摘录了当时德国起义的浩大声势:"农民(农奴和佃农)动起来了;成百成千的传单和小册子","他们要把城堡、寺院和带有教会名字的一切全部铲除"。除了反对教会,农民们也将矛头指向了对他们进行人身奴役的领主们,他们宣称:"再也不向老爷们俯首帖耳,再也不伺候任何人,除了皇帝"②。路德虽然反对罗马教廷,但他托庇于萨克森选帝侯,不可能反对诸侯与贵族,因此他抛出一篇《反对杀人越货的农民暴徒》的文章,说出了很多恶狠狠的话。且不管路德有着怎样的动机,他始终没有成为"人民的人",没有"给德国带来一个完全不同的新天地"③。

马克思对路德对待农民起义的态度十分反感,他在摘录有关德国农民起义的环节时,使用了很多贬义词来评价路德,如"顽固的路德"、"路德食古不化的教义的毒素"、"心怀嫉妒的路德"、"诸侯的奴才路德"、"胆小如鼠"、"坏蛋",并形容说那个时候"路德的表现就像第二个教皇"。④ 而与之形成鲜明对比的是,马克思对起

---

① [德]马克思、恩格斯:《马克思恩格斯全集》第2版第10卷,人民出版社1998年版,第488页。
② [德]马克思:《卡尔·马克思历史学笔记》第3册,第102—103页。
③ [德]威廉·戚美尔曼:《伟大的德国农民战争》下册,北京编译社译,商务印书馆2017年版,第779页。
④ [德]马克思:《卡尔·马克思历史学笔记》第3册,第105—106页。

义的农民评价颇高,他认为:"这些人一开始就比盲目狂信鬼神的庸人(Spiesser)路德更勇敢。"在马克思的摘录里,农民的确表现出了勇敢的一面,如"魏恩斯贝格市和城堡被农民攻陷,他们杀死这两个人和所有的骑士,一阵乱箭把人都赶走了(太好了!)"①。其中"(太好了!)"是马克思所添加的,感情色彩十分浓烈。

当然了,起义军多是"没有经过军事训练和装备的农民"②,他们并不是贵族和骑士们的对手。马克思的摘录里记载了残酷的一面,如"农民英勇地搏斗,6 000人在柯尼希斯霍芬战役后立即遭到残酷杀戮"③,"安东公爵和弟弟克洛德·吉斯先杀死与阿尔萨斯—察伯尔恩农民军主力走散的数千名农民,接着袭击了这支部队,见人就杀"④,"勃兰登堡—拜罗伊特的卡季米尔命令挖出60—80个农民的眼睛! 甚至他的兄弟亚格恩多尔夫公爵格奥尔格也因此十分'愤怒',在一封信中质问他:'你把农民都斩尽杀绝,谁来养活我们!'"⑤对于王公骑士们的暴行,马克思非常愤慨,他用"食人生番"、"畜牲"、"刽子手"、"帖木儿式镇压"等一连串贬义词和短语表达了心中的怒火。

马克思还单独摘录了起义领袖托马斯·闵采尔及普费菲尔所遭受的严刑拷打:"吃过农民苦头的贵族手中有了这两个俘虏,就

---

① [德]马克思:《卡尔·马克思历史学笔记》第3册,第103页。
② 同上书,第106页。
③ 同上书,第104页。
④ 同上书,第104页。
⑤ 同上书,第107页。

把他们折磨得死去活来。"①对于托马斯·闵采尔,马克思向来是予以高度赞扬的。如在《论犹太人问题》中,马克思就通过引用托马斯·闵采尔的话:"一切生灵,水里的鱼,天空的鸟,地上的植物,都成了财产;但是,生灵也应该获得自由";印证"在私有财产和金钱的统治下形成的自然观,是对自然界的真正的蔑视和实际的贬低"②。又如针对斐迪南·拉萨尔的历史剧本《弗兰茨·冯·济金根》,马克思批评说,"农民和城市革命分子的代表(特别是农民的代表)倒是应当构成十分重要的积极的背景"③,而不是让观众把注意力放在骑士暴动那里。联系上下文,这里所谓的"农民的代表",无疑就是指托马斯·闵采尔。

马克思在摘录宗教改革运动的相关内容时,专门加了一章《农民战争》,由此也可看出他是将农民起义看做是宗教改革运动不可分割的一部分。在闵采尔等人的主持之下,起义军提出了代表农民利益的《十二条款》,其中包括废除农奴制、取消苛捐杂税以及过重的劳役,实现渔猎和伐木的自由等等。很明显,《十二条款》已经指向了反抗依附与奴役的封建关系。而"托马斯·闵采尔用另一种激进的笔调起草了一份上施瓦本农民宣言",更是提出用革命的手段砸碎奴役人的一切关系。马克思评价路德时曾说:"他把

---

① [德]马克思:《卡尔·马克思历史学笔记》第3册,第106页。
② [德]马克思、恩格斯:《马克思恩格斯文集》第1卷,第52页。
③ [德]马克思、恩格斯:《马克思恩格斯文集》第10卷,第171页。

肉体从锁链中解放出来,是因为他给人的心灵套上了锁链。"①起码在马克思看来,路德的宗教改革并没有实现人的解放,而闵采尔的反封建主张无疑是在路德的基础上递进了一层。更何况闵采尔的主张里还出现了共产主义的萌芽,就此马克思曾摘录说,"民众从四面八方汇集到米尔豪森",是因为"有些人盼望着'共产主义的王国'","民众期待他的'财产公有制'"。②"农民烧毁了200多个贵族庄园、教堂、城堡"的同时,闵采尔也实行了"把修士和约翰骑士团的骑士都赶出城外,为公众福利而没收他们的财产"的政策。这一切,在马克思和恩格斯的眼中的确是足够新鲜和诱人的。

闵采尔以路德为师,一开始的时候积极支持路德的宗教改革主张,可以说确是宗教改革运动的积极分子。而在后来的闵采尔身上,的确发生了一种面向乌托邦的递进,出现了财产公有的思想。据布洛赫《作为革命神学家的托马斯·闵采尔》一书描述说:

> 对于在福音书之名下所了解的纯粹政治密谋,闵采尔痛苦地追问并且作证说:"如果这曾经是他们的文章,并且想要指向通向天国的路径,那么一切财产都应当共同持有(omnia sunt communia),必须根据平等原则,向每个人分发生活必需品。"③

---

① [德] 马克思、恩格斯:《马克思恩格斯文集》第1卷,第12页。
② [德] 马克思:《卡尔·马克思历史学笔记》第3册,第102、105页。
③ [德] 恩斯特·布洛赫:《作为革命神学家的托马斯·闵采尔》,转引自金寿铁:《革命神学——恩斯特·布洛赫对基督教千年王国理想的马克思主义解读》,《世界宗教研究》2013年第6期,第13页。

恩格斯在《德国农民战争》中给予托马斯·闵采尔更高的评价和更全面的诠释。他指出，闵采尔是崇尚理性的，认为不能把《圣经》与理性对立起来。理性的回归大抵是经院哲学乃至文艺复兴以来所取得最辉煌的成果，理性越回归就接近于无神论。恩格尔继续指出："正如他（闵采尔）的宗教哲学接近无神论一样，他的政治纲领也接近共产主义。"闵采尔的共产主义，具体来说，就是"不再有阶级差别、不再有私有财产、不再有对社会成员而言是独立和异己的国家政权"。恩格斯赞扬说："闵采尔的纲领，与其说是当时平民要求的总汇，不如说是对当时平民中刚刚开始发展的无产阶级因素的解放条件的天才预见。"①

1524—1526年的德国农民战争规模空前，几乎三分之二的农民都参与了这场伟大的斗争。这场战争由宗教改革运动所触发，其反奴役反封建的性质也与宗教改革运动相一致。在恩格斯的专篇论述里，这场战争是宗教改革运动的升级版，是反罗马教廷运动发展到一定程度的递进模式。在马克思《历史学笔记》的相关摘录里，字里行间也表现出了相似的认识立场。而在对闵采尔共产主义萌芽层面，马克思的认识与恩格斯也有异曲同工之妙。

---

① ［德］马克思、恩格斯：《马克思恩格斯全集》第2版第10卷，第495页。

二、哲学思想编

伊本·西那与"流溢说"

随着阿拉伯文化史上轰轰烈烈的"百年翻译运动"的展开,古希腊、罗马的许多经典文献都被翻译成了阿拉伯文,理性主义也随之进入本有穆尔太齐赖派思辨传统的伊斯兰世界了。这导致了一大批受到希腊哲学滋养的伊斯兰哲学家的出现,这些人主要有肯迪(Al-Kindi)、拉齐(Razi)、阿尔法拉比(Abu Nasr Al-Farabi)、伊本·西那(Ibn-Sina,阿维森纳)、伊本·图斐利(Ibn Tufayi)、伊本·鲁西德(Ibn Rushd,阿威罗伊)等,他们"在亚里士多德逻辑学基础上创造了具有阿拉伯民族特色的'阿拉伯逻辑'"①。其中伊本·西那是一位在伊斯兰哲学史和欧洲哲学史上都作出过重要理论贡献的人物,本篇将就伊本·西那与"流溢说"的关系做更进一步的说明。

---

① 朱建平认为:"尽管这种逻辑的本质仍是古希腊的逻辑传统,但他们还是从以下几个方面丰富和发展了逻辑科学:(1)阿尔法拉比归纳论证的三段论理论;(2)阿尔法拉比的未来偶然陈述的学说;(3)阿维森纳的条件命题理论;(4)阿维森纳的模态逻辑的时态结构理论;(5)阿威罗伊的亚里士多德模态三段论理论的重构。"朱建平:《阿拉伯逻辑——亚里士多德逻辑与中世纪逻辑的交汇与接口》,《人文杂志》2018年第4期,第27页。

一、伊斯兰世界的"流溢说"思想

对阿拉伯哲学思想产生决定性影响的希腊著作不是柏拉图或亚里士多德本人的经典读本,而是一部名为《亚里士多德神学》和一部名为《原因书》的著作。《亚里士多德神学》只不过是对普罗提诺(Plotinus)《九章集》进行释义的文字,其中可能部分取材于波菲利(Porphyrios)的著作。普罗提诺与波菲利都是著名的新柏拉图主义者,他们虽然吸收了亚里士多德哲学的分析手法,但其基本立足点则还是柏拉图式的。新柏拉图主义者们在宇宙论层面都主张"流溢说",譬如普罗提诺认为作为原初的善自身充盈就会流出作为宇宙整体性的精神——"nous",而"nous"进一步流溢,则成为灵魂。波菲利亦同此论。这种"流溢说"对后来阿拉伯哲学的发展产生了不可估量的影响。①《原因书》作者相传是阿拉伯著名的亚里士多德学说注释家普罗克鲁斯(Proclus),此书主要内容是探讨太一、生存、理性、灵魂等问题,也是以新柏拉图主义"流溢说"为其理论基础的,对此马吉德·法赫里(Majid Fakhry)认为:

---

① 不过,也有一部分学者不认可"流溢说",如陈越骅认为:"阿姆斯特朗指出'流溢说'是德国哲学史家策勒尔(Zeller)的总结,引起了之后许多读者理解上的混乱,特别是混淆了理思世界和物质的关系,而且这只是普罗提诺一个不常用的比喻。"参见陈越骅:《神秘主义的学理源流:普罗提诺的太一本原论研究》,商务印书馆2019年版,第233页。

在《神学》和《原因书》两书中,作为几乎整个阿拉伯哲学思想奠基石的流出论的学说,被阐述和讨论得十分彻底。在这里,普罗提诺的关于太一及由太一产生其下存在的整个序列的方法的学说详细地被提了出来。①

自《亚里士多德神学》与《原因书》把新柏拉图主义"流溢说"传播到阿拉伯世界,它们很快就受到了伊斯兰哲学家们的关注。据说被誉为"第一位伊斯兰哲学家"的肯迪就曾为之做过注释,而受其影响把新柏拉图主义"流溢说"推向高潮的学者是阿尔·法拉比。

阿尔·法拉比出生在中亚锡尔河畔的法拉卜,青年时期曾在巴拉萨衮、喀什噶尔等地求学,其父亲为波斯人,母亲为突厥人。法拉比堪称百科全书式的学者,有"第二导师"之美誉,在伊斯兰世界影响极大。法拉比对古希腊哲学尤其是对柏拉图与亚里士多德知之甚深,从表面上看来,法拉比与亚里士多德联系更为紧密,他关于亚里士多德的著作远比关于柏拉图的为多。不过细致研究法拉比,也可以发现他有一种重新回归柏拉图的取向。综观法拉比一生的学术事业,不难归纳出其尝试调和柏拉图、亚里士多德学术思想的倾向,这种调和既是源自新柏拉图主义的传统,同时也是

---

① [美]马吉德·法赫里:《伊斯兰哲学史》,陈中耀译,上海外语教育出版社1992年版,第33页。

由伊斯兰世界复杂性所导致的"建立统一性的知趣所激发"①。

法拉比的学术出发点是新柏拉图主义的,新柏拉图主义虽然基于柏拉图主义,但在发展过程中却综合了亚里士多德学说和斯多亚派等学说,因此有学者指出:

> 二十世纪大多数研究者大都把阿尔法拉比视为"新柏拉图主义"的传人。这种看法似乎不难理解,因为新柏拉图主义就是亚里士多德主义化了的柏拉图主义,也就是说,把阿尔法拉比看成是亚里士多德主义者,与把他视为新柏拉图主义者,本质上说,是一回事。②

如前所述,新柏拉图主义最著名的理念就是"流溢说"。法拉比在其著作《两圣相契论——神圣者柏拉图与亚里士多德意见的一致性》中,通过比较柏拉图与亚里士多德关于视觉产生的条件引出了"流溢说"。③ 他认为具有"自我决定"、"自我存在"特点的"太一"是万事万物存在的第一因,由"太一"依次排比流溢出"十大理念"、各种天体和四大元素。正如其所论:

---

① 《〈修辞书〉英译者导言》,[阿拉伯] 法拉比:《亚里士多德的哲学》,程志敏等译,华东师范大学出版社 2016 年版,第 125 页。
② 程志敏:《中译本编者导言》,[阿拉伯] 法拉比:《亚里士多德的哲学》,程志敏等译,第 2 页。
③ [阿拉伯] 法拉比:《两圣相契论——神圣者柏拉图与亚里士多德意见的一致性》,《柏拉图的哲学》,程志敏译,华东师范大学出版社 2006 年版,第 118—122 页。

从太一流溢出第二者的存在。因此这个第二者也是绝无形体的本质,不在质料之中。它思维它自身,也思维太一。它对自身所思维的东西,不是在它自身之外的事物。通过它对太一的思维,第三者的存在必然从它产生。通过它构成自身个别本质[的活动],第一天体的存在必然从它产生。①

法拉比认为第一理性流溢出第二理性,与此同时流溢出最高天体;第二理性中又流溢出第三理性和第二天体;第三理性中又流溢出第四理性和土星;第四理性中流溢出第五理性和木星;第五理性中流溢出第六理性和火星;从第六理性中流溢出第七理性和太阳;第七理性中流溢出第八理性和金星;第八理性中流溢出第九理性和水星;第九理性流溢出第十理性和月亮。马俊峰就此指出:

法拉比从理性的不同层次角度阐释了宇宙的理性秩序与理性结构。从这种理性秩序与结构层面论证人与第一存在(真主)的关联,从而试图为穆斯林指明每个人通过自己的理性可以通过第一存在,能够理解第一存在(真主)自身的存在……②

---

① [阿拉伯]法拉比:《论完美城邦——卓越城邦居民意见诸原则之书》,董修元译,华东师范大学出版社2016年版,第29页。
② 马俊峰:《真正的政治:回答一种美好生活方式——法拉比政治哲学研究》,中国社会科学出版社2013年版,第38页。

法拉比对他身后的伊斯兰世界影响很大,这种影响不仅在于他的门人弟子们形成了一个显著的法拉比主义的学派,而且还在于他给予另一位伊斯兰哲学大家伊本·西那以极大的启迪。据伊本·西那自己说,他曾读亚里士多德的《形而上学》四十遍而不解其意,直至读了法拉比的注释后才豁然开朗。从这个案例可见,法拉比对其后学的意义实在不容小觑。

二、伊本·西那论存在与本质

伊本·西那出生在中亚布哈拉城附近的阿富萨奈小镇,系塔吉克人。伊本·西那对中世纪欧洲文化影响极大,雅克·勒高夫曾指出:"中世纪的手抄本把希腊—阿拉伯文化带进基督教的西方。"① 伊本·西那就是承载希腊—阿拉伯文化的最重要的人物,他曾极大地影响了欧洲中世纪经院神学的历史走向,并以拉丁名阿维森纳享誉至今。正如穆萨·穆萨威认为:"伊本·西拿的哲学见解支配了当时和以后的所有思想家和哲学家,这可追溯到圣·托马斯·阿奎那。有些研究者认为,阿奎那哲学只是伊本·西拿思想遗产的一部分。"②

伊本·西那一直把法拉比当成自己思想上领路人,尤其是在

---

① [法] 雅克·勒高夫:《中世纪的知识分子》,张弘译,商务印书馆1996年版,第5页。
② [伊拉克] 穆萨·穆萨威:《阿拉伯哲学——从铿迭到伊本·鲁西德》,张文建等译,商务印书馆1997年版,第102页。

社会学、政治学领域深受其影响,然而他在本体论层面却并不十分认同法拉比心仪的新柏拉图主义模式,而是发展出了一种比新柏拉图主义更明显的调和柏拉图主义和亚里士多德主义的倾向。①柏拉图把"理念"视为宇宙万物的本质(essence),并将其与存在(being)合为一体,因此包含有本质与存在两个意义的"理念"就具有了先验意味。先验世界必然要与现实世界建立联系,后世新柏拉图主义者的"流溢说"就可以视为建立这种联系的一种探索。亚里士多德对柏拉图的"理念"观念很不以为然,他深入探讨了存在的四种属性,进而把存在(being)归结为实体(substance),也就是说,他把存在的意义赋予了整个现实世界。托马斯·阿奎那就此评论说:

> 哲学家在《形而上学》第 5 卷中说,每个实体都是一种本性。但是,"本性"这个词在这种意义下似乎意指一件事物藉以规定其特殊活动的本质,因为没有什么事物是可以脱离其特殊的活动而孤立存在的。"实质"这个词确实是源于为定义所意指的东西。然而,它之所以被称作本质,

---

① 在阿拉伯哲学的发展史上,存在一个亚里士多德逐渐取代柏拉图的历程,程志敏参考马吉德·法赫里(Majid Fakhry)的观点指出:"从时间上说,阿拉伯人先引进了柏拉图,而后亚里士多德的理论逐渐取代了柏拉图(新柏拉图主义),最终把哲学的根基建立在亚里士多德哲学之上。"参见程志敏:《阿尔法拉比与柏拉图》,华东师范大学出版社 2008 年版,第 36 页。

却是因为这存在者只有藉着它并且在它之中才具有存在的。①

伊本·西那从亚里士多德那里吸收了实体即存在的思路,如托马斯·阿奎那指出:"本质也被称作形式(forma),因为如阿维森纳在《形而上学》第2卷中所说,每一件事物的真实性都是藉形式表示出来的……故而本质也就内在地和真实地存在于实体之中"②。在托马斯·阿奎那看来,伊本·西那对于实体(个别的、具体的东西)的强调,与亚里士多德是具有一致性的。

关于"存在"与"本质"的关系,伊本·西那有过非常深入的探讨,他指出:

> 这个存在,[一方面]立足于内在于本质性的可能性、以可能的方式跟随本质性,[另一方面]源自第一者并立足于第一者的必然性以必然的方式跟随本质性,它就是本质性的存在。这种可能性并非存在的一部分、以至于通过可能性而自身分离,相反,可能性是一种立足于本质性、跟随着本质性的模态。而必然性也是模态,它存在于那种与第一者有关的本质性之上。存在本身,就其被视为存在而言,它是纯存在而不

---

① [意]托马斯·阿奎那:《论存在者与本质》,段德智译,商务印书馆,2013年版,第7页。
② 同上书,第6—7页。

是别的,但是,它总是从自身出发而与可能性和必然性产生关联,同时,它又不会被它们分离。①

在伊本·西那之前,传统学者都认为本质决定存在,而伊本·西那通过分析本质是以什么样的方式存在于实体之中,从根本上颠覆了传统认知。伊本·西那指出,存在自身决定本质,没有存在者的本质只能是一种潜在的本质,而不能成为现实。当然,两者可以通过偶然性而组合,或者说本质与存在可以最大可能地采取近似的表现方式。② 作为本质的真主可以通过他自己达到存在自身(实体),从而使自己与宇宙间的所有实相联结起来,并合为一体。③ 如此,伊本·西那便以亚里士多德式的"存在论"改造了法拉比所主张的"流溢说",虽然他在本体论层面有时也用"流溢"一词,如"假如存在来自非存在,那么它从原因那里流溢而出就叫做创造(绝对的开端),这是最好形式的存在赠予。"④然而伊本·西那所谓的"流溢"已与法拉比有了很大的不同,甚至是反其道而行之。作为原因的真主在他那里就与存在自身(实体)重叠了,这实

---

① [阿拉伯]阿维森纳:《存在与本质》,何博超译,《世界哲学》2016年第5期,第125页。
② Fadlou Shehadi, *Metaphysics in Islamic Philosophy*. Delmer, New York: Caravan Books, 1982, p.101.
③ A. J. Arberry, *Avicenna on Theolog*. Westport, Conn.: Hyperion Press, 1979, p.26.
④ Fazlur Rahman, *Ibn Sina's Theory of the God-World Relationship*, God and Creation: An Ecumenical Symposium. edited by David B. Burrell, Bernard McGinn, Donald F. Duclow, South Bend: University of Notre Dame Press, 1990, pp.41–42.

际上就形成了一种斯宾诺莎式的泛神论效果。① 当然了,作为穆斯林的看法,这种泛神而无神的效果背后也是隐约存在一个神学的前提的,也就是说,这种说法自身还是存在矛盾之处的。有学者就看出了伊本·西那为了弥合矛盾所做的调和尝试:

> (伊本·西那)从调和希腊哲学和伊斯兰思想出发,提出溢出主义的宇宙论,在承认真主永恒的同时肯定物质世界的永恒性,认为二者具有同一性,真主只是抽象的第一因,物质世界的产生决定于真主本性的必然性,强调宇宙物质是无始的,物质与形式绝对不可分,这就发展了亚里士多德哲学中的唯物主义路线。②

不管存在着怎样的矛盾,"伊本·西那则径直把真主的神圣性归结为存在",这样的处理方法比"法拉比还借重真主的神圣性来说明世界的神圣性",显然在唯物主义的道路上走近了一大步。③

---

① 如杨克礼认为:"他(伊本·西那)又认为安拉的本体是'第一存在',是'自在',并由此产生其他的'可在',也就是万物。安拉不是直接创造世界,而是先创造出'原初理性',再通过它流溢出世界万物是必然的。安拉只是在本体上而不是在时间顺序上是事物的'动力因'和'目的因',安拉不直接干预自然界的事物,统治自然界的是严格的必然性。"统治自然界的是必然性而不是安拉,在一定程度上也意味着安拉被排除在自然界之外,这与泛神论泛神而无神的效果类似。参见宛耀宾主编:《中国伊斯兰百科全书》,四川辞书出版社2007年版,第649页。
② 杨启辰、杨华:《伊斯兰哲学研究》,宁夏人民出版社2001年版,第29页。
③ [阿拉伯]伊本·西那:《论灵魂——〈治疗论〉第六卷》,北京大学哲学系译,商务印书馆1963年版,第xiv页。

伊本·西那其实是有很大学术抱负的,他认为亚里士多德并未开启一条存在论通往神学的道路,因此尝试分析存在以实现其神学目的论:"他尝试以另一种方式去实现亚里士多德的未竟目标,通过对存在者的模态分析达到对第一本原的澄明"①。然而伊本·西那并未很好地实现这一初衷。

有学者指出,伊本·西那"确立的存在—本质模式深刻影响了后世的存在论哲学。"②此言非虚,伊本·西那的这一观点的确产生了极大的影响,不但成为"伊斯兰哲学史上的核心问题之一"③,而且在欧洲中世纪经院神学家也引发了一定关注和讨论。如奥波的威廉就主张存在偶然性地依附于本质。经由奥波的威廉,伊本·西那又极大地影响了中世纪经院神学的集大成者托马斯·阿奎那。翟志宏认为:"阿奎那以存在的现实性为基础,确定了它在存在者中比本质更为优先和更为卓越的地位。存在的卓越性和完满性在第一存在(上帝)那里得到了最为明确的肯定。"④可以说,伊本·西那把真主等同于存在自身(实体),托马斯·阿奎那则是将上帝等同于存在自身(实体)了。两相对比,不难发现托马斯·阿奎那身上有来自伊本·西那哲学思想的烙印。正如段德智指出:

---

① 董修元:《阿维森纳与阿维罗伊论形而上学的主题》,《哲学研究》2017年第12期,第86页。
② 何博超:《阿维森纳论存在与本质的区分——以〈治疗论·形而上学〉为例》,《哲学研究》2016年第6期,第95页。
③ 王希:《存在与本质——伊斯兰哲学中的本体论之争》,《哲学分析》2019年第2期,第91页。
④ 翟志宏:《阿奎那关于存在与本质相区分的思想》,《现代哲学》2010年第2期,第80页。

托马斯《论存在者与本质》明显地带有阿尔法拉比和阿维森纳的烙印,特别是明显地带有阿维森纳的烙印,以至于有人认为托马斯的这部著作在形而上学概念方面是"依赖阿维森纳"的。①

伊本·西那在本体论层面与传统的新柏拉图主义者的区别向来不为人所注意,就连以批判哲学家为己任的苏非主义者安萨里都忽略了他们之间的差异,他认为伊斯兰哲学中的"逍遥学派"也属于新柏拉图主义的范畴,那种从自身思考过程中流溢而出的结果与《古兰经》中安拉创世的说法大不相同,因而应该着力批判。安萨里卫道的面目使他没有区别伊本·西那在本体论层面与新柏拉图主义"流溢说"的差异,而是统归为一类大加针砭。

三、心智哲学中"流溢说"的苗头

伊本·西那在哲学上继承的是亚里士多德的形而上学传统,这与法拉比是存在一定差别的。法拉比虽也着力研究亚里士多德,但却对柏拉图情有独钟,可以说是法拉比成功地把柏拉图学说引入伊斯兰世界。列奥·施特劳斯甚至认为只有从法拉

---

① 段德智:《西方形而上学传统中的一部经典之作——对托马斯〈论存在者与本质〉的一个当代解读》,《论存在者与本质》附录一,第91页。

比柏拉图化的政治学出发,才有希望真正弄懂中世纪的伊斯兰哲学。① 作为法拉比的私淑弟子,伊本·西那也不可能尽脱柏拉图以及新柏拉图主义的影响,譬如其心智哲学就出现了向柏拉图及新柏拉图主义回归的倾向。

心智学说是亚里士多德灵魂学说的重要组成部分。"心智"(mind)在古希腊哲学中是一个颇为关键的词汇,最早由阿那克萨戈拉所提出,即"nous"。"阿那克萨戈拉的原则,是他把心灵、思想或一般的心智认作世界的单纯本质,认作绝对。"②亚里士多德则把这种作为主观目的的"心智"发展为理性灵魂。亚里士多德认为理性灵魂具有两种状态:一种是随肉体消亡而可朽的消极理性灵魂,另一种则是能积极地进行思维和判断并且是永恒的精神实体。这种永恒的精神实体又被他进一步区分为实践理智与思辨理智,如其所云:

> 这里所说的心识,须是备有计算功能(工于心计)的"实用(实践)心识",实用心识所顾虑的,专在如何获致所企求的客体(目标,或终极),"理想心识"则没有自己的终极(无所企求)。③

---

① Leo Strauss, *Some Remark on the Political Science of Maimonides and Farabi*, Leo Strauss on Maimonides: The Complete Writings. Chicago: University of Chicago Press, 2013, pp.275–313.
② [德]黑格尔:《哲学史演讲录》第 1 卷,贺麟等译,商务印书馆 1959 年版,第 353 页。
③ [古希腊]亚里士多德:《灵魂论及其他》,吴寿彭译,商务印书馆 1999 年版,第 164 页。

"理想心识"以"纯理或理知"为特点,其实就是思辨理智。伊本·西那关于灵魂的学说深受亚里士多德的影响。他与亚里士多德一致,也把灵魂的本质定义为"成就性"(相当于亚里士多德所说的"隐德来希"),①并同样否定柏拉图所谓的轮回学说,他曾专辟一节"论人的灵魂并不毁灭也不轮回"②。此外,伊本·西那也把理性灵魂初步区分为实践理智与思辨理智:

> 人的灵魂的第一种机能,是一种与思辨有关、称为思辨理智的机能。第二种机能则是一种与实践有关、称为实践理智的机能。前者是判别真和伪的,后者是判别特殊事物中好和坏的。前者是判别必然、不可能和可能的,后者是判别丑、美和尚可的。③

伊本·西那认为这两种灵魂机能都具有一种能力和成就性,但在一开始却是处于一种准备阶段的,所以可以统称其为"质料理智",因为它恰似亚里士多德所说的第一质料,其本身并不具备任何形式,只有一种潜在性的可能。不过,在质料理智的潜在性中,已经具有了一些被称为"第一性的可理解的东西"的前提。这种潜在性的质料理智并不是永远处于潜在的阶段,它需要向现实理

---

① [阿拉伯]伊本·西那:《论灵魂——〈治疗论〉第六卷》,第9页。
② 同上书,第231页。
③ 同上书,第210页。

智的阶段过渡,过渡的过程就是获得形式的过程:

> 理智现实地认识形式,并且认识到它现实地认识形式。其中进而现实化的那种东西,我们称为获得的理智,它之所以称为获得的理智,只是因为我们马上就会明白,潜在的理智之过渡到现实,只是由于一种永远现实的理智;当潜在的理智以某种连接作用连到这种现实的理智上面的时候,一类从外面得来的形式就印在它的里面。①

获得的理智能够在认识对象上提取出普遍概念来,在认识过程中起着不可替代的作用。伊本·西那把认识过程分为感性认识、想象、推测和理性思维四个阶段,每一阶段对应着不同状态的理智。对应理性思维的就是获得的理智,因此获得的理智属于人类理性灵魂的最高状态。

伊本·西那认为人类能够认识世界,不仅仅因为具有理性灵魂就是可以的。个人的理性灵魂与个人的形体一样,都属于一种实体,它具有质料的特点,但脱离不得物质的基础。在个人灵魂之上,还存在着一种最高理智,这种最高理智属于人类的整体,可称之为"活动理智"。人类之所以能够获得知识,在一定程度上还取决于活动理智所发挥的烛照作用。

---

① [阿拉伯]伊本·西那:《论灵魂——〈治疗论〉第六卷》,第51页。

最早提出活动理智的人是著名的亚里士多德经学注释家阿弗罗狄西亚的亚历山大，他把亚里士多德所谓的思辨理智进一步划分为主动理智（活动理智）与被动理智。伊本·西那对亚历山大颇为推崇，曾称其为"古代注释家中那位最杰出的人"①。对于亚历山大主动理智（活动理智）与被动理智的划分，他是持认同态度的，不过他也对其进行了一定程度的改造。亚历山大所谓的被动理智被伊本·西那理解为每一个个体所具有的那种理性灵魂，而主动理智（活动理智）却被他塑造为一种纯形式的、类似于阿那克萨戈拉所谓的宇宙心智，视之为人类理性灵魂在现实世界实现的根据。② 整体的活动理智与个体的被动理智相比，就如同形式与质料的关系一样高低有别。当某个事物作为认识对象进入到某个灵魂关注中时，个人理智的不同状态就会分别对之进行感性认识、想象、推测和理性思维的加工，但仅此还是不够的，它还要接受活动理智予以的影响，伊本·西那把这种影响比喻成光的照耀：

> 当理智能力看见想像里面的特殊事物，我们里面的活动理智的光（这是我们指出过的）照在这些事物上的时候，这些事物就变得从质料中、从与质料的联系中抽离出来，印在理性灵魂上面，……意思毋宁是指：理智机能的沉思为灵魂作出

---

① ［阿拉伯］伊本·西那：《论灵魂——〈治疗论〉第六卷》，第151页。
② Herbert Alan Davidson, *Al-Farabi, Avicenna, & Averroes on Intellect*. New York: Oxford University Press, 1992, p.82.

准备,使来自活动理智的抽象形式涌现于灵魂。①

伊本·西那认为,只有经由活动理智的光的照耀,个人的理性灵魂才能够有能力认识世界。他在以光的照耀作为比喻的时候,又谈及"涌现"和"涌流",如"来自活动理智的抽象形式涌现于灵魂",又如"这些思考和沉思确乎是为灵魂接受这个涌流作出准备的运动"②,"涌现"和"涌流"等词语的出现,让人不由得会联想到新柏拉图主义的"流溢说"。

对于伊本·西那的这种看法,托马斯·阿奎那表现出了相当的遗憾,他认为伊本·西那关于"断言理智是一种实体……而不是作为身体的形式"以及"这种可能理智对所有的人都只是一个"等认识都是错误的。③ 不但如此,托马斯·阿奎那还发现,伊本·西那在心智哲学这一层面又重新靠近了柏拉图的天赋观念以及新柏拉图主义者们所崇尚的"流溢说",正如其所云:

> 因为柏拉图认为可理解形式都是独立实体,知识就是从这些独立实体那里注入我们的灵魂里面,而阿维森纳则宣称知识是从那唯一的独立实体即能动理智那里注入我们的灵魂。现在,就获得知识的方式而言,无论知识是产生于一个还

---

①② [阿拉伯]伊本·西那:《论灵魂——〈治疗论〉第六卷》,第239页。
③ [意]托马斯·阿奎那:《论独一理智——驳阿维洛伊主义者》,《世界哲学》2010年第6期,第87页。

是多个独立实体,都无甚区别。①

段德智在其所翻译的托马斯·阿奎那《论独一理智——驳阿维洛伊主义者》一书的摘要中曾总结说:

> 阿奎那则依据亚里士多德的《论灵魂》、《物理学》和《论动物的产生》等论著,针对阿维洛伊的上述观点,强调指出"理智是灵魂的一种能力,而灵魂则是身体的形式或现实",从而昭示出他们两个的理智学说在神学信仰和"哲学原则"方面的根本对立。②

经院神学的思维基础是亚里士多德主义的,作为中世纪经院神学的代表者,托马斯·阿奎那推崇亚里士多德自是不言而喻,当发现伊本·西那学说背离亚里士多德主义的基本立场时,托马斯·阿奎那自然会着力地对其进行批判。

在伊斯兰哲学史上,伊本·西那、伊本·鲁西德一直被视为亚里士多德思想最重要的继承人。在我们的研究中,可以明显看到伊本·西那身上所蕴含的亚里士多德因素。然而在那个思想比较

---

① [意] 托马斯·阿奎那:《论创造》,《反异教大全》第 2 卷,段德智等译,商务印书馆 2017 年版,第 357 页。
② [意] 托马斯·阿奎那:《论独一理智——驳阿维洛伊主义者》,段德智译,《世界哲学》2010 年第 6 期,第 86 页。

含混时代,哲学家们多主张综合兼容,门户观念并不是很深。"流溢说"虽然是新柏拉图主义的重要标签,但这并不代表其不能为亚里士多德主义者所用。况且新柏拉图主义本身就是兼有柏拉图和亚里士多德两种思想的,因此在伊本·西那的心智哲学中又出现"流溢说"的某种苗头也是不难理解的。

俄国自由主义的"寻神"转向

现今俄罗斯思想中有非常明显的斯拉夫主义的情绪,这种情绪与20世纪初期发生的"寻神运动"有着精神上的联系。"寻神运动"的产生,与斯托雷平改革息息相关。由于政治上的高压和经济上的繁荣,当时一部分知识分子产生了幻灭感,他们开始告别革命,告别激进主义,试图在东正教神学中寻找出克服精神危机的良药。倡导"寻神运动"的知识分子,大多数是来自"合法马克思主义者"。所谓的"合法马克思主义者"与通常意义上的马克思主义者并不相同。从本质上来说,"合法马克思主义者"乃是一群醉心德国古典唯心哲学的自由主义者。从19世纪后半叶到20世纪初,俄国思想界到底发生了什么情况,使得作为自由主义者的"合法马克思主义者"出现了"寻神"的转向?这是我们本节需要详细回答的问题。

一、俄国自由主义的发展历程

俄国的自由主义思想发轫于18世纪卡捷琳娜二世的"开明君

主专制"时期,拉吉舍夫(Aleksandr N. Radishev)是这一时期自由主义传播的标志性人物。在俄国自由主义发展的第二波段,那些在反对拿破仑战争中接受了民主思想的贵族军官成为中坚力量,他们在1925年以激进的方式发动了著名的"十二月党人"起义。1836年,恰达耶夫旨在抨击俄国腐朽专制的《哲学书简》发表,这在俄国思想界引起了轩然大波,自由主义的发展也因此更上一层楼,同时俄国知识界的两大派别——西方派与斯拉夫派之间的斗争也更加尖锐。① 自由主义源自西欧资产阶级解放思潮,自然属于西方派无疑。

19世纪中叶,受到赫尔岑、车尔尼雪夫斯基以及拉甫罗夫、特卡乔夫思想的启发,俄国的民粹主义运动蓬勃兴起,知识阶层也怀着极大的热情投入到这场"到民间去"的运动中。很多知识分子把注意力集中到社会经济领域,普遍关注"土地和自由"。民粹主义思想有多重内涵,此不赘述。需要注意的一点是,民粹主义主张保留传统的村社,这与西方派所主张的摧毁村社束缚相矛盾,因此从宏观上民粹主义也可以划归到斯拉夫派的阵营当中。从这个角度来说,民粹主义也可以说是西方派尤其是自由主义的宿敌。

在19世纪的俄国思想界,绝不只是西方派与斯拉夫派二元对立这么简单,这就像斯拉夫派内部有官方正统派和民粹主义之分,

---

① 西方派与斯拉夫派的分裂可以追溯到彼得大帝改革时期,有学者指出,俄罗斯思想界西方派与斯拉夫派的内部分裂,恰可看做西方人和斯拉夫人之间分裂的象征。这种内部分裂在彼得改革之后成为必然。参见 Janko Lavrin, "Vladimir Soloviev and Slavophilism," *The Russian Review*, Vol.20, No.1, 1961, p.11.

而民粹主义内部也分为社会革命党和最高纲领派;西方派内部也包括自由主义、马克思主义等派别,而马克思主义内部也分为布尔什维克和孟什维克。在当时的思想环境中,各种派别的主张彼此交织、相互渗透,形成了一张错综复杂的关系网。拿马克思主义在俄国的传播来说,最开始接触到的就是民粹主义。民粹主义者大多认真学习过马克思和马克思主义的著作,因而表现出较为明显的马克思主义的思想倾向,譬如拉甫罗夫这样写道:

> 对以往的历史来说,阶级斗争似乎是这样的,因为它是为权利、自由、独立和不同时期的历史理想而进行的斗争的真谛。作为以往的全部历史和以往的全部思想活动成果的科学社会主义给所有民族提出的是同一项任务:"全世界无产者联合起来!"经过阶级斗争锻炼的工人阶级面临着伟大的目标:以终止阶级划分来终止阶级斗争;继续资本主义开始的全部劳动资料社会化的过程,将其全部转交到集体劳动者之手。①

总之,唯物史观成为时代风潮,科学社会主义成为一种时代良知。而19世纪80年代末期,以普列汉诺夫、查苏利奇、列宁为代表的俄国马克思主义者告别了民粹主义,开始了另一趋向的探索,则是后来的事情了。

---

① [俄]拉甫罗夫:《历史和俄国革命者》,《俄罗斯思想》,贾泽林等译,浙江人民出版社2000年版,第195页。

与民粹主义相似的是,一部分自由主义者也在社会改造的领域里接受了马克思的影响。别尔嘉耶夫列举了这些人的名字,其中有布尔加科夫、司徒卢威、弗兰克和他自己。他们在当时的正式名称叫"合法马克思主义者"。就其本质而言,这是一个受时代感召而激进化了的自由主义团体。"合法马克思主义"的思想根源可以追溯到18世纪末自由主义思潮的萌芽。可以说,从拉吉舍夫、"十二月党人"到"合法马克思主义者",可以勾勒出一条自由主义思想在俄国发展的历史脉络。

张建华认为:"俄国自由主义实践的时代是19世纪50年代至1917年十月革命前。"①在这一阶段,由于时代风云变幻,革命浪潮高涨,俄国的自由主义者也变得相当激进。司徒卢威等自由主义者认为,俄国只有效法资本主义,才能出现这个社会发展所需的巨大推动力。对于民粹主义人民经济形式(村社、劳动组合)的主张,他们也尝试以马克思政治经济学观点分析其落后性,指出他们乃是"自然经济和原始经济独立性的理想化"②。由于司徒卢威等人能够非常娴熟地使用马克思的理论,因此他们干脆立起了"合法马克思主义"的旗帜。至于转向于马克思主义的更深层原因,金雁分析认为:

> 之所以成为合法马克思主义者,是因为被马克思批判资

---

① 张建华:《俄国知识分子思想史导论》,商务印书馆2008年版,第167页。
② [俄]司徒卢威:《俄国经济发展问题的评述》,李尚谦等译,商务印书馆1992年版,第135页。

本主义的逻辑力量所吸引以及对沙皇专制制度的憎恨,当时他们把马克思主义当做是"道德化的自由主义"来看待,那时对马克思主义模模糊糊认同的俄国知识分子不在少数……①

"合法马克思主义(自由主义)者"的敌对方是提倡传统村社思想的民粹主义者,这种状况使得"合法马克思主义者"与民粹主义者的另一个敌人——俄国马克思主义者结成了同盟。"司徒卢威、别尔加耶夫、杜冈—巴拉诺夫斯基都曾经参加过社会民主党,就其追求理念来说马克思主义与自由主义这两者有太多的'重合之处'。"②因此他们在自由主义派机关报上呼吁:"俄罗斯的自由主义派现在要做社会民主工党的盟友,为时还不晚。"③就此,列宁也评价说:

> 同合法马克思主义者的联合,是俄国社会民主党初次实行的某种真正的政治联盟。由于结成了这个联盟,我们才极为迅速地战胜了民粹主义并且使马克思主义思想(虽然是在庸俗化的形式下)广泛传播开来。④

---

① 金雁:《倒转"红轮":俄国知识分子的心路回溯》,北京大学出版社2012年版,第147—148页。
② 金雁:《历史教学中的十月革命问题(五)——俄国革命中的"自由主义"》,《历史教学》2008年第1期,第7页。
③ [俄]索尔仁尼琴:《红轮》(第2卷),第1册,林全胜等译,江苏文艺出版社2011年版,第69页。
④ [苏]列宁:《列宁选集》(第1卷),中共中央马克思恩格斯列宁斯大林著作编译局编译,人民出版社2012年版,第304页。

然而"合法马克思主义"只是部分接受马克思主义,具体来说,就是"忠实于社会范围内的马克思主义"①。他们在哲学上崇尚自由意志,类似于德国古典唯心哲学的世界观,这恰恰是马克思建立辩证唯物主义所批判的靶子。可以说,"合法马克思主义者"和马克思主义者的结盟只是在方法论上取得暂时的一致,但就其世界观来说,则仍然存在着极大的分歧,难以调和。因此,这种同盟不可能永远稳固。

"合法马克思主义者"与马克思主义者为了对付共同的敌人——民粹主义者而暂时联手,但是这种联盟走向破裂也是必然的。1901年,司徒卢威在为别尔嘉耶夫《社会哲学中的主观主义和个人主义》一书所作的序言中宣称,他与俄国社会民主工党断交,彻底中断与马克思主义者的联系。也正是在这一时期,俄国文化进入了以自由主义知识分子"左倾"为特点"白银时代"②。别尔嘉耶夫把"白银时代"的俄国称为俄罗斯文艺复兴时期。这一时期的自由主义知识分子异常活跃,他们中的主要人物大部分是"合法马克思主义者"。

与社会民主工党断交之后,"合法马克思主义者"脱去了马克思主义的外衣,摇身转变为激进的自由主义知识分子。这些激进的自由知识分子与自由派贵族、工商界自由派并称为三大自由主

---

① [俄]别尔嘉耶夫:《俄罗斯思想:19世纪至20世纪初俄罗斯思想的主要问题》,雷永生等译,生活·读书·新知三联书店2004年版,第218页。
② 张建华:《白银时代的喧哗:俄国自由主义知识分子的"左倾"》,《俄罗斯文艺》2003年第3期,第67页。

义力量,组党的诉求日益明显。1905年前后,代表自由主义力量的立宪民主党在"解放社"和"立宪派地方自治人士协会"的基础上成立了。虽然代表着自由主义,但立宪民主党依旧表现得十分"左倾",他们甚至宣称:"我们也是社会主义者,只不过是理性的社会主义者。"①在反对民粹主义和官方专制主义层面,立宪民主党和社会民主党具有一致性,从而出现了"分开走,一起打"的局面。②

1905年革命失败后,温和的维特伯爵被罢黜,俄国历史进入了政治上反动的"斯托雷平领带"(即绞刑架)时期,但是就在这一政治高压下,却又出现了经济的繁荣,即所谓的"斯托雷平奇迹"。这一强烈反差淬灭了知识分子的激进,"在大革命以后,所有人在社会生活中感到的正是这种分裂和堕落,个人道路的中断和离散,生活的原子化——过度的'自由'、无效的'平等'和缺乏'博爱'。"③况且革命的失败也制造了令人难以忍受的尴尬,"听众悄声四散,撇下争论者自己呆在原地"④。于是知识界"告别革命"的思潮就不可避免地出现了。

在"告别革命"的思潮中,俄国的自由主义者迅速分化,出现

---

① 姚海:《近代俄国立宪运动的源流》,四川大学出版社1996年版,第154页。
② [俄]普列汉诺夫:《普列汉诺夫文选》(上册),虚容译,人民出版社2010年版,第341页。
③ [俄]格奥尔基·弗洛罗夫斯基:《俄罗斯宗教哲学之路》,吴安迪等译,上海人民出版社2006年版,第313页。
④ [俄]赫尔申宗:《创造性的自我意识》,《路标集》,彭甄等译,云南人民出版社1999年版,第86页。

了三种趋势：一是"寻神派"或东正教文化运动；二是马克拉科夫主义或是政治保守主义；三是米留可夫派，即立宪民主党原方针的支持者。① 其中主导第一种趋向的大多是自由主义知识分子，他们迅速保守化起来，蜕变为宗教学家。1902年，梅列日科夫斯基在彼得堡哲学学会的基础上创立宗教哲学学会；继而别尔嘉耶夫在基辅成立宗教哲学研究协会；1905年革命后，莫斯科也成立了索洛维约夫宗教协会。从1903年到1918年，俄国自由主义发展史上也诞生了三部重要的文集，即《唯心主义问题》(1902年)、《路标》(1909年)、《来自深处》(1918年)，这三部著作通常被称为"寻神"三部曲。创立宗教协会和出版研究文集，这些都标志着"白银时代"自由知识分子"寻神运动"的正式兴起。

1909年出版的《路标》文集象征着自由主义者对政治激进主义的清算。赫尔申宗认为："正常的心灵生活首先要求内在的集中的自由。意识的活动应该集中于内部，集中于个体本身；应该摆脱所有的偏见，摆脱所有强加于生活的外部任务的异己趋向。"② 而弗兰克则写道："我们理应从毫无成效的、反文化的虚无主义道德说教转向创造性的、具有文化建设意义的宗教人道主义。"③ 由此可见，司徒卢威、别尔嘉耶夫、弗兰克、布尔加科夫等自由知识分子的研究兴趣已经由人的外部向人的内在转化，政治立场也由激进

---

① 苏文：《"否则就永远不能讲了"——斯托雷平改革与俄国知识界的保守思潮》，《读书》1997年第1期，第29—30页。
② [俄] 赫尔申宗：《创造性的自我意识》，《路标集》，彭甄等译，第72页。
③ [俄] 弗兰克：《虚无主义的伦理学》，《路标集》，彭甄等译，第190页。

趋向了保守。

金雁曾对《路标》文集进行过性质界定,称此书既是一本"与'60年代人''思想决斗'"的书,一本"续接'40年代'思想"的书,同时也是一本"寻求'反解放'的'解放之路'"的书,一本"强调'个性自由'"的书。这些描述清晰地勾勒出俄国自由主义思想发展的轨迹。不但如此,金雁还认为《路标》文集既是一本"重新审视自我"的书,一本"批评俄国'激进主义'思潮"的书,同时也是一本"告别革命,回归文化"的书,一本"再造宗教"的书。① 上述描述不但更加深刻剖析了自由主义思想内在特点,同时也突出了自由主义发展史上"合法马克思主义"到"寻神"的这个明显的转向。

二、"合法马克思主义"与德国古典唯心哲学

如前所述,19世纪的俄国思想界基本上可以分为西方派和斯拉夫派两大阵营。其中需要指出的一个现象是,无论是崇尚西方文化的西方派,还是努力想保持村社、东正教神学等本国传统的斯拉夫派,它们都曾醉心于德国古典哲学。且不说别林斯基等西方派景慕黑格尔以及谢林、费希特的哲学思想,在另一方斯拉夫派那里,他们也对上述哲学家的思想有着广泛的兴趣。斯拉夫主义思

---

① 金雁:《倒转"红轮":俄国知识分子的心路回溯》,第147—192页。

想家们,如基列也夫斯基、阿克萨柯夫、萨马林等人都曾醉心于德国唯心主义哲学,对黑格尔表现出了不小的兴趣,别尔嘉耶夫曾引用奇热夫斯基的观点说:"黑格尔在俄国完成了空前的业绩"①。

但到后来,随着民粹主义和马克思主义兴起,唯物主义成为大多数激进知识分子的信仰,即便在无政府主义者那里也不例外。如巴枯宁曾说:"哪一边是对的,唯心论者还是唯物论者?问题这样子一问就不可能有什么疑惑了,无疑的,唯心论者是错的而唯物论者是对的。"②到了19世纪后半叶,德国古典唯心哲学的影响出现了式微之势。车尔尼雪夫斯基曾描述说:

> 现在,黑格尔的追随者在德国本国已所剩不多了,在我国就更是寥寥无几。但是,在四十年代末和五十年代初,他的哲学却支配着我们的文学界。差不多所有思想开明的人都对他的哲学起了共鸣……③

车尔尼雪夫斯基所描述的现象或仅限文学界,就整个俄国思想界来说,可能还不至于"寥寥无几"这样的夸张。在民粹主义和马克思主义的冲击之下,德国古典唯心哲学的影响的确大不如从

---

① [俄] 别尔嘉耶夫:《俄罗斯思想:19世纪至20世纪初俄罗斯思想的主要问题》,雷永生等译,第72页。
② [俄] 巴枯宁:《上帝与国家》,朴英译,华东师范大学出版社2005年版,第1页。
③ [俄] 车尔尼雪夫斯基:《艺术与现实的审美关系》,周扬译,人民文学出版社2009年版,第1页。

前,但毕竟是余晖尚在。譬如在"合法马克思主义者"的世界观中就保留有明显的德国古典唯心哲学的元素,别尔嘉耶夫曾经描述说:

> 有些马克思主义者始终忠实于社会范围内的马克思主义,但是一开始就不赞成哲学中的唯物主义者,他们是康德学说或费希特学说的信徒,即唯心主义者。这就展现出一些新的可能。比较正统的马克思主义者抱住唯物主义不放,他们以非常怀疑的态度对待哲学的自由思想,并且预言这些思想会脱离马克思主义。得到的结果是,分成了全面接受马克思主义和只是部分接受马克思主义的两部分人。后者发生了从马克思主义向唯心主义的转变。①

别尔嘉耶夫也曾是"合法马克思主义"阵营里的一员,但他对唯物主义一直保有警觉,他认为,物质是客体而不能是主体,不断增长的物质性会对人造成奴役,也就是所谓的"生存的物化"②,而"逐外的、异化的意识是奴隶意识"③。别尔嘉耶夫在晚年常提及"物化"与"异化",这其中可能受到了卢卡奇和马克思相关思想的

---

① [俄]别尔嘉耶夫:《俄罗斯思想:19世纪至20世纪初俄罗斯思想的主要问题》,雷永生等译,第218页。
② [俄]别尔嘉耶夫:《自由与矛盾》,孙维译,吉林出版集团股份有限公司,2018年版,第26页。
③ [俄]别尔嘉耶夫:《人的奴役与自由——人格主义哲学的体认》,徐黎明译,贵州人民出版社,2007年版,第35页。

影响,但可以确定的是,他对物质性和唯物主义的否定态度是一以贯之的。在《路标集》中,别尔嘉耶夫称唯物主义为"最基本的、低级的哲理形式"即为明证。① 虽然别尔嘉耶夫承认"马克思影响着我,使我审视一系列社会问题时变得非常实际、具体",但是作为"哲学的唯心论者",他"十分厌恶大部分革命者和马克思主义者的精神文化的低劣状态"②。

与别尔嘉耶夫类似,"合法马克思主义者"阵营基本都对唯物主义持否定的态度,如布尔加科夫曾批判"历史过程机械主义的,间或是粗俗唯物主义的理解"③,赫尔申宗肯定"与历史唯物主义相对"的"意识的相对独立性",也意味着对唯物主义的质疑。④ 在批判唯物主义的同时,"合法马克思主义者"多提及德国唯心哲学对他们的深刻影响,如布尔加科夫就主张唯物史观结合康德的唯心主义哲学。基斯嘉科夫斯基就曾论及德国古典哲学的代表人物康德、费希特、黑格尔各自法律哲学。⑤ 别尔嘉耶夫也回忆说,他在14岁就曾经阅读过康德的《纯粹理性批判》和黑格尔的《精神现象学》。而且他生活中的某个时期:"智性状况更应该被界定为伦理的、标准的唯心主义,比较接近费希特。""这种哲学自然与德

---

① [俄] 别尔嘉耶夫:《哲学的真理和知识阶层的现实》《路标集》,彭甄等译,第4页。
② [俄] 别尔嘉耶夫:《人的奴役与自由——人格主义哲学的体认》,徐黎明译,第5页。
③ [俄] 布尔加科夫:《英雄主义与自我牺牲——关于俄国知识阶层宗教特质的思考》,转引自《路标集》,彭甄等译,第33页。
④ [俄] 赫尔申宗:《创造性的自我意识》,《路标集》,彭甄等译,第67页。
⑤ [俄] 基斯嘉科夫斯基:《保卫法律》,《路标集》,彭甄等译,第117—118页。

国唯心主义有关。"①当然,别尔嘉耶夫认为他哲学上的真正导师是康德,他说:

> 尽管我从来不属于哪个流派,但在哲学上我靠近康德学派,这更多地是指康德本人,而不是康德主义。……我最初就被现象世界和物自体世界、自然秩序和自由秩序之间的区别所震惊,每个人自身就是目的,不允许被转化为手段。②

别尔嘉耶夫的自由理论是从康德的世界二元论划分中得出的。他认为现象世界和物自体世界正好体现了自然秩序和自由秩序之间的差别。而康德之后的唯心主义哲学家如费希特、谢林、黑格尔等人则取消了物自体世界,这样导致世界进程中的神性取代了超验的神性,陷入一元的逻各斯必然性之中,从而导致自由的丧失。有鉴于此,别尔嘉耶夫打造的哲学世界里,唯物和唯心都保持了适当的平衡。也正因为如此,作为一个崇尚"精神自由原则"的自由主义者,他是不可能与马克思主义者保持长期的一致性的。

总之,在"合法马克思主义"兴起时期,俄国的自由主义知识分子就已经和唯物主义背道而驰了。1903 年,司徒卢威、别尔嘉

---

① [俄]别尔嘉耶夫:《自我认知》,汪剑钊译,上海人民出版社 2007 年版,第 76 页。
② 同上书,第 77 页。

耶夫、弗兰克、布尔加科夫、伊兹高耶夫、阿斯科里多夫、基斯嘉科夫斯基等人于在《哲学和心理问题》这一刊物上发表了《唯心主义问题》系列文章,这标志着他们与当时流行的唯物史观彻底分离了。

三、再造个性自由与重塑神人关系

受民粹主义和马克思主义影响,19世纪末的俄国被一种革命氛围所笼罩,大多数知识分子认为只要用革命的手段推翻专制政体,就能赢得平等与自由。那种对"空前灿烂,基础全新而且至坚不摧"①的美妙生活的憧憬,使得很多知识分子都产生了一种乌托邦意识,乃至被激进主义所裹挟,这连自由派都不能避免,如维特伯爵回忆说:

> 不仅是极端革命派,而且是当时所有自由化党派在政治上几乎都根本不讲分寸,目光短浅。他们如同凶神附体,根本不考虑现实,荒诞地认为10月17日文件不够激进,4月17日关于信教自由的诏令不够广泛;已颁布的出版法、集会法等等在它们看来都是极端保守的。②

---

① [俄]赫尔岑:《往事与随想》,巴金等译,译林出版社2009年版,第10页。
② [俄]维特:《俄国末代沙皇尼古拉二世(续集):维特伯爵的回忆》,张开译,新华出版社1985年版,第287页。

革命失败后,一部分自由主义知识分子看到了革命的残酷,同时也看到了革命后出现的"斯托雷平领带"那样比沙皇政体还要严酷的强权,在这种强权下,个体人格更加被蔑视,更加卑微,况且在革命的阵营里,"人的解放到头来更多的仍是对人和人的良心的奴役"①,这使他们开始反思革命所带来的激进主义的问题。别尔嘉耶夫指出:"俄罗斯的反对国家组织,不是为自己争取自由,而是献出自己的自由。"②梅列日科夫斯基也曾指出:"所有拥护国家暴力的人都曾经是革命者,……从罗伯斯庇尔到拿破仑只有一步。"③如果问题出在激进主义这里,则如何根治呢?《路标集》的作者们普遍认为应该诉诸宗教。如布尔加科夫认为宗教的意义就在于非暴力。"尽管上帝是万能的,他却无法以暴力开启这扇门,因为这就意味着毁灭自由,毁灭人本身。"④而司徒卢威的指向性更加明确:"宗教思想能够纯化这种激进主义的锋芒,减弱它的刚性和激烈程度。"⑤这里所说的宗教乃是指东正教无疑,指向东正教,也由此开启了"寻神运动"的思路。

路标文集作者群体在革命之前属于"合法马克思主义者",他

---

① [俄]别尔嘉耶夫:《人的奴役与自由——人格主义哲学的体认》,徐黎明译,第7页。
② [俄]别尔嘉耶夫:《俄罗斯的命运》,汪剑钊译,云南人民出版社1999年版,第6页。
③ [俄]梅列日科夫斯基:《重病的俄罗斯》,李莉等译,云南人民出版社1999年版,第20页。
④ [俄]布尔加科夫:《亘古不灭之光——观察与思辩》,王志耕等译,云南人民出版社1999年版,第26页。
⑤ [俄]司徒卢威:《知识阶层与革命》,《路标集》,彭甄等译,第151页。

们本质上属于自由主义者,他们在哲学上又接受了古典唯心哲学的原则,可以说这个群体总体上属于西方派阵营。在革命失败后,他们的"寻神运动"指向东正教,因此有了向斯拉夫主义回归的意味。虽然与西方派一边倒地痴迷西方文化不同,斯拉夫派也部分地对德国古典唯心哲学进行汲取,完成了与东正教文化的初步对接。即便在民粹主义影响最为兴盛的时期,人们试图调和德国古典唯心哲学与东正教文化的努力也没有中断。如在1878—1881年,俄国著名的宗教哲学家索洛维约夫就在彼得堡大学开设"神人类讲座",这一系列的讲座涵盖了"理性与信仰"、"肯定与否定"、"个性与理念"、"万物统一与三位一体"、"神性与人性"等五个方面的重要内容。① 列夫·托尔斯泰与陀思妥耶夫斯基等著名的文化人士都作为听众参与了这一讲座,其影响力可见一斑。"寻神运动"中著名的人士如别尔嘉耶夫、布尔加科夫几乎都曾受到索洛维约夫的影响。

俄国是一个受宗教影响颇深的国家,尤其是从东正教文化衍生出来的"索菲亚"思想和"普世主义"一直深深铭刻在俄国人的灵魂深处,并贯穿于"黄金时代"到"白银时代"这一波谲云诡的历史时段。这种传统基因可以说是"寻神运动"的思想基础。不过,参与"寻神运动"的知识分子都比较反对庸俗的宗教形式,如别尔嘉耶夫就说过他自己"非常反对官方的东正教,反对历史上的教会

---

① 李勇:《索洛维约夫普世主义的上帝观——〈以神人类讲座〉为中心》,《浙江学刊》2000年第6期,第42页。

形式",他认为:"在大部分场合下,教会—东正教生活给我的印象都是沉重和导向迷途的。"①

别尔嘉耶夫在宗教思想上受陀思妥耶夫斯基和索洛维约夫的影响非常大。他曾说:"神正论的问题一直是我宗教兴趣的中心。在此我是陀思妥耶夫斯基之子。"②他也曾说:"20世纪初俄罗斯宗教的各种探索都将继续 Вл.索洛维约夫的精神崇拜工作。"③别尔嘉耶夫的宗教情怀是内省的,并认为俄罗斯思想有末日论性质和精神崇拜的性质。对东正教神学精神内核的承继,是别尔嘉耶夫乃至整个"寻神运动"理论的基点。

1918年,"寻神"三部曲最后一部《来自深处》出版后,"寻神运动"由于政治原因在苏俄境内基本终结。不过,别尔嘉耶夫、弗兰克等流亡国外的知识分子还是持续进行着神学层面的研究与探讨,他们写出了不少具有影响力的著作。在流亡后,学者们各自际遇不同,也产生了不尽相同的研究取向,从表面看来,似乎没有什么统一性。然而,综合这些知识分子的著作来看,也是可以归纳出一些共同的特点的,除了反思激进主义之外,还有"重塑个性自由"和"再造上帝"这两个要点。

如前所述,斯拉夫派早就有倾慕德国古典唯心哲学的传统,如萨马林就提出:"东正教教会的未来依赖于黑格尔哲学

---

① [俄]别尔嘉耶夫:《自我认知》,汪剑钊译,第153页。
② 同上书,第134页。
③ [俄]别尔嘉耶夫:《俄罗斯思想:19世纪至20世纪初俄罗斯思想的主要问题》,雷永生等译,第176页。

的命运"①。德国古典唯心哲学脱胎于基督教神学,如康德《实践理性批判》讨论道德时就请回了逐出自然界的上帝,而黑格尔体系"逻辑学"、"自然哲学"、"精神哲学"的划分则取自基督教"创世"、"堕落"、"救赎"的三段式。而无论是康德,还是黑格尔都对"自由意志"极为关注,甚至可以说,所谓的"唯心"就是"唯自由意志"。至于上帝能力与人的自由意志的关系,在基督教神学史上一直就是一个重要论题。与拉丁教父们取消自由意志不同,希腊教父们认为理性就是作为神人中介的基督,也就是认同人的自由意志。秉承希腊教父传统的东正教是十分关注自由意志的,因此斯拉夫派对德国古典哲学情有独钟是不难理解的。在这一点上,索洛维约夫也不例外,他们对西方哲学十分熟稔,也极为关注人的个性自由。②

别尔嘉耶夫洞悉德国古典唯心哲学,但认为其未能完备地解决自由问题。③ 在自由这个问题上,浸润于东正教神学的陀思妥耶夫斯基对别尔嘉耶夫启发更大。别尔嘉耶夫将陀思妥耶夫斯基

---

① [俄] 别尔嘉耶夫:《俄罗斯思想:19世纪至20世纪初俄罗斯思想的主要问题》,雷永生等译,第73页。

② 索洛维约夫虽然一直批判唯心哲学,但他深受斯宾诺莎和黑格尔的影响,其方法的实质也是以哲学论证东正教神学。索洛维约夫对个性自由是十分推崇的,他认为:"人的个性自由地、内在地与神的原则相连,只是因为人的个性自身在一定的意义上是神性的,或准确地说,参与神。"参见[俄]索洛维约夫:《神人类讲座》,张百春译,华夏出版社2000年版,第17页。

③ 别尔嘉耶夫认为:"因为康德哲学不是一元论的,他把自由放置在一切决定论的对面,所以康德哲学更接近自由;谢林试图解决自由问题,但他的同一哲学于他爱莫能助;黑格尔哲学则完全杀死了自由;与此同时,还有费希特,即使他只走出一半,但仍杀死了自由。"参见[俄]别尔嘉耶夫:《自由与矛盾》,孙维译,第8页。

视作精神之父,他认为陀思妥耶夫斯基所有的悲剧小说都是关于人的自由的体验,自由是理解陀思妥耶夫斯基世界观的钥匙。①在"寻神"的道路上,别尔嘉耶夫逐渐建立起了人格主义哲学。他认为:"唯自由生存着,唯个体人格生存着。自由高于存在,即精神高于存在。"②别尔嘉耶夫之所以反对唯物主义,是因为他认为:"唯物主义不可避免地导致否定自由。"③这也是当初他从"合法马克思主义"阵营退出的重要原因。

有学者指出,别尔嘉耶夫与布尔加科夫有关人格的概念虽颇有不同,但也存在某种相似,如都认为"马克思主义的唯物主义无神论缺乏人的概念",又如他们都认同"人是人的基础",都关注"基督教世界观中的尊严和创造力"。④ 与别尔嘉耶夫一样,布尔加科夫也崇尚自由,将人界定为"自由的、类神的生命"⑤。与别尔嘉耶夫一样,布尔加科夫也有类似的经历。1903年,他出版《从马克思主义到唯心主义》的论文集,可视为其思想转变历程的总结。⑥ 而弗兰克认为西方之学无论是实证主义、唯物主义,还是黑格尔的理性主义都缺乏深度的心灵形式,而"激进主义的全盘否定

---

① [俄]别尔嘉耶夫:《陀思妥耶夫斯基的世界观》,耿海英译,广西师范大学出版社2008年版,第39—40页。
② [俄]别尔嘉耶夫:《自由与矛盾》,孙维译,第4页。
③ [俄]别尔嘉耶夫:《精神王国与恺撒王国》,安启念等译,浙江人民出版社2000年版,第65页。
④ Regula M. Zwahlen, Different concepts of personality: Nikolaj Berdjaev and Sergej Bulgakov. *Studies in East European Thought*, Vol.64, No.3/4, 2012, p.183.
⑤ [俄]布尔加科夫:《亘古不灭之光——观察与思辨》,王志耕等译,第173页。
⑥ [俄]洛斯基:《俄国哲学史》,贾泽林等译,浙江人民出版社1999年版,第252页。

精神"更是存在问题,不但否定宗教和精神文化,还否定个人自由甚至是基本自由。① 他认为:"'我'作为构成个人存在特殊的、内在方面,其本质就在于'自由'。"②正是出于对"自由的精神有机体"③的崇尚,才使他这样一个"曾是马克思主义的社会主义者,后来通过哲学唯心主义走向宗教形而上学。"④在"寻神运动"中,没有参加过"合法马克思主义"的学者,也往往因为有西方哲学的训练,在神学阐释中更多主张个性自由。如就学于新康德主义者文德尔班的洛斯基认为:"自由是上帝创造物最完美品格的条件。没有自由就没有善。"⑤

正如别尔嘉耶夫所言:"公正地说,对康德、费希特和德国唯心主义的浓厚兴趣,提高了我们哲学文化的水平,同时也是我们通往高级形态哲学意识的桥梁。"⑥虽然"寻神运动"主打东正教研究,但是唯心主义哲学也不是全无用处,它们对神学的理解起到了极大的提升作用。在"寻神运动"的"主将"那里,唯心主义哲学对于自由意志的强调,强化了他们对东正教神人关系的认知,从而使"个性自由"成为他们神学词典中的关键词。从这个角度讲,这些

---

① [俄]弗兰克:《俄国知识人与精神偶像》,徐凤林译,学林出版社1999年版,第30页。
② [俄]弗兰克:《社会的精神基础》,王永译,生活·读书·新知三联书店2003年版,第145页。
③ [俄]弗兰克:《俄国知识人与精神偶像》,徐凤林译,第34页。
④ 同上书,第41页。
⑤ [俄]洛斯基:《意志自由》,董友译,生活·读书·新知三联书店1992年版,第109页。
⑥ [俄]别尔嘉耶夫:《哲学的真理和知识阶层的现实》,《路标集》,彭甄等译,第13页。

知识分子转变为神学家后,自由主义的因素依然在他们的思想中发挥着影响。

德国古典唯心哲学虽然保留有明显的神学痕迹,但无论是康德还是黑格尔,或明或暗都具有驱逐上帝的目的。而实证主义和唯物主义更是以否定神为特征。"寻神运动"之所以产生,恰是因为上帝缺位而引发了不满,因而"寻神运动"一个明显的诉求就是重新确立上帝的位置。如前所述,因为别尔嘉耶夫等知识分子普遍崇尚人的个性自由,重新确立上帝位置后,则神—人关系势必成为中心议题。众所周知,希腊教父区别于拉丁教父一个重要的特点就是其强调神人合作,而东正教精神源头又可以追溯到希腊教父,则"寻神运动"中重塑神人的合作关系也就意味着对东正教传统的接续。

索洛维约夫认为:"神权政治的莫大幸福和真正目的在于自由神人的联合的完善的相关关系——不在于整个权力,而在于整个仁爱。"①这种"仁爱"就是女性主义的"索菲亚",它是上帝智慧的化身,是第四位格,是神人关系的中介。靠"索菲亚"的仁爱,便可实现"万物统一"。索洛维约夫神学可以说是"寻神运动"的灯塔,尤其是在神人关系层面,更是具有明确的指引性。梅列日科夫斯基对索洛维约夫亦步亦趋。他主张:"人类的智慧和上帝的卓越智

---

① [俄]索洛维约夫:《神权政治的历史和未来》,钱一鹏等译,华夏出版社2003年版,第312页。

慧、哲学以及圣索菲亚召致同一个结果——上帝三位一体的自我内省。"①布尔加科夫在这一方面也深受索洛维约夫的影响,他认为作为自由的绝对个人意志只有"与必然性融合之后,便可以找到其稳固性",这里所谓的"必然性"就是要"符合于上帝意志,符合于爱与幸福的普遍王国"。② 这里的"爱与幸福"说的也是"索菲亚"。在布尔加科夫这里,明显有神性统摄人性的意味,而在别尔嘉耶夫那里,则有以个体人格向上帝进行超越的倾向,如其云:

> 个体人格与上帝之间的关系不是因果关系,不置于外在的决定王国,而置于内在的自由王国。对于个体人格,上帝是主体,不是客体。个体人格与上帝显示生存的关系。个体人格是生存的绝对核心。个体人格内在地决定自身,脱出一切个体性。唯有根植于自由的内在的决定性,才是个体人格。③

德国古典唯心哲学思想具有驱逐上帝的意味,尤其是作为集大成者的黑格尔,他径直以"绝对精神"取代上帝。"绝对精神"的自我发展和自我认识也就是范畴的自我推演,充满了理性主义的特点。黑格尔的理性主义尚不足以引起虚无主义的问题,但到了

---

① [俄] 梅列日科夫斯基:《未来的小人》,杜文娟译:云南人民出版社1999年版,第83页。
② [俄] 布尔加科夫:《亘古不灭之光——观察与思辩》,王志耕等译,第245页。
③ [俄] 别尔嘉耶夫:《人的奴役与自由——人格主义哲学的体认》,徐黎明译,第8—9页。

尼采那里，虚无主义就明显蔓延开来了。理性是否能取代上帝成为新的救赎手段？叔本华和尼采的回答是否定的，当他们意识到理性完全可能成为人性另外一个"囚牢"后，就会开始诉诸非理性的拯救。在"寻神运动"开展时，俄国知识分子不但要面对理性主义驱逐上帝的问题，同时也要面对叔本华和尼采新一代的哲学家所触发的价值虚无问题。

如前所论，参与"寻神运动"的知识分子基本上对德国古典唯心哲学都是非常熟悉的，康德、费希特、谢林、黑格尔在他们那里是频繁出现的名字。同时他们对叔本华和尼采等新一代哲学家也不陌生，索洛维约夫早就对叔本华哲学的"局限性"进行了关注。①而梅列日科夫斯基曾受"尼采的《悲剧的诞生》的影响是显而易见的"②。"别尔嘉耶夫把自己的哲学观点归入存在主义哲学。他认为他的观点与海德格尔、雅斯贝斯及其他存在主义者相近。"③关于德国古典唯心哲学驱逐上帝的做法，"寻神运动"中的知识分子以重塑神人关系做出了反理性主义的回应，然而，这里的反理性主义与叔本华和尼采的非理性主义有颇为不同，可谓是非非理性主义的反理性主义。

在"寻神运动"中，无论是神性统摄人性，还是人性向着神性

---

① ［俄］索洛维约夫：《西方哲学的危机》，李树柏译，浙江人民出版社1999年版，第91页。

② ［美］罗森塔尔：《梅列日科夫斯基与白银时代：一种革命思想的发展过程》，杨德友译，华东师范大学出版社2014年版，第81页。

③ ［俄罗斯］阿列克谢耶夫：《人、精神与现实——论别尔嘉耶夫存在主义式的哲学思考》，《精神王国与恺撒王国》，安启念等译，第267页。

超越,都是将上帝再度确立起来。在他们看来,他们的重塑神人关系的举措,无论是对古典哲学还是对现代哲学都具有明显的治愈效果。"寻神运动"推动者虽然大多流亡海外、客死他乡,但是他们对俄国斯拉夫主义的强化却起到了不可估量的作用,今天的俄罗斯都深深秉承了"寻神"思想的影响,这些都是他们作为自由主义者时所不曾想到的成果与后果。

论卢卡奇哲学进路中的克尔凯郭尔维度

近些年来,学界对"西方马克思主义"的研究热度持续走高,尤其是对"西方马克思主义"奠基人卢卡奇(Georg Lukács)的研究方兴未艾。不过国内学者对卢卡奇的兴趣点大多都集中在《历史与阶级意识》一书及此书中阐释的"总体性"思想、"物化"理论层面。当然,也有不少学者对卢卡奇文学、美学理论进行阐发的,但很少有人从思想史层面以连续性的视角去深入研究青年卢卡奇哲学思想的形成史,甚至有学者曾将卢卡奇"前马克思主义思想发展阶段"描述为"一个从来都没有被国内学界课题化讨论过的学术空场"①。近几年来,这种状况得到了一定的改观,如有学者讨论卢卡奇与布洛赫相互的影响,②又如有学者讨论韦伯"事物化"与

---

① 张亮:《国内卢卡奇研究七十年:一个批判的回顾》,《现代哲学》2003年第4期,第45页。
② 张双利:《宗教与革命的伦理——兼论卢卡奇与布洛赫的思想共生关系》,《马克思主义与现实》2010年第1期,第132—140页。

卢卡奇"物化"的联系。① 卢卡奇青年时期受到过很多思想家影响,如学界公认的西美尔、狄尔泰、马克斯·韦伯。此外,还有一位克尔凯郭尔,他也曾在青年卢卡奇哲学进路中留下过很深的印迹。张双利《黑暗与希望——恩斯特·布洛赫乌托邦思想研究》一书虽然提及卢卡奇"借助于克尔凯郭尔的思想达到了对康德和黑格尔哲学的重新理解"②,宋朝普《卢卡奇对现代性的批判》一书虽然提及"基尔凯郭尔化的黑格尔主义时期"③,但二者均未详细探讨。我们知道,卢卡奇在恢复他所谓的"马克思主义正统"的过程中,采取了"黑格尔主义马克思主义"这样一种思路,那么我们要问的是,黑格尔是如何进入卢卡奇视野的?克尔凯郭尔对卢卡奇走向黑格尔到底起了一种怎样的作用?

一、卢卡奇与新康德主义

卢卡奇的学术道路是从戏剧切入的,最早可以追溯到其中学毕业后所参加的塔利亚剧团活动。经过短暂的艺术实践后,卢卡奇的兴趣点逐渐转向了研究层面。1909 年,卢卡奇为申请博士学

---

① 张一兵:《事物化与物化:从韦伯到青年卢卡奇》,《现代哲学》2015 年第 1 期,第 1—6 页。
② 张双利:《黑暗与希望——恩斯特·布洛赫乌托邦思想研究》,人民出版社 2014 年版,第 60 页。
③ 宋朝普:《卢卡奇对现代性的批判》,中国社会科学出版社 2015 年版,第 59 页。

位完成《现代戏剧发展史》;1911年,卢卡奇以德文发表《心灵与形式》;1914—1915年,卢卡奇又完成《小说理论》。以上这三部著作都受到了西美尔(Georg Sinnmel)的深刻影响。在《现代戏剧发展史》中,卢卡奇关于戏剧形式的定义明显接受了西美尔关于艺术风格的理念。① 在《心灵与形式》中,则能十分明显地看出西美尔"生命与形式"这一观念影响的痕迹。在《小说理论》中,卢卡奇从历史哲学的角度论述文学形式,指出希腊史诗与现代小说是"伟大史诗的两种客体形式"②。在西美尔的文化现象学中,形式是具有实质意义的。③ 而卢卡奇认为,"戏剧只能完全从形式上表现生活的整体性和丰富性"④"文学中真正具有社会性的东西是形式"⑤,这一观念无疑是承自于西美尔。

1905年,卢卡奇到柏林投入西美尔门下,一直到1910年,前后长达五年之久。西美尔对卢卡奇的影响不仅表现在文学形式层面,其货币哲学思想也曾全方位渗透进卢卡奇的头脑之中。西美尔认为在现代社会中,货币虽然成为个体自由的载体,但货币所提供的自由乃是潜在的、形式化的和消极的。在一个有着"现

---

① Ferenc L. Lendvai, György Lukács 1902-1918: "His Way to Marx," *Studies in East European Thought*, Vol.60, No.1/2, 2008, p.59.
② [匈]卢卡奇:《小说理论:试从历史哲学论伟大史诗的诸形式》,燕宏远等译,商务印书馆2012年版,第59页。
③ Elizabeth Goodstein, "Style as Substance: Georg Simmel's Phenomenology of Culture," *Cultural Critique*, No.52, 2002, pp.209-234.
④ [匈]卢卡奇:《卢卡奇论戏剧》,罗璇等译,北京师范大学出版社2014年版,第18页。
⑤ [日]初见基:《卢卡奇:物象化》,范景武译,河北教育出版社2001年版,第39页。

代的算计特征"的社会中,自由人在交易的普遍客观化中,也会导致"思想的物化"。① 而卢卡奇指出资本主义的都市生活,已经完全消解了传统的生活,"合理机械化的与可计算性的原则"使得"个人原子化"②,人的尊严扫地,因此现代戏剧必然会表现为悲剧形式。细致咀嚼可以发现,两者的表达其实是十分一致的。

卢卡奇曾追忆说:

> 西美尔的《货币哲学》和麦克斯·韦伯关于新教伦理的著作是我的"文学社会学"的榜样……我一方面依照西美尔的榜样使这种"社会学"尽量和那些非常抽象的经济学原理分离开来,另一方面则把这种"社会学的"分析仅仅看做是对美学的真正科学研究的初级阶段。③

如上所引,卢卡奇谈及其"文学社会学"的榜样时,是将西美尔与马克斯·韦伯一并提及的。马克斯·韦伯写于1911年的《音乐的理性基础与社会基础》一书指向的是"音乐社会学",全书分别从和声、音阶、调性、乐律等方面讨论了理性化问题。④ 此外,马

---

① [德]西美尔:《货币哲学》,陈戎女等译,华夏出版社2018年版,第472、482页。
② [匈]卢卡奇:《历史与阶级意识》,杜章智等译,商务印书馆2018年版,第139页。
③ [匈]卢卡奇著,杜章智编:《卢卡奇自传》,李渚青等译,社会科学文献出版社1986年版,第211页。
④ [德]马克斯·韦伯:《音乐社会学:音乐的理性基础与社会学基础》,李彦频译,西南师范大学出版社2014年版,第1—112页。

克斯·韦伯还进一步指出,整个西方世界的社会机制都存在理性化的问题,理性化的结果就是使人沦为被计算和操纵的对象。卢卡奇受马克斯·韦伯影响很深,他后来在《历史与阶级意识》中提出的"物化"理论无疑是承袭了马克斯·韦伯的理性化批判。卢卡奇前马克思主义时期的"文学社会学"研究与马克斯·韦伯的"音乐社会学"观念也存在明显的思想因袭。卢卡奇对人生存状态异己性和分离性的批判,显然是在着力打造一种关于人生的"悲剧的形而上学",这种生命异化理论受到马克斯·韦伯的理性化批判的启发是十分明显的。当然,《小说理论》中关于小说类型学的研究也不无来自马克斯·韦伯宗教类型学的启迪,正如卢卡奇曾经说:"麦克斯·韦伯的方法论著作对我起了澄清问题和开拓思路的作用"①。

对于另一位老师狄尔泰,卢卡奇曾回忆说"狄尔泰的影响主要在于激起对文化史联系的兴趣"②。狄尔泰在1905年撰有《体验与诗》,在此著作中,狄尔泰指出,人的遭遇和经历通过事后的沉思升华为体验,这种体验乃是对生命价值的感性把握,是对个体心灵的进一步挖掘。《体验与诗》对莱辛、歌德、莎士比亚、卢梭、诺瓦利斯、荷尔德林等人的描绘,启发了卢卡奇在《心灵与形式》中关于诺瓦利斯、霍夫曼、克尔凯郭尔等人的解读。卢卡奇并不否认《心灵与形式》带有显著的传记色彩,乃是对生命体验的具体应

---

①② [匈]卢卡奇著,杜章智编:《卢卡奇自传》,李渚青等译,第206页。

用。也就是说，起码在方法上，卢卡奇在狄尔泰那里受益良多。此外，《小说理论》关于小说类型学的研究也有来自狄尔泰哲学类型学的启发。

西美尔、马克斯·韦伯和狄尔泰都曾是卢卡奇的老师，他们都对卢卡奇的观念世界施加过重要影响。卢卡奇在晚年曾言："我对于'精神科学'（geisteswissen-schaftlichen）方法的态度丝毫没有改变，这种态度基本上是来自青年时代阅读狄尔泰、西美尔、韦伯著作所留下的种种印象。"①西美尔、马克斯·韦伯和狄尔泰在西方哲学史上都被标识为新康德主义者，如西美尔希望从社会学和心理学层面描绘普遍、先验的原则，他还认为一切范畴均可在特定背景中被推演出来，在这种背景中形成相对的真理，并在超越为绝对真理的希冀中，完成生命的真实存在。狄尔泰在科学、道德和艺术中追寻实体诸多规范的尝试，与认为文化的历史乃是哲学最后目标的看法，都与文德尔班颇为相似。也就是说，作为生命哲学家的西美尔、狄尔泰与新康德主义者实是同调。② 而马克斯·韦伯"1904—1905 年间阐述的方法论立场很大程度上是依靠李凯尔特，立足于事实与价值的二元对立，而这是后者的哲学。"③ "主体"与"客体"、"价值"与"科学"的对立，在马克斯·韦伯的方法论中

---

① ［匈］卢卡奇：《卢卡奇早期文选》，张亮等译，南京大学出版社2004 年版，第Ⅲ页。
② ［德］A.韦伯：《西洋哲学史》，詹文浒译，华东师范大学出版社2010 年版，第606—610 页。
③ ［英］安东尼·吉登斯：《政治学、社会学与社会理论——经典理论与当代思潮的碰撞》，何雪松等译，上海人民出版社2015 年版，第23 页。

也表现得十分明显。如上所引,卢卡奇将西美尔、马克斯·韦伯、狄尔泰等人的学术统称为"精神科学",这种"精神科学"实为新康德主义尤其是弗莱堡学派转进过程中出现的一种新的文化形式。从这一角度来说,谓早年卢卡奇一度沉浸在新康德主义的世界里也是合情合理的。

在卢卡奇的早期研究中,也可以看到一些新康德主义的印迹。他曾谈及自己在1909年至1911年间,从学习德国古典哲学转向现代哲学,尤其是文德尔班、李凯尔特和拉斯克的哲学。卢卡奇深受西美尔影响,将生命看做是心灵外化而成的鲜活的生活形式,而在资本主义文化当中,个人生存的原子化和碎片化使心灵丧失殆尽,这是对生命的背叛,主体与客体的撕裂在那个罪孽的时代达到了巅峰。在马克斯·韦伯那里,形式合理性和实质理性对立所导致的非理性乃是异化的根源,出于对现实的失望,韦伯寄希望于艺术中的拯救。卢卡奇也恰恰表达出同样的观念——在美学层面凭借直观活动达到同一性。又如卢卡奇受狄尔泰和马克斯·韦伯的影响,对小说进行类型学划分时,也是将小说先验理念的逻辑演绎作为依据。把认识论和方法论等问题都归结为先验逻辑的问题,是新康德主义的一般特征。

在新康德主义者看来,经验是由范畴构造的,那么历史中范畴的演变轨迹,就是范畴所决定的经验世界的叠加,而且在"真"与"善"之间也未必存在什么明确的历史关系。而在黑格尔的世界,作为主体亦作为实体的"绝对精神"向自身复归表现为一个具有必然性的历史进程,也就是说,历史性即为思维与存在同一性的载体,因而历史与逻辑是高度统一的。从这个角度说,新康德主义与黑格尔哲学中的历史主义是存在抵牾的。如刘小枫指出:"西美尔的分工论和货币哲学中,潜隐著一种与当时如日中天的历史主义思想了不相干的关于人的形而上学——而且是悲观主义的。"①又如刘东认为,韦伯"是个新康德主义者,在他心目中并不存在作为上帝代名词的历史必然律,而只存在着独一无二的个别历史现象,以及无限多样的总体历史景观"②。

同理,受到西美尔、马克斯·韦伯影响的卢卡奇也应该与黑格尔历史主义不相干才对,但实际情况却并不如此,卢卡奇哲学在那一时期融入了黑格尔思想的因素。卢卡奇在后来也曾追忆说:"我那时正处于从康德(Kant)转向黑格尔(Hegel)的过程中。"③他还提及写于1914—1915年的《小说理论》表现了他从主观唯心主义到客观唯心主义的过渡。他说:"黑格尔——尤其是《精神现象学》——对我具有越来越大的意义。"④当然,黑格尔《美学》的影响也不可小觑,通过《美学》,卢卡奇从形式上界定了希腊史诗与近代资本主义社会兴起的小说。⑤ 总之,卢卡奇自我宣称,《小说理

---

① 刘小枫:《金钱·性别·生活感觉——纪念西美尔〈货币哲学〉问世一百周年》,《开放时代》2000年第5期,第20页。
② 刘东:《理论与心智》,江苏人民出版社2001年版,第165页。
③ [匈]卢卡奇:《卢卡奇早期文选》,张亮等译,第Ⅲ页。
④ [匈]卢卡奇著,杜章智编:《卢卡奇自传》,李渚青等译,第212页。
⑤ Bruce Erlich, "Review: Young Lukács." *Prairie Schooner*, Vol.50, No.4, 1976, p.375.

论》的作者已经是一个黑格尔主义者了,虽然未必是"绝对的或正统的黑格尔主义者"①。卢卡奇具体是如何从康德转向黑格尔的?这个问题需要我们进行进一步的探讨。

二、从陀思妥耶夫斯基到克尔凯郭尔

在上文中,我们着重论述影响卢卡奇的新康德主义因素,也一直探求卢卡奇身上存在的新康德主义。不过盖欧尔格·里希特海姆却在这一问题上泼了冷水。他指出:"有迹象表明,卢卡奇在告别学生时代以后,从来也没有真正成为一个新康德主义者。"②卢卡奇身上的确存在很多不同于西美尔和马克斯·韦伯等人的地方。西美尔、马克斯·韦伯等新康德主义者,他们能够发现在资本主义社会出现的异化现象以及主体与客体严重撕裂的现实,但他们却又找不到一个能够突破二律背反的承担者,于是只能寄希望于艺术,尝试从审美角度入手超越分工及合理化所导致的异化。然而,这种基于主观唯心主义的处理方式又未尝不是一种对于现实的逃避。西美尔对异化问题有一种宿命的认识,与之不同的是,在卢卡奇那里却时不时地出现一种积极的总体性观念,他试图以之克服并超越这个罪孽的时代。如张亮指出,卢卡奇"赋予了总体

---

① [匈]卢卡奇:《卢卡奇早期文选》,张亮等译,第Ⅶ页。
② [英]盖欧尔格·里希特海姆:《卢卡奇》,王少军等译,中国社会科学出版社1989年版,第15页。

性观念以救世主义的伦理内涵。这一点是西美尔总体性观念所缺乏的。"①

卢卡奇将康德所构筑的实践理性学说称之为第一伦理,将灵魂领域内的伦理问题称之为第二伦理。他认为,关于灵魂的贫困,康德的形式伦理是无法解决的,因为在康德伦理那里,责任成为一种形式上的假设,形式越完美,它可能就越远离人类自身的内容。卢卡奇甚至曾宣称康德完全无视第二伦理。因为并不关乎灵魂的拯救,卢卡奇是无法彻底服膺康德体系的,这也正是他没有真正成为一个新康德主义者的最根本的缘由。卢卡奇研究艺术却并不仅仅满足于艺术本质的追寻,因为他身上带有一种宗教救世主义的情结,因为这一情结,卢卡奇才寄希望于一个乌托邦性质的新世界。正是在这个意义上,卢卡奇一度走近了陀思妥耶夫斯基。

1915年左右,卢卡奇产生过一个雄心勃勃的计划,他要依托陀思妥耶夫斯基将自己的形而上学、伦理学、历史哲学凝铸在一起。不过这项工程因为过大和过于复杂而被过早地放弃了。② 当然,这一举措也曾招致马克斯·韦伯的批评,这也足以证明卢卡奇身上的确存在着非新康德主义的因素。虽然卢卡奇论述陀思妥耶

---

① 张亮:《"崩溃的逻辑"的历史建构——阿多诺早中期哲学思想的文本学解读》,江苏人民出版社2014年版,第77页。
② Georg Lukács, *Selected Correspondence*, *1902—1920*, edited by Judith Marcus & Zolton Tar, New York: Columbia University Press, 1986, pp.252—253.

夫斯基的著作并未最终完成,但在现存的草稿中可以看出,卢卡奇曾明确表示陀思妥耶夫斯基的作品代表着康德所缺乏的第二伦理。① 在《小说理论》的结尾,卢卡奇用充满激情的语言夸赞了陀思妥耶夫斯基,他认为陀思妥耶夫斯基写下的是伟大史诗,他属于新世界,或者可以说,他"已经是这个世界的荷马或但丁"②。卢卡奇给予陀思妥耶夫斯基如此高的评价,是因为其宗教观念中蕴含着一种灵魂救赎的意识。陀思妥耶夫斯基认为救赎只能来自日常生活世界之外的"善良",所谓"善意是恩典打破形式的恩赐"③,这一结论作为一种总体性,的确有异于主客割裂的康德伦理思想。

虽然卢卡奇有关陀思妥耶夫斯基的写作计划最终放弃了,但陀思妥耶夫斯基却起到了一个让人意想不到的作用——在卢卡奇心中唤起了索伦·克尔凯郭尔。卢卡奇在关于陀思妥耶夫斯基的未完成稿的参考书目中,的确列入了克尔凯郭尔的著作。④ 而且在《审美特性》一书中讨论宗教需要时,卢卡奇也曾将陀思妥耶夫斯基和克尔凯郭尔连在一起进行讨论。⑤ 卢卡奇注意到,陀思妥耶夫斯基关于世界是灵魂的实体的思想,可以在克尔凯郭尔那

---

① Tihanov, Galin, "Ethics and Revolution: Lukacs's Responses to Dostoevsky," *Modern Language Review*, Vol.94, No.3, 1999, p.614.
② [匈]卢卡奇:《小说理论:试从历史哲学论伟大史诗的诸形式》,燕宏远等译,第141页。
③ George Lukacs, *The Lukacs Reader*, edited by Arpad Kadarkay, Oxford: Wiley-Blackwell, 1995, p.44.
④ [日]初见基:《卢卡奇:物象化》,范景武译,第177—178页。
⑤ [匈]卢卡奇:《审美特性》,徐恒醇译,社会科学文献出版社2014年版,第1189—1190页。

里找到鲜明的印迹。甚至卢卡奇还进一步认为,在克尔凯郭尔哲学中,存在着一种从第一伦理到第二伦理的转向。

不少学者已指出过陀思妥耶夫斯基与克尔凯郭尔在理论方面的相似性,如赖因哈德·劳特认为:"他(陀思妥耶夫斯基)与 S.克尔凯郭尔同出一辙:两者都通过个体的人,单个的人寻找真实,都在自我观察中获得最根本的哲学认识和心理学认识。"①列夫·舍斯托夫也指出:

> 在这里,他(克尔凯郭尔)已极其接近陀思妥耶夫斯基,甚至可以毫不夸大地称陀思妥耶夫斯基为克尔凯郭尔第二,不仅思想,而且他们探寻真理的方法也不完全一样,并都同思辨哲学的内容毫无共同之处。②

虽然陀思妥耶夫斯基与克尔凯郭尔的人生并无交集,但克尔凯郭尔宣称信仰的骑士控制一切有限,这一观念却类似于陀思妥耶夫斯基将灵魂救赎作为第二伦理的认识。陀思妥耶夫斯基认为,为了把现代世界从一个"为上帝所遗弃了的世界"解救出来,需要构建一个人与人、人与上帝一体无间的新世界。而克尔凯郭尔的哲学,也带有这种浓厚的宗教救赎色彩。

---

① [德]赖因哈德·劳特:《陀思妥耶夫斯基哲学——系统论述》,沈真等译,东方出版社 1996 年版,第 19—20 页。
② [俄]列夫·舍斯托夫:《开端与终结》,方珊译,云南人民出版社 1998 年版,第 132 页。

在《心灵与形式》一书中，卢卡奇就已经注意到了克尔凯郭尔，他的研究从克尔凯郭尔和里季娜·奥尔森的爱情悲剧切入，其间不时闪现出自己与伊尔玛的爱情遗响。对于克尔凯郭尔的爱情作派及写作状态，卢卡奇以"姿态"二字概括之。所谓"姿态"，就是一种极端个人主义的生存状态，是生命形式化所能达到的可能性。在这里，卢卡奇借助克尔凯郭尔表达的还是现代社会中由于主客撕裂所呈现出的生活无意义感。总之，在《心灵与形式》的写作时期，卢卡奇笔下的克尔凯郭尔与容纳总体性的新世界并无多少关联。

但在后来的几年中，由于陀思妥耶夫斯基宗教精神充当了中介，卢卡奇开启了对一个总体的新世界的思索。如在《小说理论》的结尾，卢卡奇就推出陀思妥耶夫斯基来表达他对总体新世界的认知。此书把文学形式界定为史诗、悲剧、小说三种。在史诗阶段，人的内在与外在、世界的本质与意义都位于生活之中，人与人、人与世界都是同一的。但现代悲剧却在形式与实际生活之间划上了一条分割线，生活本身被撕裂成无意义的碎片，因此史诗的真正继承者只能是小说。小说不但承担着对世界本质、意义的追寻，也是总体世界的主动揭示者与创造者。与《心灵与形式》关注个体性不同，到了《小说理论》，卢卡奇的关键词已经转变为总体的统一性了。

卢卡奇曾回忆说：

> 克尔凯郭尔对《小说理论》的作者一直起着关键性的作

用,在克尔凯郭尔时髦起来以前很久,他已经就克尔凯郭尔的生平与思想的关系写了一篇论文。在战前的海德堡时期,他曾致力于研究克尔凯郭尔对黑格尔的批判,只是这研究没有完成。①

卢卡奇对克尔凯郭尔的关注是有时段性的,在不同时期,伴随着视角的变化,卢卡奇对克尔凯郭尔的理解曾发生过一个较大的转变,这一转变基本可描述为从个体性的审视到总体性的憧憬。也就在那一时期,卢卡奇决定放弃关于陀思妥耶夫斯基研究的宏伟规划,因此,构建一个关乎信仰、关乎灵魂救赎的总体世界的使命,就需要由克尔凯郭尔承担起来了。

三、克尔凯郭尔化的黑格尔主义

克尔凯郭尔与黑格尔之间的关系一直是哲学界关注的重点,一般认为,克尔凯郭尔是反黑格尔主义的,因为可以非常明显地看到,克尔凯郭尔常常批判甚至是嘲讽黑格尔。克尔凯郭尔认为黑格尔将理性视为人的固定本质颇有问题,而把个人视为"绝对精神"演进的特定环节亦不可取。黑格尔辩证法只是在主体世界里转圈,与人具体的生存状况并没有达成绝对无差别的同一。基于

---

① [匈]卢卡奇:《卢卡奇早期文选》,张亮等译,第X页。

上述认识,克尔凯郭尔更愿从生存视角审视思维与存在的关联。此外,克尔凯郭尔还认为黑格尔哲学缺乏伦理学环节,①因此建立伦理与个体生存的统一就成为他最关注的命题,这种统一并非是凭借空洞苍白的理性建构手段,信仰方才是在其中发挥作用的最中坚的力量。舍斯托夫在论及陀思妥耶夫斯基和克尔凯郭尔时,将他们都定位为了信仰主义者,至于克尔凯郭尔哲学中存在的理性精神,他曾力图将其作为杂质而清除之。

卢卡奇最开始读克尔凯郭尔时注重的是其生存的分离性和异己性,但是他后来却发现克尔凯郭尔的宗教精神具有一种总体性。这种总体性乃是由一种宗教意义上的牺牲精神带来的。② 在卢卡奇眼中,克尔凯郭尔的宗教牺牲精神与陀思妥耶夫斯基的极为相似,都涉及第二伦理的灵魂救赎层面。从信仰视角来说,卢卡奇对克尔凯郭尔的认识一度与舍斯托夫相近。可以说,卢卡奇把克尔凯郭尔看成了陀思妥耶夫斯基理论的替代品。然而,随着对克尔凯郭尔全面而深刻的研究,卢卡奇的认识也深化了很多,他通过克尔凯郭尔看到了很多他忽略的或从不曾发现的内容,其中最重要的是一个克尔凯郭尔化的黑格尔。

克尔凯郭尔是一位在后黑格尔时代语境中成长起来的哲学

---

① [美]史都华:《克尔凯郭尔对黑格尔体系中伦理学缺失的批判》,王齐译,《世界哲学》2006年第3期,第22页。

② 阿多诺也曾指出克尔凯郭尔牺牲精神的这一特点,他认为:"牺牲范畴完全荒谬地作为具有决定性意义的统一体,通过对所有遇到的现象的牺牲的抽象,将克尔凯郭尔的哲学系统地整合在一起。"参见[德]阿多诺:《克尔凯郭尔:审美对象的建构》,李理译,人民出版社2008年版,第133页。

家,但与众多追随黑格尔的老年黑格尔派不同,他在当时显示出了一种对黑格尔哲学的反感之情,也缘此,他开启了黑格尔理性主义的批判之路。克尔凯郭尔指出,黑格尔那种具有普遍性和必然性的体系不过是一种逻辑的纯粹推演,但黑格尔却把这种纯粹的精神活动当作了一种真实的存在,世界也不过是此种精神的外化而已。因此克尔凯郭尔认为,在黑格尔的视域里,每一个个体的人都是一种没有自由、个性、地位和尊严的被决定的存在。黑格尔所代表的"客观思想"的成就,不过是一种独断论而已,所以克尔凯郭尔要建构一种高扬个人存在的哲学来取代黑格尔所崇尚的理性认知。他指出,只有通过宗教信仰,才能在生存论中构建起黑格尔所缺失的伦理学环节,从而实现个体生存与伦理的统一。

克尔凯郭尔认为人的道德与宗教情感不能作为理性的附属品而存在,因此,他必须着手恢复宗教信仰,在基督教的生活方式中解决上述问题。马尔库塞就曾指出:"克尔凯郭尔著作的最大企图就是恢复宗教,把宗教视为把人性从一个压抑的社会秩序的有害影响中解放出来的决定性工具。"[1]在克尔凯郭尔那里,关乎拯救不能期待作为制度和权力的国家,也不能依赖进化的历史主义,而是要把注意力放在基督教最关心的个体那里。理性、国家、人类都不是真理,只有个体才是唯一真实的存在,才是"真理"。从这一点来看,克尔凯郭尔的确有与黑格尔针锋相对的一面。

---

[1] [美]马尔库塞:《理性和革命:黑格尔和社会理论的兴起》,程志民译,上海人民出版社2007年版,第228页。

一般来说,克尔凯郭尔哲学的外层包裹着厚实的宗教外衣,这也使得一些学者尤其是持新教立场的宗教学者兴奋地高呼他们发现了一个黑格尔辩证法统治下的异质存在。当然,存在主义者也是一直将克尔凯郭尔视作黑格尔哲学的解毒剂。然而,也有另外一些学者看到了克尔凯郭尔与黑格尔相近的地方,如齐泽克就发现德国唯心主义与克尔凯郭尔之间存在一种"出人意料的连续性"。他指出:"和德勒兹的反黑格尔一样,克尔凯郭尔的反黑格尔主义远比我们想象的暧昧:把黑格尔提升为假想敌,这种做法模糊了被否认的亲近性。"①阿多诺也发现:"晚期的克尔凯郭尔似乎通过态度鲜明地反对同一哲学而排除了黑格尔体系结构的这些残余。但是,克尔凯郭尔的节奏也保持了辩证法的意图。"②"克尔凯郭尔在他坚持黑格尔历史辩证法的地方,最早达到了现实。"③此外,克尔凯郭尔建构的美学的、伦理的、宗教的三重生存境界,直接起源于《精神现象学》个人意识、社会意识、绝对意识三个辩证阶段,甚至其"表达直至词语上的暗示都保持了对黑格尔的记忆"④。总之,在克尔凯郭尔那里,"黑格尔的唯心主义并没有被消除,只不过以一种隐蔽的、具有宗教神秘主义色彩的方式内在化于

---

① [斯洛文尼亚] 齐泽克:《视差之见》,季广茂译,浙江大学出版社2014年版,第128页。
② [德] 阿多诺:《克尔凯郭尔:审美对象的建构》,李理译,第109页。
③ 同上书,第37页。
④ 同上书,第109页。

生存概念之中了"①。

一般认为,克尔凯郭尔的哲学只是关乎自我,关乎个体存在,但在其中却也隐含着一种总体性内容,这种总体性可以从宗教牺牲精神处切入,但同时也可以从黑格尔体系角度来理解,阿多诺就曾经解释说:

> 自相关联是一种对原初的、创造性统一的隐喻性描述,这种统一使矛盾既"对立"又统一。所以在克尔凯郭尔自我的微观世界中,不仅隐藏着康德的先验综合,而且甚至隐藏着黑格尔的无限创造的"总体性"的宏观世界。②

克尔凯郭尔的自我也可以理解成一种具有总体性结构的"精神",这种总体与黑格尔的总体一样,都是一种与具体对立的抽象总体。综上可知,所谓克尔凯郭尔化的黑格尔主义,就是由信仰的外衣所包裹的、主张个体生存的,但实际暗含辩证法、总体性等诸多黑格尔特征的思想学说。

卢卡奇放弃陀思妥耶夫斯基而需要克尔凯郭尔承担构建关乎灵魂救赎的全新世界的使命时,却也悄悄地沾染了克尔凯郭尔所蕴含的那些黑格尔思想。虽然卢卡奇接触黑格尔的路径不

---

① 张亮:《克尔凯郭尔的生存概念与唯心主义问题——读阿多诺〈克尔凯郭尔:审美对象的建构〉》,《浙江学刊》2002年第2版,第118页。
② [德] 阿多诺:《克尔凯郭尔:审美对象的建构》,李理译,第99页。

止这一条，但他真正走向理解黑格尔的过程中，克尔凯郭尔的中介作用无疑是非常重要的。卢卡奇从陀思妥耶夫斯基那里学会关注一个总体的新世界，到了克尔凯郭尔这里依然有这样的期待。克尔凯郭尔虽有总体性的抱负，然而卢卡奇却发现他在扯开宗教普遍性的裂隙时也呈现出了一种二律背反类型的畸变：

> 当处于支配地位的各种宗教以其普遍性的要求在人的关系的内在性与最终彼岸的实现之间寻找各种中介以及克服个体性的确定的形式时，如果这些宗教不违背、容忍甚至促进其教义，而克尔凯郭尔却毫不留情地扯开这种客观上始终存在的裂隙。当在早期宗教生活中构成人的事件和成就的"上帝"根源还比较被认同，而在克尔凯郭尔那里内在性与超验的对立则表现出一种不可跨越的二律背反。①

内在性与超验这一对矛盾的范畴，如果都可以被人的理性证明为正确，则范畴必然是失效的，这就是所谓的"二律背反"②。出现二律背反，可以说明克尔凯郭尔的总体性抱负必然破产，同时也可以说明克尔凯郭尔哲学中暗含的辩证法是"以形式逻辑和形而

---

① ［匈］卢卡奇：《审美特性》，徐恒醇译，第1190页。
② "二律背反"这一命题源自康德。在黑格尔看来，康德此说的弊端乃是没有认识到矛盾是世界的本质，因而必须对其进行改造。经过黑格尔的改造，原先那种静态的范畴经过"正反合"实现了运动功能，从而变成了鲜活的辩证法——"一个张力系统所具有的内在的有机生命结构"。参见邓晓芒：《思辨的张力——黑格尔辩证法新探》，商务印书馆2016年版，第615页。

上学思想冒充质的辩证法,一种虚假的辩证法"①。卢卡奇断言,克尔凯郭尔化的黑格尔主义在某种程度上乃是对黑格尔的曲解,可能是出于对克尔凯郭尔的失望,卢卡奇才真正走进了被他忽略已久的黑格尔。在黑格尔那里,他发现了其用来把握总体性的真正的辩证法。直到晚年,卢卡奇进行一生哲学总结时,他还将黑格尔辩证法誉之为"逻辑的奇妙工具"和"如此迷人的思维体系"。②

在1914—1915年间,仍处于"精神科学"阶段的卢卡奇创作了《小说理论》,虽未完全摆脱新康德主义的影响,但此时的卢卡奇已经开始尝试回到黑格尔所主张的客观历史本身了。卢卡奇从历史本体论出发去理解文学形式发生的变化:从史诗到现代悲剧乃至现代小说。在史诗时代,世界是同质的,在现代悲剧中则已发生了明显的分裂,而在现代小说中可期待重建"实有"和"应有"一致的总体性理想,正所谓"小说在开端和结尾之间包括了其总体的本质,并以此把一个人提高到无限的高度,这种个人通过其体验必定会创造一个整体的世界"③。卢卡奇认为,在资本主义社会当中,一切都是以碎片化形式存在的,这种不和谐反映在文学上就是小说。可以说,小说就是资本主义社会的反题,因此小说家完全可以

---

① [匈]卢卡奇:《理性的毁灭:非理性主义的道路——从谢林到希特勒》,王玖兴等译,山东人民出版社1988年版,第225页。
② [匈]卢卡奇:《社会存在本体论导论》,沈耕等译,华夏出版社1989年版,第120页。
③ [匈]卢卡奇:《小说理论:试从历史哲学论伟大史诗的诸形式》,燕宏远等译,第74页。

充当一种救世主的角色,通过消除资本主义社会的异化,从而实现一种总体性的理想。从这一认识来看,卢卡奇已经展开了由克尔凯郭尔向黑格尔的递进,如他描述自己说:

> 当时他(卢卡奇)正在寻找文学类型的一种普遍辩证法,这是历史地建筑在美学范畴和文学形式的真实本质基础上的普遍辩证法,他力求在范畴和历史之间,找到较之于他在黑格尔那里发现的更为紧密的联系;他力图理智地理解变化中的永恒,理解本质在持久合法性范围内的内在变化。①

综上,克尔凯郭尔借助宗教信仰,将黑格尔的理性变为一种神秘的神学力量。这里的信仰并非黑格尔异己的力量,而是作为黑格尔主义解体过程中其宗教本质的浮现。卢卡奇通过这种神学力量,直接追溯至黑格尔谋求主客体统一所带来的总体性。卢卡奇的思想经克尔凯郭尔回溯至黑格尔,这在《小说理论》中体现得非常明显。这种回溯也为他后来在《历史与阶级意识》中通过总体性的三棱镜来理解马克思主义埋下了伏笔。

---

① [匈]卢卡奇:《卢卡奇早期文选》,张亮等译,第Ⅷ页。

论海德格尔马堡弟子群体

1923年到1928年,海德格尔任教于马堡大学。后来在私人谈话中,海德格尔声称在马堡那几年是他一生中"最激动人心的、最集中的、成果丰富的"时期。① 对于学生来说,海德格尔在马堡期间最值得瞩目的乃是其有关亚里士多德和希腊哲学的讲座。这些讲座吸引了大批学生,据说两个学期后,他的教室里就挤进了150多名学生。这些学生当中有一部分在后来成为声名赫赫的学者,如伽达默尔、阿伦特、列奥·施特劳斯、洛维特、约纳斯、马尔库塞、克吕格和克莱因等等,他们在后来一直保持着通信联系和学术互动,因此谓之学术群体可也。②

现今学界对上述学人研究的文章可以用"卷帙浩繁"四字来形容了。但在这些研究文章中,却存在一个问题,即对于专人的研

---

① [法]吕迪格尔·萨弗兰斯基:《海德格尔传——来自德国的大师》,靳希平译,商务印书馆1999年版,第177页。
② 如理查德·维克利就指出:"在海德格尔的弟子中,施特劳斯的主要朋友和通信者有:伽达默尔、约纳斯(Hans Jonas)、克莱因、克吕格(Gerhard Krüger)以及洛维特。"很显然,他们都是马堡时代的同学。参见[美]理查德·维克利:《论源初遗忘——海德格尔、施特劳斯与哲学的前提》,谢亚洲等译,华夏出版社2016年版,第9页。

究比较兴盛,对专题的研究也不乏见,然而对于马堡弟子群像的描摹却较少。针对这一点,我们在这里试图从整体的角度去把握海德格尔马堡弟子群体,进而归纳出他们的一些共同的思想倾向和学术特征。

一、关于虚无主义的生成

我们首先从洛维特、列奥·施特劳斯、约纳斯、阿伦特、伽达默尔等人在思想史反思中的相似性说起。与乃师海德格尔一样,上述诸人都对虚无主义的生成史表现出了极大的兴趣。如洛维特就对欧洲虚无主义问题保持了终生的思索。1941年,他出版的思想史著作《从黑格尔到尼采》一书,把尼采的虚无主义的转向称作19世纪思维中的革命性决裂。他不仅看到尼采跟以往哲学具有革命性决裂的特点,而且把眼光从断裂处延伸到了连续性层面,其触角由尼采一直伸向了黑格尔:

> 歌德的自然赖以为生的中心,黑格尔的精神在其中运动的调和,都在马克思和基尔克果那里重新分裂为外在性和内在性这两极。直到最后尼采要借助一次新的开始,从现代性的虚无中召回古代,并在从事这种试验时消逝在癫狂的黑暗之中。[①]

[①] [德]洛维特:《从黑格尔到尼采:19世纪思维中的革命性决裂》,李秋零译,生活·读书·新知三联书店2006年版,第37—38页。

洛维特认为德国的哲学思想路径是选择了黑格尔历史主义而屏蔽了歌德的"自然观",从而导致尼采问题的出现。黑格尔的历史主义充满历史目的论的意味,它排斥自然秩序,也否定上帝之城,信赖的只是时代精神与历史的命运。于是凡合乎历史理性的现代性都失去约束,虚无主义也就随之而来。

既然黑格尔的历史哲学导致了虚无主义的横行,那么这种历史哲学产生的内在机制是什么呢?洛维特在《世界历史与救赎历史》一书中从布克哈特、马克思、黑格尔、孔德、伏尔泰、维科一直追溯到了基督教神学约阿希姆与奥古斯丁那里。洛维特将基督教的历史神学与古希腊历史思想进行对比从而得出一个结论:古希腊历史思想是以自然为本体的循环运动,而基督教的历史观念却是一个关于上帝决定论的直线救赎历史:

> 从犹太教的预言和基督教的末世论中,教父发展出一种根据创世、道成肉身、审判和解放的超历史事件取向的历史神学;现代人通过把进步意义上的各种神学原则世俗化为一种实现,并运用于不仅对世界历史的统一,而且也对它的进步提出质疑的日益增长的经验认识,构造出一种历史哲学。①

从某种程度上说,历史哲学就是基督教历史神学的一个世俗化

---

① [德]洛维特:《世界历史与救赎历史:历史哲学的神学前提》,李秋零等译,生活·读书·新知三联书店 2002 年版,第 25 页。

的过程。

洛维特思想史的线索是"基督教的超验历史观对希腊的自然性世界历史观的否弃,为近代历史哲学观的形成埋下了种子。"①否定天意的进步历史观以一种历史决定论取代了上帝决定论(人义取代了神义),而目的论则由超越此世转变为了改造此世。这是一种反基督教的基督教意识,而虚无主义的生成则是这种意识发展的必然结果。

与洛维特相同,列奥·施特劳斯一生也在问询一个有关虚无主义如何生成的问题。他在《现代性的三次浪潮》一文中描述了西方现代性三次浪潮的发生与发展,他认为第一次浪潮发生在马基雅维里、霍布斯、洛克等人那里;第二次则发生在卢梭那里;第三次发生在尼采与海德格尔那里。从马基雅维里、卢梭等人摒弃古典到尼采与海德格尔试图回归古典,其效果却是一次又一次地促进现代性的发展,而现代性的本质却是虚无主义的。② 列奥·施特劳斯把导致虚无主义的始作俑者指向马基雅维里,他认为马基雅维里以人们实际上如何生活而不是以人们应该如何生活的定位为取向的原则,是与古典政治哲学对至善的追求相左的。在列奥·施特劳斯的眼里,马基雅维里的行动是具有极端性质的,因为"发现一种根本意义上的彻底自由,意味着对现存既定的一切事物

---

① 刘小枫:《洛维特论近代历史哲学的起源》,《个体信仰与文化理论》,四川人民出版社1997年版,第258页。
② [美]利奥·施特劳斯:《现代性的三次浪潮》,丁耘译,汪民安等主编:《现代性基本读本》,河南大学出版社2005年版,第157—167页。

实行征服"①。这种主体扩张、膨胀的"青年造反运动"不但会"毁灭存在于哲学家与非哲学家之间的根本界限的自然基础",同时也会导致最高价值的贬黜,这就是欧洲虚无主义的开端。

列奥·施特劳斯对历史主义的批判也是不遗余力的,其《自然权利与历史》一书的基本思想是"17世纪以来西方现代'自然权利'或'天赋权利'说所带来的'历史观念'的兴起,导致了西方古典的'自然正义'或'自然法'(Natural Law)的衰亡"②。列奥·施特劳斯对于"历史的标准"极尽批判,他认为"历史的标准"是一个"毫无意义的过程所抛出来的标准",而"历史主义的顶峰就是虚无主义"。③ 正是这种历史主义所带来的虚无主义导致了人类生活的空洞化、稀释化和无家可归之感,这就是所谓的"现代性的危机"。

相对而言,约纳斯受海德格尔的影响更大一些,他的研究生论文与博士论文均由海德格尔指导。约纳斯的博士论文为《诺斯替的概念》,系围绕诺斯替主义所进行的研究。④ 约纳斯认为诺斯替

---

① [美] 列奥·施特劳斯:《关于马基雅维里的思考》,申彤译,译林出版社2009年版,第415页。
② 甘阳:《政治哲人施特劳斯:古典保守主义政治哲学的复兴》,[美] 列奥·施特劳斯:《自然权利与历史》,彭刚译,生活·读书·新知三联书店2016年版,第11页。
③ [美] 列奥·施特劳斯:《自然权利与历史》,彭刚译,第19页。
④ 诺斯替主义又称灵知主义,是希腊化晚期世俗文化向宗教文化转型过程中出现一种思想体系。沃格林认为:"大的灵知主义思辨神话就是围绕着人的起源、目前堕落的处境、逃脱此世以及拯救的意义等问题演绎出来的。"可见,诺斯替主义带有明显的宗教印记,这种学说在教父神学时期被定为异端。参见[美] 沃格林:《没有约束的现代性》,张新樟等译,华东师范大学出版社2007年版,第20页。

主义是以提倡人异化于自然、割裂自我与世界的二元论为标志的思想体系,在这种二元论的基础上产生了古代的虚无主义。而与此相似,在近代,"出自物理科学之手的对自然的精神剥夺"①,恰与诺斯替主义对古希腊自然主义的蔑视有共性。在约纳斯看来,思想史沿着培根、笛卡儿、帕斯卡支配自然的路径前进,人类作为自然一分子,自己却不幸沦落为科技改造的对象,于是在现代社会也出现了一种新的二元论对立,最终导致了人类的自我孤立,约纳斯就此描述说:

> 那个自然丝毫也没有烦虑,是一个真正的深渊。只有人在烦虑着,在他的有限性中孤独地面对死亡,他的偶然性、他的意义构画的实实在在的无意义,这是一种真正前所未有的处境。②

约纳斯认为,在现代社会中,人与自然互不统属,自然秩序当中已经不存在人的位置,因而自然中也已经没有什么目的性可言。在这种情况下,对意义的追寻已经变得毫无意义,因而人的本性也就彻底丧失了,这就是虚无主义的生成史。

与约纳斯相似,阿伦特也亲身见证了现代技术所造成的虚无

---

① [德]约纳斯:《灵知主义、存在主义、虚无主义》,张新樟译,刘小枫选编:《灵知主义与现代性》,张新樟译,华东师范大学出版社2005年版,第54页。
② Hans Jonas, *The Phenomenon of Life: Toward a Philosophical Biology*. New York: Dell Publishing Co., 1966, p.233.

主义危险——"核毁灭的危险、环境灾难、星际间的迷失方向"。他们对虚无主义生成史的反思可以总结为:"在西方人道主义那里找到了一种'浮士德—虚无主义'链条——'分寸感'和'限度感'的丧失——它似乎同现时代鲁莽地走向深渊相响应。"①阿伦特在《人的条件》一书中把矛头指向了笛卡儿,也就是说,她把虚无主义产生的源头追溯到了17世纪以来科学真理与哲学真理的分离,这一点与约纳斯也是十分相似的。

在阿伦特看来,摩登时代是在这样一个假设下运作的,即"是生命而非世界才是人至高的善"②。人的主体恶性膨胀到把人从自然世界里主动分割出去,于是再也意识不到自己的责任甚至是自己的能力,这样人就转变成为一种人化动物(human animals)——困因于历史法则中的动物。这个转变乃是一个虚无主义生成的过程,它的终端就是极权主义。作为海德格尔在马堡时期的学生阿伦特的政治存在论明显保留着其师的印记。

伽达默尔是马堡人,师从海德格尔后,伽达默尔经历了从开始着迷海德格尔到海德格尔化的变化。③ 由于海德格尔的影响,新康德主义的影响在伽达默尔身上逐渐消退,以现象学和存在主义为底色的诠释学成为伽达默尔的学术标签。伽达默尔《真理与方

---

① [美]理查德·沃林:《海德格尔的弟子:阿伦特、勒维特、约纳斯和马尔库塞》,张国清等译,江苏教育出版社2005年版,第8—9页。
② [美]阿伦特:《人的条件》,竺乾威等译,上海人民出版社1999年版,第309页。
③ [加]让·格朗丹:《伽达默尔传》,黄旺等译,上海社科院出版社2020年版,第70—77页。

法》出版以后,列奥·施特劳斯评论说,此书"在很大程度上是把海德格尔的提问、分析与暗示转化(translation)成一种更加学术化的形式"。①

伽达默尔的诠释学虽脱胎于海德格尔,但也与其有所区别。伽达默尔认为海德格尔对历史诠释学问题进行批判,是为了按本体论的目的发展理解的前结构。而他进行的研究却是个反命题,即将诠释学从科学的客观性概念的本体论障碍中解脱出来,然后探索怎样正确地对待理解的历史性。② 伽达默尔的诠释学超越"科学的客观性概念的本体论",是以基于审美经验的理解的。在此基础上,他还着力批判了现代科学技术的全面统治,并进一步指出,是科学技术的全面统治导致了虚无主义的问题:

> 作为一门科学的形而上学的终结意味着什么?形而上学终结于科学意味着什么?当科学发展到全面的技术统治,并因而导致"在的遗忘"的"宇宙之夜"这种尼采曾预言的虚无主义时,难道我们要目送黄昏落日那最后的一抹余晖,而不欣然转身去期望红日重升的第一道朝霞吗?③

---

① [美] 列奥·施特劳斯:《回归古典政治哲学——施特劳斯通信集》,朱雁冰等译,华夏出版社 2006 年版,第 404 页。
② [德] 伽达默尔:《真理与方法——哲学诠释学的基本特征》,洪汉鼎译,商务印书馆 2007 年版,第 362 页。
③ [德] 伽达默尔:《真理与方法——哲学诠释学的基本特征》,洪汉鼎译,第 543 页。

综上所述,从洛维特、列奥·施特劳斯、约纳斯、阿伦特、伽达默尔等人的思想史反思视角当中,可以总结出这样一个特点,即这些学者的矛头都指向了虚无主义的产生,并追溯了虚无主义产生的思想根源。他们有的追溯到基督教的超验历史观,有的追溯到"自然权利"所带来的历史观念,有的以诺斯替主义为参照系,有的将其归结为科学真理与哲学真理的分离,有的将其归咎于科学技术的全面统治。他们观点虽然不尽一致,但在颇费周折地运用现象学还原手段考察欧洲虚无主义的生成史这一点上却是非常相似的。

二、返溯古希腊精神

既然虚无主义的生成引发了现代性的危机,那么如何克服虚无主义自然就成为现代哲学语境中的一个重大命题了。关于虚无主义,洛维特、列奥·施特劳斯、约纳斯、阿伦特、伽达默尔等人各自有各自的诊断;而关于如何克服虚无主义,他们也开出了各自的药方。

洛维特认为基督教的超验历史观否弃了古希腊自然性的历史观,导致近代历史哲学观的形成,从而导致虚无主义洪水泛滥。若想克服虚无主义,那么必须摒弃这种源出于基督教神学的历史哲学,而回归古希腊的自然历史,更确切地说是恢复斯多亚式的自然主义理念。斯多亚学派主张神与自然与人三者融为一体,因此遵循自然去生活即为幸福。① 在自然主义理念的指引下,洛维特也认定人只是自然的一部分,并不是世界的中心,历史也不具备决定论的铁的法则。只有采取斯多亚式的世界观与价值论,现代性危机或才可以避免。洛维特的方法论就是以"斯多亚式退却"(stoic withdrawal)沉入到古希腊亘古不变且高于人类历史的自然图景之中,如其在《世界与人类世界》中清醒地提示人们说:

> 高于人类的天地,完全独立而自足,无限地胜于人间。世界和人间不是对等物。物理世界可以不以人的存在作为参照物被思考,而人却不能离开世界被思考。我们来到世上,我们又离世而去。世界不属于我们,相反,我们却属于世界。②

刘小枫认为洛维特想恢复的是斯多亚的自然主义理念,而列奥·施特劳斯想恢复的却是斯多亚的自然法理念。③ 如前所述,列奥·施特劳斯把虚无主义归咎于 17 世纪以来"自然权利"或"天赋权利"所导致的古典的"自然正义"或"自然法"的衰亡。他认为这种由近代思想所派生出的虚无主义已经转向了狂热的愚昧

---

① 斯多亚学派的芝诺、克勒昂特斯、赫卡同、珀塞多尼俄斯、克律希珀斯等人都有与自然一致生活的主张。参见[古罗马]第欧根尼·拉尔修:《名哲言行录》,徐开来等译,广西师范大学出版社 2010 年版,第 340 页。
② [美] 理查德·沃林:《海德格尔的弟子:阿伦特、勒维特、约纳斯和马尔库塞》,张国清等译,第 83 页。
③ 刘小枫:《洛维特论近代历史哲学的起源》,《个体信仰与文化理论》,第 254 页。

主义,所以他的政治哲学一直有意地在做一种现代政治哲学与古典政治哲学的对比,这种刻意的对比其实已经暗示出了他的学术理念,即回归古典政治哲学。在《霍布斯的政治哲学》一书的《前言》中他就把自己的观点挑明了:

> 近代人与古人孰优一案,必须摒弃习见,心平气和而又认真热忱地重新考察。换句话说,我的结论是,我们必须学会严肃认真地,也就是超然公正地,考虑这样一个可能性,那就是,当斯威夫特把近代世界比作小人国,把古代世界比作巨人国时,他其实是对的。①

列奥·施特劳斯一直对古典政治哲学喜爱有加,而古典政治哲学的精髓又被他界定为古典的"自然权利"。列奥·施特劳斯在详细分析"自然"在古希腊人那里所具有的深刻价值含义后,接着引出了他所要论述的古典自然正义论。他把古典自然正义论分为三个类型,即苏格拉底—柏拉图—斯多亚式的,亚里士多德式的和托马斯主义式的。这三者在淡化自然正义或自然法以与城邦匹配的方式和程度上虽不尽相同,但它们在自然正义理念的坚持上却并无不同。列奥·施特劳斯认定要想消除乌托邦主义者、保守主义者和虚无主义者所带来的弊病,重回古典尤其是斯多亚式自

---

① [美] 列奥·施特劳斯:《霍布斯的政治哲学》,申彤译,译林出版社2012年版,第9页。

然正义或自然法无疑是一剂治标又治本的良药。

约纳斯以为现代虚无主义源出于物理科学之手对自然的精神剥夺,所以在他那里,身体和自然始终是被看做是人之所以成为人的两大要素而固守之。约纳斯的生命哲学其实是以重建整体论为目的的自然主义,他认为,作为实在的自然,其实是一个整体,它能够在它所产生的事物中表现自身。① 基于上述认识,他不但通过新陈代谢能力把"自性"赋予了有机自然界的实体,而且把灵性或精神赋予了哪怕是最低等的生物。约纳斯一生着力维护着自然实体的价值与尊严,在他那里,自然不仅仅被看做是人类责任的对象,而且还径直地指向人类责任的自身,如他说:

> 如果人有资格在其认识欲和道德努力中看到这种自然所固有的趋势之顶点,尤其不是出于自负,而是根据所认识的生活阶段本身的标准——人在自然中认为这些阶段就是发展的路标,那么,他就会认为自己处身于一种存在的义务之中,作为甚至是一个自然的意愿的代言人。②

既然现代虚无主义割裂甚至是剥夺了自然,那么要解决现代性危机,我们就只有重回自然母亲的怀抱。在古代虚无主义生成

---

① 张新樟:《诺斯、政治与治疗——诺斯替主义的当代诠释》,浙江大学出版社2008年版,第88页。
② [德]约纳斯:《技术、医学与伦理学:责任原理的实践》,张荣译,上海译文出版社2008年版,第61页。

的根源——诺斯替主义那里,也是切断了人与自然的一切亲缘关系,自然只是一个单纯的世界,人作为一种对立物与作为整体的自然对峙着。然而古希腊理念却与之相反,约纳斯曾用赞许的口吻描述普洛丁(普罗提诺)说:

> 普洛丁坚持宇宙中万物的统一,人类王国与非人类王国之间没有本质上的分裂。人类在本质上是与整个宇宙同类的,甚至于与宇宙的宏观实体也是同类的,……人愈好,则他愈实现与宇宙能量的亲近关系,也就是愈增进他的存在与宇宙总体之存在之间的本来就有的契合。①

普罗提诺是新柏拉图主义的创立者,一生以传播古希腊文化为己任。约纳斯赞许普罗提诺,就表明了他对古希腊文化的立场。约纳斯的学术生涯贯穿着对诺斯替主义的批判,而且在对其批判时,也一直以古希腊的古典精神进行对照。譬如,约纳斯在其著作《诺斯替宗教:异乡神的信息与基督教的开端》的第三部分《诺斯替主义与古典精神》,就详细讨论了"希腊与诺斯替评价中的宇宙"、"希腊与诺斯替学说中的美德与灵魂",显示出其明显的重返古典思想的取向。

---

① [美]约纳斯:《诺斯替宗教:异乡神的信息与基督教的开端》,张新樟译,上海三联书店 2006 年版,第 241 页。

如张汝伦指出,阿伦特有"言必称希腊"的一面。① 在希腊哲学中,阿伦特对亚里士多德十分认同,有学者就认为,阿伦特"无可置疑地恢复了亚里士多德关于行为的概念"②。此外,阿伦特还非常欣赏亚里士多德"人在自然中存在"的观念。她说:"亚里士多德明确地告诉我们,人就其是一个自然存在并属于人这个类而言,才拥有不朽的性质。"③出于对近代历史观念必然性与绝对性的厌恶,阿伦特因而对古希腊自然史观"总体上作了赞美性的评价"。④

阿伦特在政治观上视政治为人之存在的实现。在这一层面,她也深受古希腊精神的滋养,很多学者都指出过她与希腊城邦政治的精神联系。如杰拉德·德兰蒂认为:"她(阿伦特)的范例是希腊城邦的政治,以及共和式公民社会和基布兹,她认为后两者是前者的现代对等物。"⑤又如丹纳·维拉指出:

> 阿伦特关于本真政治的观念是以希腊城邦——尤其是以民主雅典——为典范来塑造的。在荷马和修昔底德那里,以及在索福克勒斯和亚里士多德那里,阿伦特找到了她所需要

---

① 张汝伦:《论阿伦特》,《思想的踪迹》,山东友谊出版社2006年版,第132页。
② [意] 萨尔活·马斯泰罗内:《当代欧洲政治思想(1945—1989)》,社会科学文献出版社1998年版,第208页。
③ Hannah Arendt, *Between Past and Future: Six Exercises in Political Thought*. New York: The Viking Press, 1961, p.42.
④ [加] 菲梨普·汉森:《历史、政治与公民权:阿伦特传》,刘佳林译,江苏人民出版社2004年版,第10页。
⑤ [英] 杰拉德·德兰蒂:《现代性与后现代性知识、权力与自我》,李瑞华译,商务印书馆2012年版,第99页。

的材料,她用这些材料提醒现代读者们:曾经存在着这样一个时代,在那个时代中,参与公共事务尤其是参与政治事务是一件让生活过得有价值的事情。①

在阿伦特这里,也可以看到对古希腊精神的回溯。当然,阿伦特的回溯并不是要回到古典的传统中去,而是为了抵制现代虚无主义而尝试的一种举措。虚无主义,主要表现在价值感的缺失,而通过参与公共事务尤其是参与政治事务,"让生活过得有价值",无疑是治愈虚无主义的良方。

张汝伦指出:"释义学和希腊哲学是伽达默尔一生哲学的两个中心。"②伽达默尔博士论文为《柏拉图对话中乐趣的本质》,在论文通过之后他又特意攻读古典语文学,并在1929年通过了教授资格论文《柏拉图的辩证伦理学》。伽达默尔论著当中讨论古希腊哲学的内容比比皆是,专著就有《柏拉图和亚里士多德的善的理念》,他的十册著作集有三册都在讨论希腊哲学。他甚至还把亚里士多德的名言"吾爱吾师,吾更爱真理"改为"吾爱吾师海德格尔,吾更爱真理和希腊人"。③

在希腊人中,伽达默尔尤其钟爱亚里士多德,因为"在亚里士

---

① [美]丹纳·维拉:《苏格拉底式公民身份》,张鑫炎译,华夏出版社2016年版,第262页。
② 张汝伦:《现代西方哲学纲要》,上海人民出版社2016年版,第374页。
③ 张鼎国:《诠释与实践》,商务印书馆2016年版,第451页。

多德哲学中,却是对活生生的自然的洞察"①。此外,伽达默尔还十分欣赏亚里士多德那种将伦理和"逻各斯"统一为一体的实践哲学。然而,在伽达默尔看来,亚里士多德的实践哲学在现代语境中的处境是尴尬的:"这种可以追溯到亚里士多德的长达2 000年之久的实践哲学传统,最终也沦为现代的科学概念压力之下的牺牲品。"②也就是说,实践哲学传统的终结和虚无主义的形成都是科学技术的全面统治所导致的一种必然的后果。

既然实践哲学传统的终结和虚无主义的形成都是科学技术的全面统治所导致,那么克服虚无主义的一个很好的办法就是重建自亚里士多德以来的实践哲学传统。伽达默尔认为,他所擅长的诠释学就是根植于亚里士多德的实践哲学。"当我们今天在哲学本身内开始把解释学独立出来,真正说来我们乃是重新接受了实践哲学的伟大传统,这种传统曾被上世纪的科学垄断精神所压倒。"③从这个角度来看,诠释学和希腊哲学——伽达默尔这两个哲学中心其实是相辅相成的,在抵制科学技术的全面统治和虚无主义的形成上都是有重要作用且积极意义。

在海德格尔的马堡弟子群体中,返溯古希腊精神的还包括"写下《洞见与热情:柏拉图思想的本质》的克吕格,以古希腊逻辑学、

---

① [德] 伽达默尔:《伽达默尔论柏拉图》,余纪元译,光明日报出版社1992年版,第218页。
② 同上书,第42页。
③ 同上书,第3页。

数学研究和数本柏拉图对话注疏为代表作的克莱因"①。他们对古希腊精神的返溯也是带有克服虚无主义的意味。当然，马堡弟子群体克服虚无主义的取向存在一定的差别，如洛维特、列奥·施特劳斯与约纳斯很明显是在以古希腊自然主义来挽救现代性虚无主义危机，阿伦特对希腊城邦保有兴趣，伽达默尔则钟情于亚里士多德的实践哲学。虽则存在一定的差异，但大家都同样青睐古希腊精神。以古希腊精神来克服虚无主义，这可以说是这一群体第二个相似的地方。

三、爱恨交织：影响的焦虑

虽然海德格尔在马堡执教仅有不到五年的时间，但他的哲学思想已经进入到弟子们的意识深处。如前所述，在马堡曾听过海德格尔希腊哲学讲座的学者们一生中都普遍抱有一种古典学情愫，他们这一倾向显然由于海德格尔的影响，因为这一时期的海德格尔在自己的哲学体系中已然赋予古希腊无与伦比的重要性了。从学生的角度去挖掘老师思想，当然是学术探索的应有之义，正如我们可以从柏拉图、色诺芬视域里探寻苏格拉底一样。以马堡弟子群体视角审视海德格尔，未尝不是一条好的研究思路。我们前两部分的阐述，是从学生处遥望老师。现在不妨切换视角，

---

① 杨不风:《蔷薇花与十字架》，鹭江出版社2018年版，第4页。

将海德格尔推向前台,然后再以海德格尔为视角审视马堡弟子群体。

洛维特、列奥·施特劳斯、约纳斯、阿伦特、伽达默尔等人思考虚无主义的生成和如何克服虚无主义,这两个命题无疑都与海德格尔相关。可以说,海德格尔一生都在考虑虚无主义生成以及如何进行克服的问题,他把尼采作为一个切入点,以此对虚无主义的起源、形式以及生成过程做了详尽的考察。的确,在西方哲学价值论转向层面,尼采是一个颇为关键的人物,因为尼采诊断出虚无主义——最高价值的自行贬黜是现代哲学的病症所在,同时也是传统哲学不可逆转的发展趋向。为了克服虚无主义的危机,尼采提出"权力意志"、"永恒复归"等一系列主张,其中"永恒复归",就是古希腊带有自然主义意味的宇宙循环论。

尼采以古希腊自然主义为疗法医治虚无主义的取向对海德格尔有很大的启发。海德格尔亦把"自己的哲学看做对原始思想跨越式的恢复"。邓晓芒就发现:"海德格尔也只是与阿那克西曼德对话,而不屑于与柏拉图、亚里士多德对话,更不必说拉丁哲学家了。"[①]他讨厌后二者的形而上学,他甚至认为,柏拉图和亚里士多德以来的形而上学传统,支配着整个的西方哲学思想的基本走向,近代以来导致虚无主义生成的历史主义,也是这一传统衍生出的

---

① 邓晓芒:《海德格尔"存在的末世论"的解释学意义——〈阿那克西曼德的箴言〉再解读》,《哲学研究》2006年第7期,第42页。

时间性的到时样式而已。① 为了破除这一形而上学传统,海德格尔从语法考察入手,区分出"在者"的"在"与"在"的"在"之不同。② 就某种程度而言,前者是柏拉图之后的"逻辑",而后者则是前苏格拉底时代的"自然"。海德格尔认为:"把这个在忘得精光,只和在者打交道——这是虚无主义。"③ 海德格尔的思想史视野非常宏大,他从康德径直跳到了前苏格拉底那个没有目的论的时代,从而引出古希腊的"自然大在"的生存论内涵。这个"自然大在"不是分类学意义上"僵死"的自然,而是大地的意义,它可以用以克服形而上学、克服目的论、克服历史主义,达到诗意的栖居,最终指向克服虚无主义。

海德格尔在本体论层面返回古希腊的这一方案对其弟子们具有极大的示范意义。如伽达默尔在希腊哲学方面的成就得益于海德格尔,他在年轻时曾参加过海德格尔有关于亚里士多德的讨论班,从而深受启发。在 20 世纪七八十年代,伽达默尔有多篇论文或讲座讨论海德格尔与希腊哲学的联系,如《海德格尔与希腊

---

① 海德格尔指出:"指出黑格尔的时间概念同亚里士多德的时间分析之间的直接关联,并非想数落黑格尔的某种'依赖性',而是要引起人们去注意这一联系从存在论根本上对黑格尔逻辑学的重大影响。"参见 [德] 海德格尔:《存在与时间》,陈嘉映等译,商务印书馆 2019 年版,第 584 页。

② 列奥·施特劳斯也看出了这个特点,他指出:"在那种柏拉图式理解中,Sein 就是一个 Seinde。海德格尔通过这一点意欲何在? 我可以用如下方式来理解: Sein 不能用 das Seinde 来解释,正如因果性(causality)不能用因果关系(causally)来解释。"参见 [美] 列奥·施特劳斯:《海德格尔式存在主义导言》,《古典政治理性主义的重生——施特劳斯思想入门》,丁耘译,华夏出版社 2011 年版,第 91 页。

③ [德] 海德格尔:《形而上学导论》,熊伟等译,商务印书馆 2017 年版,第 206 页。

人》、《海德格尔之回返希腊人》等等。而约纳斯更是具体指出古希腊"自然大在"的意义:"大在,在它为自身列出的证词中,不仅告诉我们它是什么,还告诉我们什么是我们对它负有的义务。"①例不多举,可以说,马堡弟子群体诊断虚无主义以及返溯古希腊的取向显然都受到了海德格尔的启发,正如张鼎国所指出:

> 如果借用伽达默尔的回忆语,当年那位年轻老师开始讲授希腊哲学时,在他眼中就和许多海德格尔早年学生一样,简直有如"一个复活了的亚里士多德"般,如此令人印象深刻,终身难忘。情况的确如此,因为海德格尔的许多位学生,像列奥·施特劳斯、汉娜·阿伦特、Walter Böcker、Hans Jonas、Werner Marx、Ernst Tugendhat 等,后来都成为学界中,甚至部分在美国,研究古希腊思想及复兴古典哲学、政治学说的佼佼者。②

对于上述年轻学子来说,马堡这个小小的城市可谓其哲学生命的发轫之地,他们青春的头脑在此地得到海德格尔思想雨露的浇灌,从而影响了他们一生的学术轨迹。正如沃林所说:"海德格

---

① Hans Jonas, *Mortality and Morality: A Search for the Good After Auschwitz*, edited by Lawrence Vogel, Evanston: Northwestern University Press, 1996, p.101.
② 张鼎国:《诠释与实践》,第 430—431 页。

尔的'弟子'中没有一个曾经断绝这位大师对其思想发展的重大影响。"①

马堡弟子群体虽难以逃脱海德格尔思想架构的束缚,但他们后来大都对海德格尔提出过尖锐的批判。究其原因,一是因为日耳曼人与犹太人在特定年代中的恩怨纠葛。洛维特、列奥·施特劳斯、约纳斯、阿伦特以及马尔库塞都是犹太人,尽管他们曾经天真地以为自己是具有犹太血统的日耳曼人,但在纳粹崛起时代被列为异端已是不可避免。而与此同时,海德格尔却逐渐蜕变为了一个反犹太主义者。有关海德格尔的反犹太言行,沃林已经做了大量举证,譬如他在1929年为爱德华·鲍姆加滕(Eduard Baumgarten)所写的推荐信里抱怨"犹太化"。而根据其学生马克斯·穆勒(Max Muller)与莱奥波尔迪娜·魏茨曼(Leopoldine Weizmann)提供的证词,1933年海德格尔当上校长后对犹太裔研究生的态度就十分冷酷了;他还曾经对弗劳·明茨(Frau Mintz)说过:"你知道,由于你是犹太人,所以我不能管你的提升问题。"②海德格尔态度的这种转变,使马堡犹太裔弟子们难过并气愤不已。阿伦特在与海德格尔分开后就写了《赖尔·法恩哈根:一个犹太女人的一生》一书来暗示自己与海德格尔的决裂。在纳粹对犹太

---

① [美]理查德·沃林:《海德格尔的弟子:阿伦特、勒维特、约纳斯和马尔库塞》,张国清等译,第8页。

② Richard Wolin, *The Politics of Being: The Political Thought of Martin Heidegger*. New York: Columbia University Press, 1990, p.5.

人痛下杀手后,犹太弟子对海德格尔的行径已是极为愤怒了。如马尔库塞在1947年指责海德格尔说:

> 我还有很多其他人,一直崇敬作为哲学家的你;我们从你身上获得的教诲数不胜数。但是我们无法分隔作为哲学家的海德格尔和作为常人的海德格尔,因为这同你自己的哲学相矛盾。一个哲学家会被某些政治事务所蒙蔽;在这种情况下,他会公开承认他的错误。但他不能被一个屠杀了数百万犹太人(仅仅因为他们是犹太人而遭到屠杀)的政权所蒙蔽,这个政权使恐怖气息遍布于日常现象之中,把精神、自由和真理的理念统统抛诸于脑后,代之以血腥的对立面。从任何一个角度都可以想象得到,这个政权是对你自己曾经那么坚决而有力地论证其合理性的西方哲学传统的致命讽刺。①

马堡弟子们对海德格尔尖锐批判的第二个原因毋宁理解成一种"影响的焦虑",他们在心理上对其带有一种爱恨交织的复杂情感,他们的治学历程也是"一部焦虑和自我拯救的漫画般的历史"②。譬如洛维特就曾批评海德格尔的"世界"概念带有很大程度的人类中心论倾向,正是这种倾向导致了海德格尔有关筹划世

---

① 王金林:《海德格尔与马尔库塞的通信对话》,《世界哲学》2007年第2期,第8页。
② [德]哈罗德·布鲁姆:《影响的焦虑:一种诗歌理论》,徐文博译,第23页。

界的尝试。洛维特认为世界本身绝不可能被筹划,因为它是一个完全的实在。洛维特还曾经尖锐地批评"以信仰语式引述诗人辞章,以诗化之思代替宗教品质的贫乏"①的后期海德格尔哲学。此外,洛维特还尝试走近布克哈特的历史理念。这些都可以看做是洛维特使尽各种办法试图摆脱海德格尔的笼罩从而寻求一个新起点的努力。当然,他最终也没做到完全摆脱海德格尔。沃林就指出,虽然洛维特对海德格尔的批判"掩盖了他本人同海德格尔的持续的哲学债务关系",但实际上,海德格尔"起塑造思想作用的影响力继续对勒维特的成熟思想起着深远的作用"。②

约纳斯曾对海德格尔在哲学上所确立的高度钦慕不已,但他后来又为海德格尔面对纳粹时所显示出的懦弱而感到惶惑不解。经过思索,他逐渐体会出了发生在海德格尔身上的这个悖论:海德格尔本体论的核心存在一个道德标准上的空洞,这个空洞使海德格尔的哲学演变为了一种"决定哲学的绝对形式主义",从而最终导致了海德格尔的堕落——沦入现代虚无主义的深渊。③ 在约纳斯看来,海德格尔并没有超越具有决定论的历史结构,他的哲学世界依然存在人与自然分离的问题。因此约纳斯从生机论出发,

---

① 刘小枫:《洛维特论近代历史哲学的起源》,《个体信仰与文化理论》,第253页。
② [美]理查德·沃林:《海德格尔的弟子:阿伦特、勒维特、约纳斯和马尔库塞》,张国清等译,第103页。
③ Hans Jonas, *Heidegger's Resoluteness and Resolve: An Interview*, *Martin Heidegger and National Socialism*, edited by Gunther Neske and Emil Kettering, New York: Paragon House, 1990, p.201.

意欲寻求被海德格尔的人化自然所忽略了的世界本身的内在价值。约纳斯反抗海德格尔的方法固属于以彼之矛,攻彼之盾,也就是用海德格尔反抗虚无主义的方法来反抗海德格尔所制造的虚无主义。可见,约纳斯其实也并没有脱离其师的路径,从约纳斯试图超越海德格尔的尝试中仍然可以隐约捕捉到他那种唯恐被其师阴影笼罩的焦虑心情。

如前所述,海德格尔十分推崇前苏格拉底时代的朴素的哲学家,但对希腊哲学的两大重镇柏拉图和亚里士多德却颇不满。他认为是柏拉图和亚里士多德奠定了西方的形而上学传统,现代社会沦陷于科技与计算的状态,二者具有不可推卸的责任。然而伽达默尔却对此不以为然,他认为怪罪希腊人是不道德的,在他那里,希腊哲学没有那么多突兀的断裂和转向,这是他与海德格尔最为不同的地方。伽达默尔建立的诠释学,几乎看不到什么指责和怨言,他对希腊先贤的疏解,是乐观的、阳光的,他推崇亚里士多德的实践哲学,也曾喊出了"我爱柏拉图"的口号。①

伽达默尔在希腊哲学的研究方面颇有见解,但若细致研究,则可发现,伽达默尔的很多论题都建立在海德格尔的独特发现之上,如西方哲学史历来都十分强调亚里士多德与柏拉图的差别,而伽达默尔却得出一个结论:"亚里士多德是一个真正的柏拉图主义者"。这一结论得益于海德格尔关于"逻各斯"基础的研究。伽达

---

① [德] 伽达默尔:《伽达默尔论柏拉图》,余纪元译,第 238 页。

默尔对其师的哲学造诣极为叹服,称海德格尔具备"在最关键的、最重要的问题上的现象学直观的能力"①。

综上所述,洛维特、约纳斯、伽达默尔等弟子虽在后来的学术研究上差异不小,但无论是在对虚无主义生成史的探索上,还是在返溯古希腊以谋求对虚无主义的克服上,他们都基本运行在海德格尔思想的轨迹里。现象学的思想史还原本就是源自海德格尔的方法,而海德格尔的本体"自然大在"也是其马堡弟子们意欲改善世界的基本动因。当然,马堡弟子群体面对海德格尔这种不世出的大宗师时,他们的内心中也都曾不同程度地产生过一种"弑父情结",这种情结使得他们在成长中充满了反抗和寻求突破的潜意识。然而,他们无论如何挣扎,却又似乎无法挣脱来自海德格尔的那张无形的网。尽管马堡弟子群体后来各奔东西,但维系他们思想的纽带却不曾消失,也正因如此,这一群体才会以另一种形式存在下来,并被后世学人予以关注和研究。

---

① [德] 伽达默尔:《伽达默尔论柏拉图》,余纪元译,第216页。

洛维特与虚无主义问题

洛维特对虚无主义生成问题进行了深刻的反思,写下了一系列的重要著作。他以严谨的笔法剖析了尼采思想,并由尼采一直上溯到黑格尔和歌德的时代。然而洛维特的追溯并未就此终止,而是一直向上,将虚无主义的源头溯源至基督教神学那里。这种溯源,为洛维特深入解剖尼采思想提供了锋利的刀具,同时也为他找寻克服虚无主义的方法提供了重要的理论依据。在这里,我们将对洛维特有关虚无主义问题的研究进行详细讨论。

一、虚无主义生成的哲学背景

自从尼采宣布"上帝死了"之后,欧洲思潮中虚无主义的生成问题便成为思想家们反思的重大命题。与海德格尔一样,其马堡弟子包括洛维特、列奥·施特劳斯、约纳斯、阿伦特、伽达默尔等人都对虚无主义的生成历史都表现出了极大的兴趣。尤其是洛维特,他对虚无主义的生成问题保持了终生的思索。1941年,洛维特出版《从黑格尔到尼采》一书,此书可以视为他前期反思虚无主义生成问题的代表作。现代学界一般将尼采作为现代哲学的开启者,而洛维特把尼采所代表的虚无主义的转向称作19世纪思维中的革命性决裂,可见洛维特眼光是极为犀利的。更可贵的是,洛维特不仅看到尼采哲学视以往哲学具有革命性决裂的特点,而且他还把眼光从断裂处移到了连续性层面,具体来说,就是将触角由尼采一直延伸至黑格尔的时代。

在《从黑格尔到尼采》一书中,洛维特首先分析了黑格尔与歌德的不同之处。他认为黑格尔致力主体与客体、内在性与外在性、自为存在与自在存在之间的调和,这一治学取向虽然可能让歌德感觉满意,但是两人其实是存在很大差别。歌德对"源始现象"作了一种直观的理解,即从自然方面直观地理解统一,而黑格尔却把自然理解为理念的他在,把"源始现象"纳入"感性本质"的层面进行理解,于是"源始现象"在黑格尔那里就被改造成为一种精神,一种历史的理性。

除了有关于"源始现象"的分歧之外,洛维特还认为黑格尔与歌德在对待神学问题上也存在着抵牾。歌德把人道的蔷薇与十字架结合起来,作为诗人,他使哲学与神学保持了相当的距离,并没有把基督教信仰纳入历史理性之中。而与之不同的是,黑格尔却把理性的蔷薇置于十字架中间,导致他的精神哲学呈现出吞噬基督教神学的独断表象。"把基督教的教义学变成为宗教哲学,其中基督教的受难与最高自由的理念、基督教的神学与哲学成为同一个东西。"①

在歌德那里，自然就是对"源始现象"的直观，同时也就是耶和华；而黑格尔出于一种终极史的构思，致使他的自然仅仅呈现为发生于精神时间里的一个舞台而已。虽然其终极史构想意味着对基督教原则的肯定，但从表面上看，黑格尔"世界精神"与基督教、与自然已然做了最后决裂。如果说歌德的着力点还在自然那里的话，黑格尔则已经把世界的本质转化成为一种历史理性——与自身同在的自由的历史。

在洛维特看来，黑格尔的历史理性首先体现为一种"世界历史的终极史构思"。黑格尔的《历史哲学》当中曾指出："东方各国只知道一个人是自由的，希腊和罗马世界只知道一部分人是自由的，至于我们知道一切人们（人类之为人类）绝对是自由的。"②也就是说，在黑格尔看来，世界历史发端于中国、印度等东方国度，是为历史的童年，所谓的自由只属于专制君主；经由波斯帝国而过渡到希腊、罗马，则象征历史青年的到来，即希腊人和罗马人的自由以奴隶的不自由为前提；在日耳曼世界，每一个基督徒都是自由的，世界历史自此达到成熟状态。可以说，"黑格尔把基督教对世界时间的终结的期待置于世界的历史之中，把基督教信仰的绝对置于历

---

① ［德］洛维特：《从黑格尔到尼采：19世纪思维中的革命性决裂》，李秋零译，第24页。
② ［德］黑格尔：《历史哲学》，王造时译，上海书店出版社2006年版，第17页。

史的理性之中。"①

其次,洛维特认为黑格尔的历史理性也体现为"精神的绝对形式的终极史❓"。在黑格尔看来,艺术、宗教和哲学分别是以感性、表象和❓的方式把握"绝对精神",是"绝对精神"向自身回归的三个❓。"所以绝对精神就分为三个部分,一个是艺术哲学,一个❓宗教哲学,一个是哲学史。哲学史就可以看做是有关哲学的哲❓。"②艺术和宗教都不是"精神回归家园的最高形式",黑格尔❓为,只有自己那个绝对的体系才处在哲学史的完美终点,这才是"精神回归家园的最高形式"。洛维特就此评论说:"只有根据这种终极史的意向,黑格尔对历史哲学的终结才能在其全部的激情和重要性上得到理解。"③

再次,洛维特认为黑格尔的历史理性又体现为"哲学与国家和基督宗教的和解"。在《法哲学原理》一书中,黑格尔曾谈及:"唯有哲学洞察才认识到教会和国家都以真理和合理性为内容,它们在内容上并不对立,而只是在形式上各有不同。"④正是在这一认识基础上,黑格尔在哲学环节实现了理性和信仰、基督教和国家的和解。洛维特因此指出:"由于黑格尔绝对地、同时又历史地在与

---

① [德] 洛维特:《从黑格尔到尼采:19世纪思维中的革命性决裂》,李秋零译,第45页。
② 邓晓芒:《德国古典哲学讲演录》,湖南文艺出版社2017年版,第448页。
③ [德] 洛维特:《从黑格尔到尼采:19世纪思维中的革命性决裂》,李秋零译,第52页。
④ [德] 黑格尔:《法哲学原理:或自然法和国家学纲要》,范扬等译,商务印书馆1961年版,第277页。

世界和国家的关联中理解基督教,所以他是哲学与基督教之间发生决裂之前的最后一位哲学家。"①

作为德国古典唯心哲学的集大成者,黑格尔哲学达到了西方哲学史千年来发展的巅峰状态。然而,他用辩证法的手段打造出的宏大而封闭的体系并未如他所愿——意味着历史的终结,历史在他那里非但并未终结,反而导致他的哲学体系在众人的攻击之下最终分崩离析。洛维特认为:"这种对于黑格尔来说在上帝的化身为人之中证明的神性与人性的统一,无论是对马克思来说还是对基尔克果来说都完全又分裂为二了。"②具体来说就是:"当代史上与黑格尔哲学的决裂在马克思那里是与国家哲学的决裂,在基尔克果那里则是与宗教哲学的决裂,根本上是与国家、基督教和哲学的决裂。"③

虽则经过了分裂,黑格尔那个蕴含目的论和决定论的历史理性并未随着分裂而销声匿迹,如在马克思主义那里依然可以找到踪迹。如果说现实世界被黑格尔抽象为哲学,则马克思所作的工作就是将黑格尔的哲学还原为现实世界。一般来说,马克思与黑格尔有着唯物主义和唯心主义的本质差别,但是洛维特却认为两者之间存在很大的相似性:

---

① [德]洛维特:《从黑格尔到尼采:19世纪思维中的革命性决裂》,李秋零译,第64页。
② 同上书,第61页。
③ 同上书,第65页。

因为黑格尔的原则,即理性与现实的统一和自身作为本质与实存的统一的现实,也是马克思的原则。因此,马克思之所以被迫双刃地对待现实世界和现存的哲学,恰恰是因为他想把二者统一在理论与实践的一个广泛的整体性之中。①

所谓"理论与实践的一个广泛的整体性",其实就是重建的人的社会。在洛维特看来,即便是马克思尝试以克服异化而达到"自由王国",这一普遍世界历史的趋势也无助克服虚无主义,而马克斯·韦伯"理性化"的批判就更具无力感了。因为在马克思那里,"特殊的人则处在与无阶级的、纯然人类的社会这一真正的普遍物的关系中"。在马克斯·韦伯那里,人是"建立在自身之上的单个的人"。② 这样的人,和人所在的世界,"既丧失了自然的庇护也失去了创世主的依托"③。这一情况的出现,乃是因为历史哲学的出现,表明思想已不再信赖自然宇宙的理性或上帝之国了。在这种状况下,人只能成为一个无所依傍的孤零零个体,虚无主义便由此生成了。

与马克思对黑格尔的批判不同,克尔凯郭尔"完全有意识以战

---

① [德]洛维特:《从黑格尔到尼采:19世纪思维中的革命性决裂》,李秋零译,第125页。
② [德]洛维特:《韦伯与马克思:以及黑格尔与哲学的扬弃》,刘心舟译,南京大学出版社2019年版,第58、132页。
③ 刘小枫:《中译本导言》,《世界历史与救赎历史:历史哲学的神学前提》,第20页。

胜黑格尔的思想体系作为自己生存的使命"①。作为黑格尔共同实存理念的反题,克尔凯郭尔希望将前者的行动精神变为一种个别的内在反思。他将基督教从世界及国家的混合中剥离出来,从而告别了"世界的产生和世界历史"。洛维特指出,克尔凯郭尔"将世界的进程交给了'天命',所以他把作为'主体'的人置于其内在的和自身的'存在'之上,并因而将人置于虚无之前"②。也就是说,克尔凯郭尔所出现的问题,也是由黑格尔的历史哲学所引起。洛维特还进一步认为,在对黑格尔哲学的攻击中,"克尔凯郭尔以他的方式把浪漫主义讽刺的不坚定的、'诗意的'虚无主义彻底化为一种坚定的、绝望的存在的虚无主义"。③

在对马克思和克尔凯郭尔研究的基础上,洛维特进一步总结说:

> 歌德的自然赖以为生的中心,黑格尔的精神在其中运动的调和,都在马克思和基尔克果那里重新分裂为外在性和内在性这两极。直到最后尼采要借助一次新的开始,从现代性的虚无中召回古代,并在从事这种试验时消逝在癫狂的黑暗之中。④

---

① [俄] 列夫·舍斯托夫:《旷野呼告——克尔凯郭尔与存在哲学》,方姗等译,华夏出版社1991年版,第248页。
② [德] 洛维特:《克尔凯郭尔与尼采》,李理译,《哲学译丛》2001年第1期,第28页。
③ 同上文,第32页。
④ [德] 洛维特:《从黑格尔到尼采:19世纪思维中的革命性决裂》,李秋零译,第37—38页。

总之,洛维特认为德国的思想路径最终是选择了黑格尔的历史哲学而屏蔽了歌德的"自然观",从而导致了尼采所面临的虚无主义问题的出现。黑格尔的历史哲学充满了历史目的论的意味,它排斥自然秩序,也否定上帝之城,信赖的只是时代精神与历史的必然性,于是凡合乎历史理性的现代性都失去约束,虚无主义随之横行起来。

在《从黑格尔到尼采》一书当中,洛维特除了批判黑格尔的历史哲学外,还重点批判了在近代以来产生的充满现实性、真理性以及确定性的历史主义思潮。在批判历史主义思潮这一层面上,他与他的同门、保守主义者列奥·施特劳斯的观念极为相似。列奥·施特劳斯《自然权利与历史》一书的基本思想是:"17世纪以来西方现代'自然权利'或'天赋权利'说所带来的'历史观念'的兴起,导致了西方古典的'自然正义'或'自然法'(Natural Law)的衰亡。"①而且与自由主义者如波普尔、哈耶克对于历史决定论、理性滥用的批判亦殊途同归。不过与上述诸学者相比,洛维特显然更为注重对黑格尔的清算。既然黑格尔的历史哲学导致了历史主义思潮的泛滥与虚无主义的横行,那么这种历史哲学产生的内在机制又是什么呢?

二、虚无主义生成的神学前提

历史哲学产生的内在机制是什么?洛维特在1949—1953年

---

① 甘阳:《政治哲人施特劳斯:古典保守主义政治哲学的复兴》,[美]列奥·施特劳斯:《自然权利与历史》,彭刚译,第11页。

间完成的《世界历史与救赎历史》一书就试图回答这一问题,此书的出版标志着洛维特对于虚无主义生成问题的反思进入了一个新的阶段。洛维特最初主要对马克思与马克斯·韦伯的社会学、尼采与海德格尔的存在主义哲学以及布克哈特的历史哲学感兴趣,他所写的论著也主要围绕这几个方面展开。在其早年,洛维特对基督教神学并不深究,涉及基督教的著作也仅有一部,即1933年的《19世纪对基督教的哲学批判》。在20世纪40年代初,洛维特离日赴美,"在神学家蒂利希(P. Tillich)和尼布尔(R. Niebuhr)的帮助下,到哈特福德(Hartford)神学院教授基督教早期教父思想"[①]。从20世纪40年代初一直到40年代末,洛维特借授课这一契机对基督教神学尤其是基督教早期教父神学进行了系统研究,也借此将他多年以来对于欧洲虚无主义生成问题的研究往前推进了一大步。具体来说,就是他注意到了他所一贯批判的历史哲学的神学前提。

《世界历史与救赎历史》一书的研究从布克哈特、马克思、黑格尔开始,直至伏尔泰、维科,一路向上追溯。在这些思想家中,布克哈特是一个较为特别的人物,因为他是明确反对历史哲学的。与布克哈特不同,马克思和与黑格尔都是历史哲学的推崇者。作为"伟大学生",马克思的世界历史理论源自黑格尔,在早些年写就的《韦伯与马克思:以及黑格尔与哲学的扬弃》一书中,洛维特

---

① 刘小枫:《洛维特论近代历史哲学的起源》,《个体信仰与文化理论》,第250页。

虽特别强调"从黑格尔到费尔巴哈到马克思的历史发展",但并无神义论的表述。而在《世界历史与救赎历史》一书中,洛维特不但认为马克思的《共产党宣言》和《资本论》把具体的科学问题转化为了历史问题,①而且还进一步塑造了一个不顾"唯物主义"而维护宗教末世论的马克思的形象。

在洛维特看来,马克思的学说描述了作为个体的人,他们在世界历史性的活动中被资本所异化,其中异化达到极致的就是无产阶级。马克思把无产阶级看做是历史唯物主义的选民,即"通过一场世界革命实现全部历史的末世论目标的世界历史工具"②。通过消灭资产阶级,实现每个人的自由发展是一切人自由发展的"自由人联合体",这就是马克思的"没有上帝的上帝之国——马克思的历史弥赛亚主义的终极目标"③。也就是说,在《世界历史与救赎历史》中,洛维特将马克思的学说描述为一种以政治经济学语言表达的基督教救赎史观。

就黑格尔言,洛维特在《世界历史与救赎历史》中表达了他一贯的观点,即黑格尔采用"理性的狡计"来翻译天意,并以思辨的方式接过了基督教的使命,"来阐述上帝在世界历史中贯彻着自己

---

① 譬如洛维特认为:"不是独断地强调阶级斗争和劳动与资本的关系,而是把所有这些范畴纳入一个包罗万象的历史结构中去。"参见[德]洛维特:《世界历史与救赎历史:历史哲学的神学前提》,李秋零等译,第39页。
② [德]洛维特:《世界历史与救赎历史:历史哲学的神学前提》,李秋零等译,第44页。
③ 同上书,第50页。

的意图"①。在洛维特看来,黑格尔"把基督教对一种终极实现的期待移到了历史程序自身之中,他把世界历史看做是自我称义的"②。这种表述在西方当代哲学语境中并不少见,如英国学者霍尔盖特就认为黑格尔"详细地阐明一种完全地灌注了基督教真理精神第一哲学"③,因此其哲学总体而言是一种基督教哲学。洛维特将黑格尔塑造为一个把上帝意志转化为"世界精神"、转化为各种民族精神的黑格尔。这并不特殊,特殊的是,在《世界历史与救赎历史》一书中,被描述的哲学家几乎都笼罩在基督教神学的氤氲氛围当中,甚至孔多塞、孔德、蒲鲁东等人的近代进步思想也是起源于基督教的,如洛维特宣称:

> 正是基督教才能把进步——从旧约到新约的进步——理念引入西方的历史。由于进步理念对基督教这种起源上的依赖关系,现代的进步观有双重涵义:就其起源而言是基督教的,就其倾向而言是反基督教的。④

从伏尔泰、卢梭到马克思和索列尔,"进步的和衰亡史的历史

---

① [德]洛维特:《世界历史与救赎历史:历史哲学的神学前提》,李秋零等译,第67页。
② 同上书,第70页。
③ [英]霍尔盖特:《黑格尔导论:自由、真理与历史》,丁三东译,商务印书馆2013年版,第433页。
④ [德]洛维特:《世界历史与救赎历史:历史哲学的神学前提》,李秋零等译,第73—74页。

体系都是《圣经》的救赎学说和衰落学说的晚近的、但始终依然有影响力的结果"①。如此说来,近代以来几乎所有的提倡进步观念、历史主义的思想家都有一个历史神学的前提,倘若没有这个前提,就不会有历史哲学的出现,则更不会催生出虚无主义了。

洛维特的追溯,即便到了孔德、伏尔泰、维科那里亦不停息,他马不停蹄地一直追溯到了基督教神学家约阿希姆与奥古斯丁那里。洛维特认为约阿希姆"要构思出各个时期和各种秩序的一个新图式,以扩展和取代从《旧约》到《新约》的宗教进步的传统图式。把历史看做是一个救赎历史"②。而奥古斯丁则在他的名著《上帝之城》中,"试图以一种上帝指导的世界历史的神学,来反驳时间运动与世界运动的古典理论"③,即反驳世界时间是无目的的、周期性循环运动的古典学说。如此说来,在约阿希姆与奥古斯丁那里,神学的历史已经开始直线向前发展了,而这种直线发展正是近代历史哲学的滥觞。

从约阿希姆与奥古斯丁乃至奥罗修再往上追溯,就通向了《圣经》这一最终的源头。古希腊文化中时间观是一种循环的形态,亚里士多德就指出:"把事物的产生说成是一个循环,就等于说时间有循环。"④然而《圣经》所确定的时间确是一种直线时间,洛维特指出:

---

① [德] 洛维特:《世界历史与救赎历史:历史哲学的神学前提》,李秋零等译,第74页。
② 同上书,第173—174页。
③ 同上书,第189页。
④ [古希腊] 亚里士多德:《物理学》,张竹明译,商务印书馆2006年版,第137页。

对于基督徒来说,救赎历史的分界线不是一种单纯的将来时,而是一种现代完成时,是已经发生了的主的降临。鉴于这个中心的事件,时间既是向前计算的,也是向后计算的。基督诞生前的历史年代递减,而基督诞生后的历史年代则根据一个终极时间递增。在这个直线型的,但又是双重的时间图式内,《圣经》所说的历史被理解为一个救赎历史,它从许诺一直前进到实现,并以基督为中点。①

洛维特将基督教的历史观念与古希腊历史思想进行对比,从而得出:古希腊历史思想是以自然为本体的循环运动,而基督教的历史观念却是一个关于上帝决定论的直线救赎历史。如其所论:

从犹太教的预言和基督教的末世论中,教父发展出一种根据创世、道成肉身、审判和解放的超历史事件取向的历史神学;现代人通过把进步意义上的各种神学原则世俗化为一种实现,并运用于不仅对世界历史的统一,而且也对它的进步提出质疑的日益增长的经验认识,构造出一种历史哲学。②

---

① [德]洛维特:《世界历史与救赎历史:历史哲学的神学前提》,李秋零等译,第218—219页。
② [德]洛维特:《世界历史与救赎历史:历史哲学的神学前提》,李秋零等译,第25页。

《圣经》的直线时间作为一种救赎历史的信仰为奥罗修、奥古斯丁、约阿希姆等人所传承,这就是历史神学。这种历史神学在后世的发展过程中,逐步转化为一种世俗的进步理论,这就是在维科、伏尔泰乃至黑格尔、马克思那里如幽灵一样游荡的有关世界历史发展的历史哲学。我们单是从《世界历史与救赎历史》一书的标题中即可看出洛维特意旨之所在,即在基督教神学中,世界历史就是有关末日审判的救赎历史,充满着目的论的意味。而近代的历史哲学就是基督教历史神学的一个世俗化的过程。

洛维特思想史反思的线索是:"基督教的超验历史观对希腊的自然性世界历史观的否弃,为近代历史哲学观的形成埋下了种子。"[①]否定天意的进步历史观以一种历史决定论的模式取代了上帝决定论(人义取代了神义),而目的论则由超越此世转变为了改造此世。这是一种反基督教的基督教意识,而虚无主义的生成则是这种意识发展的必然结果。

三、批判"永恒复归"思想和回归斯多亚自然理念

洛维特的思想深受尼采的影响,这在他的回忆录中有

---

① 刘小枫:《洛维特论近代历史哲学的起源》,《个体信仰与文化理论》,第258页。

所记载。① 洛维特有关尼采的研究文献数量十分可观,其博士论文为《对〈尼采的自我解释〉和〈对尼采的解释〉的阐释》,另外还有《尼采的相同者的永恒轮回哲学》《克尔凯郭尔与尼采:或者对虚无主义的哲学式和神学式的克服》等十余篇的论文,由此可见一斑。

洛维特认为虚无主义问题源自黑格尔的历史哲学,而因"上帝死了"的观念在尼采那里集中呈现了出来。② 尼采的意义不但在于提出了虚无主义的问题,更重要的是,他也曾尝试过,希望通过"永恒复归"这一学说来克服虚无主义所产生的危机。就此,洛维特评议说:"尼采成熟的思想是一以贯之的,它的起点是上帝之死,中间是由此产生的虚无主义,终端是虚无主义的自我克服,走向超人的同一物的永恒复归。"③ 具体来说就是:

尼采在他的永恒轮回的学说中,曾试图正是通过肯定一

---

① 如洛维特曾回忆说:"我自己于 1923 年以一本关于尼采的论文拿到博士学位,当讲师期间(1928—1934)也讲过几次关于尼采的课,在布拉格的哲学家会议上(1934)提出过把尼采视为'时代的哲学家'的观点,最后又在一本书里(1935)试着把尼采学说的核心思想作了诠释。就算在今天——距离我第一次读《查拉图斯特拉如是说》已经 27 年,我还是找不到另外任何一位思想家比尼采更适合当作德国精神史的结尾——……我也不能否认,我在从军时期的日记里写下的座右铭:'必要的是出航,而不是只是活着'这句话的来源虽经许多转折,却仍直接来自尼采……"参见[德]洛维特:《纳粹上台前后我的生活回忆》,区立远译,学林出版社 2008 年版,第 10 页。

② 洛维特认为:"经过青年黑格尔学派从黑格尔导向尼采的道路,最清晰地与上帝之死的观念相联系表现出来。"参见[德]洛维特:《从黑格尔到尼采:19 世纪思维中的革命性决裂》,李秋零译,第 253 页。

③ [德]洛维特:《海德格尔〈尼采的话"上帝死了"〉一文所未明言》,冯克利译,《墙上的书写——尼采与基督教》,第 125 页。

种纯粹的生存和永恒轮回的无意义性是一种从根本的"意义"中彻底获得的自由,来证明这种通过对命运的爱重新赢得的,在变化中变得完整的生存的"无辜"。同一事物的永恒轮回,将达到道德价值解释的最极端的虚无主义终点的人置于一个其自身没有问题的自然的永恒循环之中。①

"永恒复归"思想来自古希腊的"循环时间观"。"循环时间观"是指"将时间理解成一个圆圈,周而复始,周而复返"②。这种时间是一种自然主义的时间,而不是基督教救赎学说那种历史主义的时间。洛维特认为尼采虽然尝试以"永恒复归"解决虚无主义的问题,但他实际上并未很好地把握永恒和瞬间的关系。"尼采不能把握内在于时代的永恒性,因为当他把时代看做是一个瞬间时,他也就——在人和时代彼岸 6 000 步——在自己面前消失了。"③

在尼采的思想世界里,"永恒复归"与"权力意志"统一于超人这个现实的生命。具有"权力意志"的超人,明显具有上帝一样意志论的创造的自由。因此,洛维特指出:

> 权力意志事实上是非希腊的,它作为一种意愿着未来的

---

① [德]洛维特:《克尔凯郭尔与尼采》,《哲学译丛》2001 年第 1 期,第 35 页。
② 吴国盛:《时间的观念》,中国社会科学出版社 1996 年版,第 64 页。
③ [德]洛维特:《从黑格尔到尼采:19 世纪思维中的革命性决裂》,李秋零译,第 270 页。

> 意志,是从自己的角度强调意志和目标,它无形中与[产生和消亡的永恒轮回]相对立。……对希腊人来说,已经过去的东西和回归的东西的永恒轮回,揭示了自然和历史中的持续的变迁;对尼采来说,对永恒轮回的承认则要求一种极端的和迷狂的立场……①

从这个角度来说,尼采依然是反自然的。尽管尼采试图汲取古希腊具有自然主义意味的思想资源,但实际上却构成了对古希腊的反题。最后尼采只能以一种超人式的紧张压力,叨念着他否弃过的创造的意志,消逝在狄奥尼索斯癫狂的黑暗之中。

尼采"永恒复归"与"权力意志"的矛盾的确是无法调和的,"因为假如一切都是'永恒轮回',那么一切创造就注定要毁灭,所谓权力意志的创造便显得毫无意义。"②作为洛维特的老师,海德格尔也看出了这一矛盾,但他认为这两个观念是可以统一于尼采哲学的统一体当中的,因为正是这两个观念体现出尼采颠倒柏拉图主义尺度关系的特点。通过颠倒,尼采完成了独特的哲学思想,不但"在柏拉图主义中看到了虚无主义(即对生命的否定)之升起的可能性的原初的和决定性的原因"③,同时也保留了与柏拉图主义共同的信念。总之,尼采哲学返回到古希腊思想的开端的设计

---

① [德]洛维特:《尼采》,刘心舟译,中国华侨出版社2019年版,第203页。
② 吴增定:《尼采与柏拉图主义》,上海人民出版社2004年版,第8页。
③ [德]海德格尔:《尼采》,孙周兴译,商务印书馆2002年版,第175页。

并没有摆脱形而上学的幽灵,作为"柏拉图主义的颠倒"的尼采哲学,不过如他自己所言乃是"颠倒的柏拉图主义"而已。

与尼采重估一切价值不同,海德格尔认为虚无主义的产生乃是对存在的遮蔽,要克服虚无主义只能是追问存在。与尼采狄奥尼索斯式的审美救赎一样,海德格尔也期待一种审美的救赎力量。不过,"这种力量是弗里德里希·荷尔德林的诗,它把存在命名为'神圣者'"①,只有以诗歌,才能摆脱订造自然,寻找到通向"敞开者"的道路。与尼采带有古希腊意味的"永恒复归"类似,海德格尔所开出的疗法也与古希腊相关。他重新诠释了巴门尼德、赫拉克利特、阿那克西曼德,并在这个前苏格拉底时代搜寻出了"自然大在"这种超历史的直观,以之作为克服形而上学和克服虚无主义的良药。

洛维特、列奥·施特劳斯等人都看出海德格尔与尼采具有思想连续性的特点。或许是海德格尔对尼采太过了解,深知其弊,因而在回归古希腊的路途中规避了尼采曾经掉落的陷阱。海德格尔认为,人居于"自然大在"之上,在天地人神合一的四元世界等待诸神,正所谓"神圣者联结着神性,神性将神引近"②。此之谓诗意的栖居。这种诗化之思显然已是走向了神魅之途。洛维特就此评论说:

---

① [英]沙恩·韦勒:《现代主义与虚无主义》,张红军译,郑州大学出版社2017年版,第56—57页。
② [德]海德格尔:《林中路》,孙周兴译,上海译文出版社2014年版,第307页。

海德格尔没有其神学来源就从来不会踏上思想之路,而来源就会始终保持为未来,并不与他的这番表白相矛盾。海德格尔对"存在"的谈论肯定不惊动基督教的上帝,同样肯定的是,这个谈论也的确指向"神助"与"神圣"的场所,通过它,上帝和诸神将会重新变得能够设想。①

也就是说,海德格尔采用一种半诗化的语言结构来彰显其著作非理性、非概念性的特点,但是"仍然总联系着并且暴露于理性的思想"②,这就是所谓的"上帝和诸神将会重新变得能够设想"。从这个角度来说,以诗化的"自然大在"去克服虚无主义的尝试也就大打折扣了。

洛维特称海德格尔为"贫困时代的思想家",他不但对自己的老师滑向纳粹的渊薮感到愤懑,同时还认为海德格尔与尼采一样,最终也难逃虚无主义的命运。因此,洛维特对海德格尔的哲学是十分警觉的。又因为"影响的焦虑",他也时时有挣脱乃师笼罩的想法。各种因素综合的结果是,洛维特最终走向了"不以哲学的方式构造'世界历史'"且又十分克制和宁静的布克哈特的历史理念。

洛维特认为,布克哈特的立场位于黑格尔的一般和克尔凯郭

---

① [德] 洛维特:《海德格尔——贫困时代的思想家:哲学在20世纪的地位》,彭超译,西北大学出版社2015年版,第169页。
② [德] 洛维特:《海德格尔——贫困时代的思想家:哲学在20世纪的地位》,彭超译,第253页。

尔的个别之间。布克哈特所谓的人,既不是黑格尔所谓的"世界历史性的个体",也不是基督教个体的存在,而是自带尺度和中心的个人。① 布克哈特的历史理念如他对人的看法一样中庸,他主张一种连续性,"连续性高于一种单纯的延续,低于一种进步的发展",所谓"进步的发展",即历史哲学或历史神学。就布克哈特这一认识,洛维特评价说,布克哈特那种"缺少开端、进步和终结的纯粹连续性的细线,不能连结起任何体系",所以"无论是一种历史哲学,还是一种历史神学,都不可能建立在这样一种考察方式的基础之上"。②

布克哈特反历史哲学的立场与尼采、海德格尔无异,但相对于尼采来说,布克哈特要克制得多。洛维特认为布克哈特有一种"认识人本身"的观念,正是这种观念让他"在'评估'历史时可以摆脱任意'估算价值'的毛病"③,这里所谓"估算价值"的毛病无疑是针对尼采"重估一切价值"之说而言的。洛维特曾用"极端的魔力"形容尼采,而用"适中的秘密"来形容布克哈特,其中的倾向不言而喻。

布克哈特认为:"竭尽全力地去完善和完成从起源开始对世界和人类的连续性图景的描述是受过教育者的不言而喻的独特职责。"④洛维特认为布克哈特的这一理念也是适中的,它既不像黑

---

① [德]洛维特:《雅各布·布克哈特》,楚人译,商务印书馆2013年版,第105页。
② [德]洛维特:《世界历史与救赎历史:历史哲学的神学前提》,李秋零等译,第33页。
③ [德]洛维特:《雅各布·布克哈特》,楚人译,第130页。
④ [瑞士]布克哈特:《希腊人和希腊文明》,王大庆译,上海人民出版社2008年版,第57页。

格尔历史哲学那样雄视古今,也不像海德格尔诗意栖居那样期待神启,是真正的摒弃形而上学的历史自身的标识。洛维特认为布克哈特的学术是宁静和超脱的,尤其是其对国家和政治的疏离,给洛维特自己树立了一个很好的榜样。

洛维特认为布克哈特宁静适度特点的来源其一指向歌德,他曾谓布克哈特为"歌德的晚生之子"①,还认为经过布克哈特的"适度"可以回溯到歌德的"充满节制之丰沛"②。而另外一个来源可能就是斯多亚——伊壁鸠鲁式的灵魂平静说。洛维特认为,斯多亚式的"自然"历史观,在后世的传人就是歌德与布克哈特。在《雅各布·布克哈特》一书中,洛维特就曾专辟一节讨论"古希腊民主的瓦解中培育出来的不问政治立场"③,他认真讨论了布克哈特在斯多亚学派、伊壁鸠鲁学派以及犬儒学派那里所汲取的思想资源。布克哈特对希腊化时代思想资源的汲取,也给洛维特提供了参考。

1935年4月15日,洛维特致信列奥·施特劳斯,信中提及:"而我本人既不从这种虚无主义跳进基尔克果悖理的'信仰',也不跳进尼采同样荒诞的重现说……有朝一日也许能够以真正古代晚期的方式(斯多阿的—伊壁鸠鲁的—怀疑论的—犬儒的方式)

---

① [德]洛维特:《雅各布·布克哈特》,楚人译,第74页。
② [德]洛维特:《纳粹上台前后我的生活回忆》,区立远译,第167页。
③ [德]洛维特:《雅各布·布克哈特》,楚人译,第157—168页。

达到现实中可以实践的生活智慧。"①洛维特通过布克哈特,追溯到斯多亚式的自然主义理念。与列奥·施特劳斯期待恢复"自然法"一样,洛维特将斯多亚式的自然主义理念作为克服虚无主义的灵丹妙药,如其在《世界与人类世界》中清醒地提示人们说:

> 高于人类的天地,完全独立而自足,无限地胜于人间。世界和人间不是对等物。物理世界可以不以人的存在作为参照物被思考,而人却不能离开世界被思考。我们来到世上,我们又离世而去。世界不属于我们,相反,我们却属于世界。②

在洛维特看来,人是自然大在的一部分,但并不是世界的中心,历史也不具备决定论那样铁的法则。只有采取斯多亚式的世界观与价值论,遵循自然去生活,虚无主义才能被克服,现代性危机或才可以避免。在克服虚无主义层面,尼采和海德格尔都不算是成功者,只有布克哈特才值得效法,他将人定位为受苦者和行动者,以此考察历史,才能实现人与自然无间的融合,才能战胜历史视野那种黑洞洞的虚无。

---

① [美]列奥·施特劳斯:《回归古典政治哲学——施特劳斯通信集》,朱雁冰等译,第235页。
② [美]理查德·沃林:《海德格尔的弟子:阿伦特、勒维特、约纳斯和马尔库塞》,张国清等译,第83页。

三、经济思想编

诺斯制度变迁模型与
人口增长动力论

  道格拉斯·C.诺斯是新制度经济学的代表人物之一,同时也是新经济史的开拓者。诺斯于1993年获得了诺贝尔经济学奖,他在经济学上的贡献在于:实现了新古典经济学模型和历史计量学的合一,并将其运用于历史上经济增长的研究当中,解决了经济理论和经济史长期割裂的问题。在此基础上,他逐步建立起统摄产权理论、国家理论以及意识形态理论的制度变迁理论。该理论重点阐述了制度演化中的"路径依赖性",从而实现了对新古典经济学的突破。诺斯的制度变迁理论已在中国经济学界获得了广泛关注,一些学者还以之研究中国的现实而创立了所谓的"过渡经济学说"[①];也有相当多的学者从学理的角度将其与马克思主义制度理论加以比较,但从人口学层面对其专门探讨的文章还并

---

① 盛洪:《中国的过渡经济学》,上海人民出版社2006年版,第2页。

不多见。① 本文拟从人口增长的角度切入,考察诺斯的制度变迁理论的动力源问题。

一、人口增长作为驱动力

不可否认,包括诺斯在内的大多数新制度经济学家都与新古典经济学渊源甚深,他们几乎都对新古典经济学有过深入的研究。也正是因为这种深入的研究,他们普遍认识到了新古典经济学模型的缺陷所在,②因而从不同的角度对其进行了修正,诺斯所做的工作也是如此。但他并不谋求颠覆,如他曾经所言:

> 我们的最终目的不是试图去替代新古典理论,我们的目的是使制度经济学成为对人类更有用的理论。这就意味着新古典理论中对我们有用的部分——特别是作为一套强有力分析工具的价格理论应与我们正在建构的制度理论很好地整合在一起。③

---

① 目前在大陆学界仅有林岗等人专门讨论过诺斯制度变迁理论的"多元动力论"和"人口动力论",但他们的研究目的在于批判诺斯以维护马克思的生产力一元动力论,因而对诺斯"人口动力论"的特征及产生原因论述并不到位。参见林岗、刘元春、张宇:《诺斯与马克思:关于社会发展和制度变迁动力的比较》,《中国人民大学学报》2000年第3期,第25—33页。

② 譬如德国学者柯武刚和史漫飞总结说:"就实际的经济政策层面来看,近年来,标准的新古典主流经济学在解释和预测实际世界的现象上一再遭到失败,因为它将制度和制度存在的理由排除在其模型之外。"参见[德]柯武刚、史漫飞:《制度经济学:社会秩序与公共政策》,韩朝华译,商务印书馆2000年版,第5页。

③ [美]诺思:《对制度的理解》,[法]克劳德·梅纳尔编:《制度、契约与组织——从新制度经济学角度的透视》,刘刚等译,经济科学出版社2003年版,第17页。

三、经济思想编

诺斯对新古典经济学不乏肯定的声音。他认为:"新古典理论在分析发达国家的市场时作出了重大贡献,它为此提供了有益的知识和著作。"①所以他在致力经济史研究时,首先会运用诸如理性选择、稳定性偏好及均衡分析等新古典方法"集中去考察绩效的总产量和人均产量方面"②。如在《庄园制度的兴起和衰落:一个理论模型》一文中,他所运用的就是"标准的新古典主义经济学研究范式"③。不过,诺斯又认为使用了五个假定的新古典模型,其特点平滑无疵,几乎不存在任何不确定性,其中似乎只有一个完善运转的市场存在,而利益集团、制度、交易成本等内容都被忽略掉了,这样一个无摩擦的社会在现实世界里根本不可能存在。再有,就是在这个模型中,时间也是不起作用的,所以有必要增加与经济社会变迁相关的时间维度。④ 诺斯就此宣称说:

尽管将价格理论系统应用于经济史是一个重大贡献,但新古典理论研究的是在某一时点的资源配置,而历史学家要研究的核心问题中的一个限制性特征是,要解释历史的变迁。……即试图解释他们社会在历史上的成长、停滞与衰败

---

① [美]诺斯:《制度、制度变迁与经济绩效》,刘守英译,上海三联书店1994年版,第14页。
② [美]诺思:《经济史上的结构和变革》,厉以平译,商务印书馆1992年版,第7页。
③ 孙圣民:《历史计量学五十年——经济学和史学范式的冲突、融合与发展》,《中国社会科学》2009年第4期,第149页。
④ Douglass C. North, "Economic Performance Through Time," *The American Economic Review*, Vol.84, No.3, 1994, pp.359—368.

的不同模式,以及揭示人类相互作用所产生的极大差异性结果的过滤方式。①

若把制度和时间加入新古典模型当中,就可以在一定程度上实现数理方法与历史方法的合拢了。诺斯《西方世界的兴起》一书运用新古典经济学的方法"描述制度变革的参数转换"②,就是这一观念的最早尝试。用数理与历史结合的方法探究不同的经济模式在历史进程中成长、停滞等不同状况,实是自门格尔与施莫勒方法论论战以来的一大幸事,但关键的问题是,如何才能实现新古典模型平面化的资源配置机制在历史进程中动态地滚动?

《西方世界的兴起》一书出版于1973年,那时的诺斯早已是一个能熟练运用新古典模型的学者了。由于制度和时间两个维度加入,诺斯确信他能成功解释10—18世纪欧洲经济的成长过程。诺斯认为,有效的组织造就有效的产权,从而催生出制度的变动,即"对构成制度框架的规则、准则和实施的组合所作的边际调整"③。作为一个受新古典模型影响很深的学者,诺斯相信有效的组织与有效的产权受制于要素价格比率、信息成本等相对价格的变化,但相对价格的变化只是一个历史的切面,而并不是终极动力。在《西方世界的兴起》一书中,诺斯所设定的终极推动者是一个外生变

---

① [美]诺斯:《制度、制度变迁与经济绩效》,刘守英译,第177页。
② [美]诺思、托马斯:《西方世界的兴起》(第2版),厉以平等译,华夏出版社1999年版,第5—6页。
③ [美]诺斯:《制度、制度变迁与经济绩效》,刘守英译,第111页。

量——人口增长。诺斯认为,所谓的经济增长是人均收入的长期增长而不是非持续的增长,这就意味着人口增长的速度要慢于社会总收入的增长。从这个角度来说,诺斯"关心的是按人口计算的经济增长",所以"人口扩张本身"也就成为他确定经济"实际"增长需要把握的一个重要尺度了。①

在《西方世界的兴起》一书中,诺斯运用新古典模型确立了逻辑的起点,即"随着人口增长,土地日益匮乏",然后从这一起点出发,以时间维度(历史长时段视角)进行推演。诺斯首先考察的是公元 10 世纪西欧的庄园制度。他认为当封建主义能为当时四分五裂的社会提供稳定保障时,人口便开始增长了。"一旦人口增长使庄园有人满之患,总有新的土地开垦出来,并在新领主的保护下耕作。"②在这一前提下,欧洲的荒野被移民开发的浪潮所席卷,商业和市镇也渐渐发展起来,直至在庄园中,货币支付逐渐取代了军事劳役。"随着人口和贸易的不断发展,北意大利、中德意志和佛兰德的市镇已经成了繁荣的商业中心。"③但到了 13 世纪,边际收益递减的状况变得严重,土地日益成为稀缺资源,劳动力变得十分充裕,产量的增长一直慢于人口的增长,于是饥荒的出现不可避免。随之人口数量下降,这种下降大概持续了一个世纪左右。于是土地再次变得相对丰裕,而劳动力则短缺不足,"劳动力短缺则

---

① [美]诺思、托马斯:《西方世界的兴起》,厉以平等译,第 7 页。
② 同上书,第 17 页。
③ 同上书,第 18 页。

改善了工人的谈判实力。在这一影响下,庄园制的主仆关系逐渐消失了。租约延长,农奴开始获得对其土地的专有权"①。到 14 世纪的时候,人口又重新开始增长,"地区的和区际的商业恢复了,新技术得到了开发,庄园制和封建制的一些典型制度已经变得认不出来了。"②诺斯以此证明,"人口的持续增长是推动中世纪盛世经济增长和发展的动因。"③

16—18 世纪欧洲经济的增长依然与人口有关,其过程亦与 10—14 世纪那个变化过程相似,在这一时段中,法国和西班牙遭遇了竞争失败,但荷兰、英国获得了相当大的成功,经历了持久的经济增长,并引发了制度的变迁:

> 英国在不利的开端之后到一七〇〇年经历了持久的经济增长。它发展了一套包含在习惯法中的有效的所有权,除排除了在要素和产品市场上资源配置的障碍外,英国已经开始用专利法来保护知识的私有权了。现在舞台已为产业革命布置就绪。④

可见,诺斯对他"导致制度创新这一西方社会兴起原因的主要参数变动乃是人口增长"⑤的结论是多么地坚信。他在阐释 10—18 世

---

① [美]诺思、托马斯:《西方世界的兴起》,厉以平等译,第 19 页。
② 同上书,第 46 页。
③ 同上书,第 49 页。
④ 同上书,第 192 页。
⑤ 同上书,第 13 页。

纪欧洲经济的长时段演进时,无疑也是使人口增长这一变量充当了火车头的角色。

1981年,诺斯又出版了一部重要著作——《经济史上的结构和变革》。在此书中,诺斯界定了人类历史上的两次经济革命:一是创造了新知识弹性供给曲线的近世经济的繁荣,如前所述;一是创造了农业的原始文明。诺斯阐释这两场经济革命时依然坚持了他的人口增长动力论。譬如他在解释第一次经济革命时采用了这样一个架构:随着人口的增长,狩猎的领域会出现边际收益递减,为了克服这种递减,"对资源专一的共有产权"建立了起来。当人口继续增长,狩猎的边际产值继续递减,劳动力的增量将转移到生产率更高的农业部门,"人们从专一的猎人日渐转变为农民"[1]。在农业社会当中,人口如若进一步增长,那么出现农业的边际收益递减也是不可避免的,于是专一所有权也就应运而生了。

总之,诺斯一再坚持和一再表述的是:"人口增长是古代经济史上最重要的基本要素;对古代社会经济成就的评价,确实应从人口增长开始。"[2]如果说,相对价格的变化是制度变迁的直接推力的话,则人口增长就是制度变迁的终极驱动力。

二、人口学理论的影响

诺斯在20世纪五六十年代的研究往往采用亚当·斯密《国富

---

[1] [美]诺斯:《经济史上的结构和变革》,厉以平译,第88页。
[2] 同上书,第125页。

论》中的观点——分工和专业化所导致的市场的扩大——来研究经济增长的动力,譬如《区域经济增长中的农业》一文即如此。①不过,这一古典模型在后来显然经过了新古典主义假设的修正:"新知识能以固定成本生产出来,边际替代使持续增长成为可能,这种增长又与人口爆炸性的增长相适应。"②

经过了乐观的新古典模型的修正,悲观的马尔萨斯危机在诺斯那里得以化解,所以在诺斯20世纪五六十年代的著作中,人口的增长与地理范围的扩大、日益增加的经济活力一样,都被视为历史上经济增长的主要趋势。③ 此后,诺斯在以新古典模型分析美国、欧洲乃至人类经济的时候,人口增长成为一个最为重要的参数。如在1970年发表的文章中指出,他勾勒1100年至1800年西欧经济变化的轮廓时主要是通过价格史与人口史的考察。④ 他与戴维斯在1971年联合发表的《制度变迁与美国经济增长》一文也指出:"所谓的人口爆炸也持久地推进了(制度)安排的改变。"⑤虽然到了20世纪90年代,诺斯已由意识形态研究进一步上升到主

---

① Douglass C. North, "Agriculture in Regional Economic Growth," *American Journal of Agricultural Economics*, Vol.41, No.5, 1959, p.949.
② [美]诺斯:《交易成本、制度和经济史》,转引自[德]菲吕博顿、瑞切特编:《新制度经济学》,孙经纬译,上海财经大学出版社1998年版,第251页。
③ Douglass C. North, *The Economic Growth of the United States, 1790–1860*. New Jersey: Prentice-Hall Inc., 1961.
④ Douglass C. North and Robert Paul Thomas, "An Economic Theory of the Growth of the Western World," *The Economic History Review*, Vol.23, No.1, 1970, p.1.
⑤ 转引自[美]戴维斯、诺斯:《制度创新的理论:描述、类推与说明》,[美]科斯、阿尔钦、诺斯:《财产权利与制度变迁——产权学派与新制度学派译文集》,上海三联书店1991年版,第324页。

观心智模型的探讨,但人口学依然是其强调的重点。如其所说:"一个完整的经济变迁理论需要整合人口统计学、知识存量和制度变迁的理论。"①

诺斯对人口的关注其实与20世纪西方世界兴起的人口经济学说有很大关系。20世纪初,经济适度人口学、人口适度密度论宣告终结后,在三四十年代出现了强调人口增长对经济增长正效应的凯恩斯主义人口学说,在五六十年代出现了宏观人口经济学和微观人口经济学两种不同的范式,而在七八十年代则出现了人口悲观主义和人口乐观主义两大对立思潮。② 人口学研究虽然不是新古典主义经济学的焦点,但新古典主义者却参与了西方当代人口经济学形成与冲突的过程,并建立起了所谓的"新家庭经济学"。深受新古典主义经济学影响的诺斯,其学术研究也恰好经历了这一时段,从而留下了非常深刻的人口学烙印。

在"二战"后西方世界兴起的宏观人口经济学说中,当然有强调人口增长对经济增长存在负效应的悲观论调,如纳尔逊、赫茨勒、胡佛、寇尔、莱宾斯坦等人的说法。但也出现了一些学者强调人口增长的正效应,譬如库兹涅茨、伊斯特林、西蒙、博塞鲁普等人。1958年,库兹涅茨发表《人口增长和有关经济变量的长期波动》一文,开启了人口经济增长的长波理论,这一理论被后来的伊

---

① [美]诺思:《理解经济变迁过程》,钟正生等译,中国人民大学出版社2008年版,第1页。
② 彭松建:《西方人口经济学概论》,北京大学出版社1987年版,第196—204页。

斯特林发扬光大。诺斯自称受库兹涅茨影响很大,他曾回忆1956—1957年他在国民经济研究局工作的时候,"每周和西蒙·库兹涅茨(Simon Kuznets)工作一天,库兹涅茨的智慧对我影响深远"①。库兹涅茨将人口增长率、劳动力的增长以及移民波动作为变量融入经济长波的统计和分析过程,对经济理论的进一步开拓做出了重大贡献。库兹涅茨把人口变量和经济变量结合在一起进行观察的研究范式深深地启迪了诺斯。② 基于此,诺斯意识到若要弥补新古典模型的缺陷,同时合理解释历史上的经济绩效,除了创制知识存量增长理论和制度理论外,"人口统计变动理论"也是必不可少的。

诺斯曾指出,"对马尔萨斯命题的社会含义的反应,导致了人口统计学与经济学的分离,这一分离直到近年来才重新弥合。"③促进人口统计学与经济学的弥合是群策群力的结果,除了

---

① [美] 诺思:《新制度经济学前沿·绪论》,[美] 德勒巴克等编:《新制度经济学前沿》,张宇燕等译,经济科学出版社2003年版,第12页。
② 库兹涅茨的人口学理论对他的学生福格尔(与诺斯同时获得诺贝尔奖的学者)也有相当的影响,福格尔曾经提到库兹涅茨有关经济增长的一般性论断,"其中之一是伴随人口持续增长的人均收入持续增长,乃是现代经济增长的基本特征,并且这种增长不可能出现在18世纪初期以前。"而且福格尔着重指出:"库兹涅茨一般性论断中最具影响力的是那些与人口有关的论断。"受到老师的影响,福格尔一直把相当的精力放在人口经济学层面,以致他后来成为芝加哥大学人口经济研究中心主任。福格尔对诺斯评价颇高,他说:"像诺思那样有效地利用历史的理论家寥若晨星"。诺斯对福格尔的研究也十分推崇,他曾谈及:"他(福格尔)在历史人口统计学领域内的开创性工作,曾经并且仍然在改变着我们关于人口变化及其对经济绩效之影响的理解。"参见[美] 罗伯特·福格尔:《道格拉斯·诺思和经济理论》;[美] 诺思:《新制度经济学前沿·绪论》,[美] 德勒巴克等编:《新制度经济学前沿》,张宇燕等译,第26—27、18页。
③ [美] 诺思:《经济史上的结构和变革》,厉以平译,第17页。

库兹涅茨、福格尔及诺斯自己外,还有很多学者参与了这一进程。在这一进程中,一些学者得出的数据和结论扩展了诺斯的视野,他曾坦然承认为了创制"人口统计变动理论",他"直接利用了关于人口统计变化的文献"①,这其中包括菲尔普斯-布朗、希拉·霍普金斯、安斯利·科尔、卡洛·奇波拉、杜蒙德、查尔斯·蒂利、罗纳德·李、博塞鲁普、戴维斯、宾福德、弗兰纳里、达比等人的相关研究。

上述诸人的研究虽然都集中在人口经济学层面,但他们的侧重点、视角、方法均不尽相同,得出的结论也有所差别。诺斯参考了诸人的研究,并将他们的研究数据和结论创造性地应用到了自己的理论框架中,形成一个严密的逻辑体系。这个体系大致可分为四个层面:

首先,诺斯认为人类历史是一个人口增长率逐步提高的过程,这一结论得益于卡洛·奇波拉、安斯利·科尔的相关研究。在卡洛·奇波拉的《世界人口经济史》和安斯利·科尔的《人类的人口》中,历史人口增长率都得到了精密的测算,从史前时代到农业出现后,从中世纪到近代乃至于现代,都有非常精确的数字呈现。诺斯将上述研究吸收进来,作为其"人口统计变动理论"的基点。

其次,诺斯认为在人类历史进程中,鼓励人口大量增殖的群伙

---

① [美]诺思:《经济史上的结构和变革》,厉以平译,第11页。

一般都是胜出者。受宾福德《后更新世的种种适应性变化》及杜蒙德《人类人口的限制：自然史》等著作的影响，诺斯认为人类历史进程中虽有平衡人口增长和资源基础的机制出现，但执行这种机制的群伙一般都是失败者。这一观点是其"人口统计变动理论"的第二个环节。

再次，诺斯认为人口增长在某种程度上会促进技术进步的发生。这主要是受到博塞鲁普"人口推力假说"的影响。1965年，博塞鲁普出版《农业增长的条件：人口压力下农业演变的经济学》一书，认为人口压力可以推动技术变革，从而推动经济增长以及资源基础的增长。诺斯吸收了此观点作为"人口统计变动理论"的第三个环节。

最后，诺斯认为人口增长是有效产权实现、制度变迁发生的原动力。这一观点虽然采用了宾福德、弗兰纳里等学者的相关研究，但在主要方面无疑系诺斯独创。诺斯认为宾福德、弗兰纳里等人的缺陷在于没有形成人口统计理论，因而很多问题无法得到清楚解释，而他的模型却能合理地解释共有产权、国有产权以及私有产权的形成。此为其"人口统计变动理论"的第四个环节，也是其中最重要的一环。

诺斯认为古典主义模型是悲观的，而新古典主义模型却是乐观的。悲观与乐观的差异焦点则集中在人口增长与资源关系上。诺斯学术的基点乃是新古典主义无疑，其人口增长战胜资源紧缺的乐观论点显然是经由新古典主义模型改造古典模型而形成的。

三、与马克思制度理论的异同

在诺斯看来,经济学研究可供汲取的学术资源"不外乎古典主义、新古典主义和马克思主义理论"①。诺斯认为新古典模型是乐观的,而古典模型是悲观的,两种模型虽都有不完善之处,但却都曾对经济史研究助益良多。在上文中,我们已经论述了诺斯对新古典模型和古典模型修正与改造,这种修正、改造之所以能够实现,在某种程度上得益于马克思、熊彼特、哈耶克的相关理论,其中以马克思政治经济学为最。

诺斯亲口承认过他"本人曾是马克思主义者"②,并把他的学术经历描述为"从马克思到认知科学的漫长而飘渺之路"③。马克思主义在诺斯看来比较难于界定,因为不同的马克思主义理论家对其解释也是千差万别的。但不管怎样,诺斯认为用马克思主义来修正抽象的新古典模型不失为良策。"因为它(马克思政治经济学的框架)将新古典框架舍弃的全部要素都包括在内:制度、产权、国家和意识形态。"④在诺斯制度变迁理论的建构过程中,马克思政治经济学的所有制理论、国家理论以及意识形态理论都对其

---

① [美]诺思:《经济史上的结构和变革》,厉以平译,第69页。
② [美]诺斯:《经济变迁的过程》,《经济学(季刊)》2002年第4期,第800页。
③ [美]德勒巴克等编:《新制度经济学前沿——从新制度经济学角度的透视》,张宇燕等译,第10页。
④ [美]诺思:《经济史上的结构和变革》,厉以平译,第71页。

产生过一定的作用,以至埃尔特斯戏称其为"现代的马克思"。①

马克思是一个制度论者,同时也是一个"时间"论者。马克思一直都是以宏大的历史视角来俯视人类社会的进程,譬如他曾指出某些古典经济学家的错误在于"把资本主义制度不是看做历史上过渡的发展阶段,而是看做社会生产的绝对的最后的形式"②。在论述所有权时马克思也是将其固定在一定的时间段里,如其云:"在每个历史时代中所有权是以各种不同的方式、在完全不同的社会关系下面发展起来的。"③诺斯与科斯、阿尔钦等新制度论者的差别,就在于其多出这样一个时间的维度。诺斯理论中时间维度的出现在一定程度上是得到了马克思的启发,所以当他提及马克思的研究范式时也总是不无敬意。他曾说:"马克思之强调的产权在有效率的经济组织中的重要作用以及现存产权体系与新技术的生产潜力之间紧张关系在发展的观点,堪称是一项重大的贡献。"④诺斯认为只有马克思"确实提供了从中世纪野蛮时代到现代欧洲经济历史的单一路径"⑤。

但诺斯也曾在多个场合表达过对马克思主义的不满,这种不

---

① Jon Elster, "The Contradictions of Modern Societies," *Government and Opposition*, Vol.19, No.3, 1984, pp.304–311.
② [德]马克思、恩格斯:《马克思恩格斯全集》第 2 版第 44 卷,人民出版社 2001 年版,第 16 页。
③ [德]马克思、恩格斯:《马克思恩格斯文集》第 1 卷,第 638 页。
④ [美]诺思:《经济史上的结构和变革》,厉以平译,第 71 页。
⑤ [美]诺思、罗伯特·保罗·托马斯:《庄园制度的兴起和衰落:一个理论模型》,转引自盛洪主编:《现代制度经济学》,北京大学出版社 2003 年版,第 303 页。

满使他最终抛弃了马克思主义模型。诺斯对于马克思最不满的地方有二：一是发生在历史的尽头。"马克思的故事得出的结果是乌托邦的(尽管沿着这一方式继续发展的马克思主义者的著作更加有害)，这一研究中的制度分析没有承诺提供一个愉快的结果。"①二是发生在历史的源头。诺斯指出：

> 马克思主义模型的局限性，在于没有一个理论解释技术变革率，还在于在无视其他变革原因的情况下对技术的强调。例如马克思轻视人口变动在历史上的重要作用。马克思不想让人口变动在他的模型中起重要作用是可以理解的；但是一个马克思主义模型要是吸收人口增长则将大大提高它的说服力。②

诺斯一直认为技术不一定是经济增长的最关键因素，早在1960年代他发表的论文中就已经呈现出这样的观念了。③ 对于马克思的生产力(技术函数)动力论，诺斯并不以为然，他认为马克思关注技术只是他自己身处工业革命大时代的结果，是一个历史

---

① ［美］诺斯：《制度、制度变迁与经济绩效》，刘守英译，第177—178页。
② ［美］诺思：《经济史上的结构和变革》，厉以平译，第71页。
③ 譬如诺斯在1968年所写的有关海运的文章里就指出，真正致使17、18世纪英国海运生产力增加的原因并非技术的进步，而是制度的改变。在1971年他发表文章又一次批评经济史家们把技术变化作为经济增长根源的倾向。参见 Douglass C. North, "Sources of Productivity Change in Ocean Shipping, 1600-1850," *Journal of Political Economy*, Vol.76, No.5, 1968, pp.953–970; Douglass C. North, "Institutional Change and Economic Growth," *The Journal of Economic History*, Vol.31, No.1, 1971, p.119.

的局限,所以,马克思没有把人口增长当作其模型的原动力是令人遗憾的。

关于诺斯与马克思制度理论的异同,学界已经多有讨论。有的学者把差异的一面放大开来,其意图在于批判诺斯的重大"缺陷",以维护马克思的绝对意味。① 有的学者则把同的一面凸显出来,目的是为了促进两者互相融通,以丰富当代经济学的理论。② 这两种方法看似不同,但其实都是把诺斯放在被批判的位置,不管是出于有意还是出于无意,立场意识都占据了很大的成分,因而评价的客观性就要打一定折扣了。

诺斯对马克思生产力—生产关系的宏观构建一直持赞赏态度,认为这是"理解社会变迁的关键史实"③。有学者认为诺斯的研究系"借助于一系列中介环节或中介过程,解释了生产力(技术)—生产关系(经济基础)—上层建筑之间的具体作用机制,进

---

① 参见高德步:《制度变迁理论:马克思与诺斯》,《经济学家》1996 年第 5 期;林岗、刘元春、张宇:《诺斯与马克思:关于社会发展和制度变迁动力的比较》,《中国人民大学学报》2000 年第 3 期;林岗、刘元春:《诺斯与马克思:关于制度的起源和本质的两种解释的比较》,《经济研究》2000 年第 6 期;林岗:《诺斯与马克思:关于制度变迁道路理论的阐释》,《中国社会科学》2001 年第 1 期;林国先:《制度理论:马克思与诺斯》,《经济学动态》2002 年第 9 期。

② 参见张润君:《马克思与诺斯:两种制度变迁观之比较》,《西北师范大学学报》2000 年第 2 期;罗峰:《马克思主义与诺思的国家理论之比较》,《政治学研究》2001 年第 3 期;王松梅:《马克思与诺思:制度变迁理论的相互补充》,《求实》2003 年第 4 期;梁睿:《马克思与诺思制度变迁理论的比较研究》,《北方论丛》2007 年第 4 期;马鹏:《马克思与诺斯:社会主义经济制度研究中的融通》,《江苏大学学报》2009 年第 4 期。

③ Douglass C. North, "Is It Worth Making Sense of Marx?" Inquiry, Vol. 29, No.1 – 4, 1986, p.58.

而打造了马克思宏观制度分析的微观基础"①。这一观点虽有独到之处,但不能忽略的一点是,诺斯的理论基点是新古典主义的分析工具,二者似同而实异,不能因为他的理论里熔铸了马克思主义而把这一点忘记。

其实,马克思政治经济学和新古典主义经济学的哲学基础是一致的,都可归纳为建构理性主义。② 但它们又有所区别,马克思政治经济学是整体主义的,以历史理性为指归。它以异乎寻常的逻辑连贯性贯穿了人类历史的始终,形成"一种经济过程内在进化的伟大景象"③,它是实在论式的,具有绝对和独断的意味,我们可以视之为一种经济哲学。而新古典主义则是个人主义的,以个人计算为基点,由最大化分析、需求供给分析、成本收益分析、均衡分析等工具共同组合成一个个静态且完美的历史切片,它是精致的、微观的,可以对其做出一些具体的核算与检验。正如有学者指出:"交易成本经济学在微观、个体、制度形式及制度运行等方面的研究取得了长足的进步,而这些内容恰恰是马克思宏观、整体、历史和动态的分析框架中所遗漏的。"④

---

① 刘和旺:《马克思与诺思制度分析框架比较的新视角》,《经济纵横》2011 年第 1 期,第 6 页。
② 有关建构理性主义和演化理性主义的划分,参见 F. A. Hayek, *Studies in Philosophy, Politics and Economics*. Chicago: University of Chicago Press, 1967, pp.82—95.
③ [美] 熊彼特:《经济分析史》第 2 卷,杨敬年译,商务印书馆 2001 年版,第 102 页。
④ 方建国:《制度变迁的自然选择和暴力竞争:马克思与交易成本经济学的比较与综合》,《南昌大学学报》2012 年第 1 期,第 57 页。

诺斯虽然对马克思多有仰慕,但其立足点还是新古典主义的,其制度变迁理论中所采用的成本收益分析等方法,其指向是把经济人在成本约束下追求利润最大化作为短时段内经济活动的驱动力。新古典模型是静态的、短期的,用它来分析历史只能得到一个个既缺乏时间维度又缺少动态过程的封闭片段。譬如一块又一块多米诺骨牌,每一块骨牌都是一个有限、封闭、静态的模块,在这个模块内新古典主义的分析工具在起作用,但不会引起所有骨牌的运动,不会引起整体变迁。如果要想使这些骨牌像马克思政治经济学模型那样连贯地运动起来,则须在第一块骨牌处给予一个推动的力量,于是人口增长在诺斯的骨牌世界里就充当起了这样一个关键角色。

"搭便车"问题与诺斯制度
变迁理论的转向

诺斯的制度变迁理论目前已在世界经济学范围内产生了广泛的影响,从不同的角度对其研究的论文和著作可以用"卷帙浩繁"来形容。有一些学者通过仔细考察后指出,诺斯的制度变迁理论是存在前后变化的。有学者就曾指出诺斯的制度变迁理论在后期明显背离了新古典模型,而加入了过多的非经济约束内容。[1] 也有学者也指出诺斯在 20 世纪 90 年代后期的作品中,神话、偏见以及宗教禁忌等非正式约束比以往明显增多。[2] 韦森认为,从诺斯 2000 年后的一些论著中可以发现,他越来越注重研究人们的信念、认知、心智和意向性在制度变迁中的作用。[3] 晏鹰和朱宪辰则

---

[1] Ankarloo, Daniel, "New Institutional Economics and Economic History," *Capital & Class*, Vol.26, No.78, 2002, pp.9-36.

[2] Ben Fine and Dimitris Milonakis, "From Principle of Pricing to Pricing of Principle: Rationality and Irrationality in the Economic History of Douglass North," *Comparative Studies in Society and History*, Vol.45, No.3, 2003, pp.546-570.

[3] 韦森:《再评诺斯的制度变迁理论》,《经济学(季刊)》2009 年第 2 期,第 743 页。

认为诺斯的制度生发观经历了从理性建构到认知演化的发展过程。① 虽然不少学者都勾勒出了诺斯制度变迁理论变化的轨迹，但却普遍忽略了这种变化发生的深层机制。到底是什么原因促使诺斯制度变迁理论发生了如此显著的变化？我们的研究就试图回答这一问题。

一、诺斯解释"西方世界兴起"的逻辑线索

尽管新制度经济学学者普遍对新古典主义经济学忽略"制度"这一因素表达过不满，但无可怀疑的是，新制度经济学是在新古典主义经济学基础之上成长起来的，所以从不同的角度对其进行修正也就成了新制度经济学学者们惯用的策略。诺斯也是如此，他虽声称新古典主义经济学理论有必要增加与经济社会变迁相关的制度维度和时间维度，但他并不谋求颠覆新古典主义经济学理论，因为"新古典理论在分析发达国家的市场时作出了重大贡献，它为此提供了有益的知识和著作"②。这种贡献主要得益于新古典主义经济学中那套作为"强有力分析工具的价格理论"③。所以诺斯在进行经济史研究时，首先会运用新古典主义经济学方法

---

① 晏鹰、朱宪辰：《从理性建构到认知演化：诺斯制度生发观的流变》，《社会科学战线》2010年第2期，第54页。
② ［美］诺斯：《制度、制度变迁与经济绩效》，刘守英译，第14页。
③ ［美］诺思：《对制度的理解》，［法］克劳德·梅纳尔编：《制度、契约与组织——从新制度经济学角度的透视》，刘刚等译，2003年版，第17页。

集中去考察经济绩效。如《庄园制度的兴起和衰落:一个理论模型》一文采用的就是"标准的新古典主义经济学研究范式"[1]。1973年出版的《西方世界的兴起》一书更是运用新古典主义经济学方法"描述制度变革的参数转换"[2]的典范之作。

在《西方世界的兴起》中,诺斯首先确立了一个有关"人口增长"的逻辑基点,然后依据此基点,运用新古典模型进行推演。诺斯首先分析的是公元10世纪左右的西欧庄园制度。他指出,当封建主义能为当时四分五裂的社会提供稳定保障时,人口便会开始增长。"一旦人口增长使庄园有人满之患,总有新的土地开垦出来,并在新领主的保护下耕作。"[3]人口增长会导致土地边际收益递减的出现,要想克服上述问题,只能期待技术的飞速提升。倘若短时期内无法实现技术的飞速提升,则只能寄希望于移民了。土地边际收益递减的出现,使得欧洲的荒野被移民开发的浪潮席卷,商业和作为商业中心的市镇也逐渐发展了起来。

到了13世纪,欧洲的荒野基本上开发完毕,于是更严重的边际收益递减出现了。土地彻底成为稀缺资源,劳动力则变得十分充裕,相对价格在这个时代出现了重大变化。"农业价格相对于大多数非农业价格上升,也相对于货币工资上升,但也许不像租金上

---

[1] 孙圣民:《历史计量学五十年——经济学和史学范式的冲突、融合与发展》,《中国社会科学》2009年第4期,第149页。
[2] [美]诺思、托马斯:《西方世界的兴起》,厉以平等译,第5—6页。
[3] 同上书,第17页。

升得那么多。"①这样就有两个难题摆在庄园领主面前了,一是物价水平上升引起了货币收入实际价值的下降,而土地价值上升致使承租人的收益降低。解决的办法经常是领主将领地发还给直接耕作者,以避免出现过多的交易成本。

由于产量的增长一直跟不上人口的增长,饥荒的出现不可避免。之后便是人口数量的大幅度下降,这种下降的态势大概持续了一个世纪。于是土地又一次变得相对充沛,而劳动力却变得短缺不足,相对价格在这个时期又一次出现了重大变化,主要是地租相对于劳动价值下降,政府支出的最低必需水平相对提高,市场中的交易费用上升。这样的变化使降低地租和放宽依附关系成为可能。诺斯认为,是相对价格的变化导致了某些产权的固定,制度变迁由此发生。他指出:"劳动力短缺则改善了工人的谈判实力。在这一影响下,庄园制的主仆关系逐渐消失了。租约延长,农奴开始获得对其土地的专有权。"②当14世纪人口又重新开始增长时,"地区的和区际的商业恢复了,新技术得到了开发,庄园制和封建制的一些典型制度已经变得认不出来了"③。到了16世纪,价格水平持续上升,劳役不可逆转地被货币地租取代了,自由承租人和领取货币工资的工人成为时代的主角,庄园经济也就走向了

---

① [美]诺思、托马斯:《西方世界的兴起》,厉以平等译,第64页。
② 同上书,第19页。
③ 同上书,第46页。

死亡。①

16世纪，欧洲各地的人口又开始了新一轮的增长。人口的增长导致出现了新的收益递减，相对价格的变化也随之呈现出来：土地价格日益昂贵，农产品价格相对于工业品价格上升，而劳动工资相对于土地价格下降了。这一趋势在16世纪并没有停止，收益递减进一步发展，最后西欧迈进了受累于马尔萨斯抑制的17世纪，饥荒、瘟疫再次席卷欧洲各国。② 但是在17世纪，欧洲历史上首次有地区和国家逃脱了马尔萨斯陷阱，如荷兰和英国；而有些国家却失败了，如法国、西班牙、意大利和德国。③ 那么问题来了，为什么会出现这么大的差异呢？

诺斯通过考察指出，法国和西班牙失败的原因就在于："这两个专制君主国家在被卷入的争夺政治统治的斗争中不能创建一套提高经济效率的所有权"④，而荷兰与英国在人口增长刺激创新的基础上，创造出了能降低交易成本的制度，从而提高了经济组织的效率，这使得私人收益率接近了社会收益率。如此便克服了马尔萨斯危机，实现了经济的持久增长。⑤

在《西方世界的兴起》一书中，诺斯的逻辑显然是建立在新古典主义经济学模型基础之上的。在研究西方世界几个世纪以来的

---

① ［美］诺思、托马斯：《西方世界的兴起》，厉以平等译，第102页。
② 同上书，第144页。
③ 同上书，第130页。
④ 同上书，第150页。
⑤ 同上书，第191页。

经济演变过程中,"价格理论"始终是他用以解析问题的锋利武器。通过这一武器,他基本上勾勒了"人口增长—土地边际收益递减—相对价格变化—调整所有权形式—制度变迁"这样一条逻辑线索。

二、诺斯解释"西方世界兴起"的理论缺陷

如上所述,诺斯在《西方世界的兴起》一书中勾勒出了一条逻辑线索,这条线索在解释中世纪庄园领主经济衰败乃至于消亡时环环相扣,逻辑颇为清晰,体现出了令人折服的解释力。

在解释荷兰、英国如何走向成功的时候,诺斯也采用上述的逻辑线索。逻辑的起点无外乎人口增长动力论,即在16世纪欧洲人口迅速增长,人口增长致使农业报酬递减,所有商品价格都在上涨,实际工资下降。土地价格相对于工资大幅度上涨,同时农产品价格相对于工业品价格也大幅度上涨。诺斯认为:"这些新的相对价值一并造成强大动力促使重新调整资源配置。"①相对价格的变化具体是怎样导致所有权形式的调整的? 又是怎样促使有效率的经济组织形成的? 在这一环节上,诺斯多少表现得有些失语,环环相扣的逻辑在这里出现了一定缺环,于是他不得不将变化归因于神秘的超经济的国家力量。如在论及16世纪的荷兰时,他就指

---

① [美] 诺思、托马斯:《西方世界的兴起》,厉以平等译,第185页。

出:"国家总是想方设法降低交易费用来刺激商业。"①在解释英国时也是一样,如其说:"随着市场的发展,英国采用了为荷兰所熟知的那些商业创新"②,即降低交易费用的那些制度。把制度创新的施动者归因为神秘的超经济的国家力量,则意味着建立在新古典模型上的"价格理论"的逻辑力度大打折扣。

国家理论是诺斯制度变迁理论的第二支柱,这一理论在他于1981年出版的《经济史上的结构与变革》一书中得到了集中阐释。诺斯对国家的看法集中体现在下列悖论中:"国家的存在对于经济增长来说是必不可少的;但国家又是人为的经济衰退的根源。"③他认为,国家统治者"将不断使制度变革创新以适应相对价格变动","土地和劳动相对短缺的变化使劳动变得匮乏,从而导致统治者创新制度变革以适应劳动力租金上升"。④ 当然,国家统治者的专制意志具有明显的主动性,且必须被理解为一种不可控的、超经济的力量。国家理论虽在《经济史上的结构与变革》中得到了集中阐释,但在《西方世界的兴起》一书的后半部分却已露端倪。国家这种超经济力量的引入,也意味着诺斯对新古典主义经济学"价格理论"的一定程度的背离。

按照诺斯的说法,有效率的经济组织是近代荷兰、英国兴起

---

① [美] 诺思、托马斯:《西方世界的兴起》,厉以平等译,第168页。
② 同上书,第186页。
③ [美] 诺思:《经济史上的结构和变革》,厉以平译,第25页。
④ 同上书,第38页。

的关键因素,但有效率的经济组织在荷兰、英国的形成又得益于一系列的制度设计。在诺斯的叙述中,有一些关于国家统治阶层进行制度安排的案例,如 16 世纪安特卫普在贸易和金融方面取得空前地位,就得益于勃艮第公爵推动的减少行会排外垄断的那些制度。① 而 1543 年尼德兰君主查理五世批准了为教皇所禁止的有息放款,这也使得有效率的资本市场在低地地区发展了起来。② 在 17 世纪的英国,国家颁布的《垄断法》"不仅禁止王室垄断,而且在法律中还包含了一个鼓励任何真正创新的专利制度"③。此外,土地使用法令、股份公司和存款银行等制度安排也纷纷出现。④ 总之,诺斯认为国家统治阶层会因相对价格变化而进行制度安排,在这一过程中,自愿团体或个人起不了太大的作用。诺斯认为:

> 在地方市场和专有特权并存的社会,个人或自愿团体能为创新或改进所受的影响,即使不是完全没有也是有限的。只有个人与王权通力合谋才能达到在这种产品市场上进行变革的强制权力。⑤

那么问题来了,个人或自愿团体缘何对创造和实施所有权起

---

① [美]诺思、托马斯:《西方世界的兴起》,厉以平等译,第 191 页。
② 同上书,第 174 页。
③ 同上书,第 184 页。
④ 同上书,第 192 页。
⑤ 同上书,第 189 页。

不到作用？诺斯就此解释说："对于任何团体和个人来说，创造和实施所有权的费用可能超过收益。"①这种状况会使得个人或自愿团体基于个人计算而会选择"搭便车"。

《西方世界的兴起》一书中引入了国家力量，诺斯的主要观点是：国家统治阶层会因相对价格变化而进行制度安排。但这一结论却很难解释为什么有的国家取得了成功，实现了长期的经济增长，而为什么有的国家却走向了失败？可能诺斯也意识到了其理论的局限性，正如他后来反省说，国家理论"要为产生低效率产权的政治经济单位的固有的趋势提供解释"②。当"国家统治阶层会因相对价格变化而进行制度安排"这一结论无法解释低效率产权的产生这一事实时，诺斯就不得不继续反思自己的理论，而谋求更新的变化了。

三、"搭便车"问题与诺斯的国家理论

按照诺斯的学说，政府创造和实施产权的费用是比较低的，所以统治阶层会因相对价格变化而进行制度安排，于是荷兰和英国都走向了成功。既然如此，那么为什么会有国家长期存在低效率产权而不予以变更呢？这种国家顽强的稳定性如何解释？这恐怕是诺斯国家理论的一大困局。

---

① ［美］诺思、托马斯：《西方世界的兴起》，厉以平等译，第9页。
② 同上书，第21—22页。

1981年,诺斯出版《经济史上的结构与变革》一书。在此书中,诺斯把以前的国家理论大致分为了两种类型,一是契约理论,另一种为掠夺理论。诺斯认为上述两种国家理论虽都有可取之处,但却也存在着一定的缺陷。为此,诺斯谋求把两种理论整合起来,用"暴力潜能"论来解释国家的存在。诺斯指出,国家所提供的基本服务具有两个目标:一是规定竞争和合作的基本规则(即规定要素和产品市场的所有制结构),以便使统治者所得的租金达到最大化;二是在第一目标的框架内减少交易费用以促进社会产出最大化,从而增加国家税收。① 但这两个目标并不完全一致,一般来说,统治者为使"垄断租金"最大化,并不关心减少交易费用和创制有效率产权,从而会阻碍经济的增长。基于上述认识,诺斯认为国家在"交易约束"与"竞争约束"下,往往会界定一套有利于统治者租金垄断但却低效率的产权结构,从而阻碍经济的增长。诺斯认为产生低效率是国家的普遍趋势。②

在"交易约束"与"竞争约束"下产生低效率是国家的普遍趋势,以此结论来解释西班牙和法国的失败的确合情合理。但一个新问题又出现了:既然统治者为使"垄断租金"最大化,并不关心减少交易费用和创制有效率产权,那么荷兰与英国的制度创新又何以走向成功呢?这恐怕是诺斯国家理论的又一大困局。为了解决这一理论困局,诺斯的目光开始转向个人或自愿团体:提升个

---

① [美]诺思:《经济史上的结构和变革》,厉以平译,第29页。
② 同上书,第28页。

人或自愿团体在制度变迁中所起的作用。

在《西方世界的兴起》一书中,诺斯把产权变革的承担者赋予了国家统治阶层,对于个人或自愿团体所起的作用并没特别看重,因为他认为个人或自愿团体会基于个人计算而选择"搭便车"。但当他的国家理论无法自洽时,他就开始回过头来审视个人选择和个人意志自由了,同时也由个人上升到了研究家庭决策、公司和利益集团。①《经济史上的结构与变革》一书更是详细讨论了个人选择和利益集团在制度变迁中的作用,以弥补自己国家模型的不足,并使之成为国家理论的一部分。

诺斯曾经非常重视布坎南、塔洛克、唐斯、奥尔森等人的公共选择理论,尤其对奥尔森的一些观点一度极为推崇。奥尔森在1965年出版了《集体行动的逻辑》一书,此书提出了集体行动中的"搭便车"问题——不付成本而坐享他人之利,从而对利益集团政治学进行了破解。②受其影响,诺斯在《西方世界的兴起》一书中采用了奥尔森的说法,即个人或自愿团体基于个人计算会选择"搭便车"。在《经济史上的结构与变革》一书中,诺斯也重申过此观点,如其指出,产权的变更应该发生在个人收益超过个人成本的场合,否则的话,"搭便车"问题将会阻止制度变更的发生。③诺斯虽

---

① Douglass C. North, "Structure and Performance: The Task of Economic History," *Journal of Economic Literature*, Vol.16, No.3, 1978, pp.963-978.

② [美]奥尔森:《集体行动的逻辑》,陈郁等译,上海三联书店1995年版,第2页。

③ [美]诺思:《经济史上的结构和变革》,厉以平译,第37页。

然在《经济史上的结构与变革》中又一次强调了"搭便车"理论,但与以往推崇这一理论不同,诺斯在此书中已对"搭便车"理论产生了疑问,他觉得"搭便车"理论"显然不足以说明当个人收益微不足道或为负数时,大集团改变产权结构的行为。"①

在《经济史上的结构与变革》中,诺斯在重视国家统治阶层的基础上,同时把目光也集中到了选民群体身上。他宣称自己要考察"统治者和选民之间的紧张关系",并认为"这种关系导致统治者控制的削弱和政治上多元化的出现"②。因为"国家是受其选民的机会成本所制约的","统治者垄断权力的大小是不同选民团体替代密度的函数"③。基于上述认识,诺斯进一步指出:"相对价格变化,增强选民群体的谈判能力,从而可能导致变更规则,使该群体收入增加,或者选民可能迫使统治者放弃他制定规则的某些权力。"④

为了印证自己的设想,诺斯和温格斯特对17世纪英国进行了详细研究,以考察劳工协会、政党等选民群体对制度变迁的互动式影响。⑤ 随后,他又同米尔格罗姆、温格斯特对荷兰基尔特商人行会与早期商业法规与司法程序的形成做出了初步的解释。⑥ 在上

---

① [美] 诺思:《经济史上的结构和变革》,厉以平译,第37页。
② 同上书,第28页。
③ 同上书,第29页。
④ 同上书,第36页。
⑤ Douglass C. North and Barry R. Weingast, "Constitutions and Commitment: The Evolution of Institutions Governing Public Choice in Seventeenth-Century England," *The Journal of Economic History*, Vol.49, No.4, 1989, pp.803–832.
⑥ Paul R. Milgrom, Douglass C. North and Barry R. Weingast, "The Role of Institutions in the Revival of Trade: The Law Merchant, Private Judges, and the Champagne Fairs," *Economics and Politics*, Vol.2, No.1, 1990, pp.1–23.

述两项研究中,诺斯等人运用了博弈论的思路对选民群体与统治者之间的紧张关系进行了考察。在考察中,他们还是坚持个人利益最大化的观点。这可能是诺斯对个人计算的最后尝试,不过恐怕还是无助于解决"搭便车"问题。仅凭新古典主义经济学模型,荷兰和英国早期商法体系和司法机构的历史型构过程的内在动力机制不是那么好解释,而现代市场经济秩序的萌发与扩展也恐怕不是那么容易说明。①

从1981年到1990年,为了维持其制度变迁理论的新古典主义经济学根基,诺斯也曾近乎执拗地坚持着个人利益计算,一次又一次地捧出奥尔森的"搭便车"理论以之为后盾。但"搭便车"问题总得要破解,否则,制度变迁便不能进一步向前推进。说到破解"搭便车"问题,奥尔森也提出过"相容性利益集团"和"选择性激励"等几种可能。② 但这些仅仅是可能,并不一定就能破解"搭便车"问题。正是因为"搭便车"问题难以破解,也在另一方面说明了"集体行动的逻辑"实质上乃是"集体行动的困境"。

为了破解"搭便车"问题,诺斯也显示出了某种质疑个人利益最大化计算的苗头。在《经济史上的结构与变革》一书中,诺斯就质疑说:

> 白搭车问题确实可以说明,凡是不存在特定一方利益的

---

① 韦森:《个人主义与社群主义——东西方社会制序历史演进路径差异的文化原因》,《复旦学报》2003年第3期,第3页。

② [美] 奥尔森:《集体行动的逻辑》,陈郁等译,第31—42页。

地方大团体便不稳定。人民厌恶投票选举、匿名的自由献血不能为医院提供充足的血浆。但是迄今为止,新古典模型还不能充分说明正面的现象。大团体在没有明显收益补偿个人参与付出的大笔费用时确实在行动;人民确实去投了票,他们确实参加了匿名献血。①

基于此,诺斯指出,新古典模型所用的成本收益计算过于有限,现实中的个人效用函数要复杂得多。因此,有必要引入"意识形态"理论才能破解"搭便车"问题。于是,诺斯的制度变迁理论在一定程度上就转向了关于信念、认知、心智和意向性的研究。

四、"意识形态"转向

在《经济史上的结构与变革》一书中,诺斯已经认识到:"只用一种分析来说明行动者只认同个人纯收益(狭义的经济学术语),那会给国家结构变革的研究造成重大障碍。为了解决'搭便车'问题,必须构建一种意识形态理论。"②为此,诺斯在书中第五章专门讨论意识形态和"搭便车"问题。诺斯认为如果没有意识形态理论的话,解释现行资源配置或历史变革的能力便会有很大的缺陷。那么什么是"意识形态"呢?诺斯将其界定为"使个人和集团

---

① [美]诺思:《经济史上的结构和变革》,厉以平译,第 54 页。
② 同上书,第 39 页。

行为范式合乎理性的智力成果"①。长期的经济变革之所以发生，除了相对价格的变化外，另外一个重要的因素就是意识形态的演进。有了意识形态理论，就可以实现对"搭便车"问题的破解了。

1990年，诺斯出版《制度、制度变迁与经济绩效》一书。在此书当中，诺斯首先将制度定义为社会游戏规则，接着他又将规则区分为正规制约和非正规制约两种。其中非正规制约又包括名誉、文化和传统习俗等。② 诺斯认为，新古典主义经济学模型总是主张个人效用最大化，但实际上，人类的行为要复杂得多，像利他主义行为就很难用新古典主义模型来计算，而放置在非正规制约的范围里则相对容易理解。

如上所述，诺斯在20世纪80年代十分强调个人或自愿团体在制度变迁中的作用。在《制度、制度变迁与经济绩效》一书中，诺斯进一步对组织和企业家做出了重点论述。作为制度变迁的主角，组织与企业家对于知识、技能、学习机制的掌握将对制度变迁影响深远。③

无论是名誉、文化和传统习俗等非正式制约，还是组织与企业家对知识、技能、学习机制的掌握，这些内容的形成大抵与人们的心智能力息息相关。人们的认知能力在辨识外部环境和处理外部信息时，便会演化出一定的规则和程序，所以制度变迁应该被理解

---

① [美] 诺思：《经济史上的结构和变革》，厉以平译，第57页。
② [美] 诺斯：《制度、制度变迁与经济绩效》，刘守英译，第49—73页。
③ 同上书，第101页。

成个人心智能力与外部环境互动、与外部信息交换的过程。如从这一角度来理解,那么人的主观认知便具备双重功能,即它既是推动制度变迁的动力,又是维持制度均衡的力量。①

尽管诺斯在后来越来越注重心智能力的作用,但他也没有放弃相对价格变化是制度变迁的推动力量这样一个基本认识。至于两者之间的关系,诺斯也曾经解释说,相对价格的变化,会相应地改变人们的偏好和嗜好,从而改变人们心智构造,继而影响人们的行为模式,最终会引发制度的变迁。② 当然,由于人们在与外部进行信息交换时存在着一定的心智能力局限,这也会起到限制行为人进行选择的作用,因而会形成所谓的"路径依赖",使制度进入到一种长期的锁定状态。③ 通过剖析人的心智能力,便可以解释人们为什么会愿意"搭便车",同时也可以解释克服"搭便车"、推动产权调整和促进制度变迁是怎么发生的。

1998年,诺斯在第二届新制度经济学国际年会上演讲时曾提出"信仰转变为制度,制度转变为经济的演进方式"④这一论题。2002年,他在北京大学中国经济研究中心演讲时又提出过"规范是信仰和认知的函数"⑤。2005年,诺斯出版了《理解经济变迁的过程》一书。在此书中,诺斯进一步论述了人类的心智能力和认知

---

① [美]诺斯:《制度、制度变迁与经济绩效》,刘守英译,第23—36页。
② 同上书,第113页。
③ 同上书,第128页。
④ [美]诺思:《对制度的理解》,[法]克劳德·梅纳尔编:《制度、契约与组织——从新制度经济学角度的透视》,刘刚等译,第18页。
⑤ [美]诺斯:《经济变迁的过程》,《经济学(季刊)》2002年第4期,第799页。

模式对于制度变迁的影响。诺斯认为,在稀缺性的经济学框架中会出现竞争,竞争是制度变迁的关键,因为竞争会迫使组织不断地对技能和知识进行投资,这会塑造人们关于机会和选择不断演化的感知。而感知是从参与者的心智模型中得来的。① 对技能和知识进行投资就是学习的过程,诺斯指出:

> 学习的过程对于每个个体来说都是不同的,但是一个共同的制度/教育机构(第5章的主题)将会导致共同的信念和感知。因此,一个共同的文化遗产提供了一种减少人们在社会拥有的不同的心智模型的方式,构建了一种代际之间传递共同感知的途径。②

在诺斯这里,知识这一视角侧重于个体的学习过程,强调对个体感知的塑造;而文化背景则是一种支撑框架,它塑造了人类的交互作用,从而也能塑造共同感知。正如个体的知识水平会决定其感知和信念一样,诺斯认为处于文化背景中的感知决定了人类的信念。③ 我们面对的世界是一个由信念和制度构成的复杂混合体,它们会随着时间的推移而演化,从而决定着人类的生存条件。④ 至于信念和制度的关系,诺斯则作如下解释:

---

① [美] 诺思:《理解经济变迁过程》,钟正生等译,第55页。
② 同上书,第26页。
③ 同上书,第46页。
④ 同上书,第42页。

信念体系和制度框架有着密切联系。信念体系是人类行为的内在表现的具体体现,制度是人们施加给人类行为的结构,以达到人们希望的结果。也就是说,信念体系是内在表现,制度是这种内在表现的外在显示。因此,经济市场的结构反映了制定游戏规则的那些人的信念。①

诺斯坚信,人们的信念决定其选择,这些选择会建构人类所处的环境,因此,信念不但建构经济变迁的过程,同时也在一定程度上决定着人类社会的演化进程。既然信念决定着人们的选择行为,则信念体系无疑是克服"搭便车"问题的一剂良药。

在信念和价值观塑造经济变迁这一问题上,诺斯坦言自己曾受到过马克斯·韦伯和速水佑次郎的启发。② 但对他影响最大的经济学家当属哈耶克。他曾谈道:"除了极少数重要的经济学家如弗里德里希·哈耶克外,大多数经济学家都忽视了思想观念在决策中的重要作用。"③诺斯对哈耶克的《感觉的秩序》一书评价极高,认为它是"理解学习过程和信念形成等方面的开创性著作"④。诺斯晚年益发成为哈耶克的信徒不言而喻,但一个问题是,哈耶克《感觉的秩序》一书出版于1952年,涉及一般演化思想的《自由宪章》《法律、立法与自由》《致命的自负》也均是出版多年,为什么这

---

① [美] 诺思:《理解经济变迁过程》,钟正生等译,第47页。
② 同上书,第53页。
③ 同上书,第5页。
④ 同上书,第31页。

些著作直到很晚才激发了诺斯的兴趣？对此,我们的回答是：诺斯最早试图在新古典主义经济学的框架里解释制度的变迁,当这一尝试无法自洽时,他才不得不引入了国家理论。但当"价格"理论和国家理论都无法解决"搭便车"问题时,他才不得不转向心智和意向性,从而走近了注重心智决策的哈耶克。

诺斯制度变迁理论与哈耶克心智学说关系辨析

诺斯的制度变迁理论明显经历了一个由产权理论到国家理论再到意识形态理论这样一个不断调试的过程。诺斯的意识形态理论最初强调的是知识社会学,后通过对哈耶克心智学说和当代认知科学的研究,实现了由知识到文化的拓展。

到底是什么原因使得诺斯的制度变迁理论发生了明显的转向?这一问题我们在前文进行了解释,本节将进行部分补充。至于为什么诺斯后来会走向哈耶克学说?本节将进行详细论述,在辨析诺斯制度变迁理论与哈耶克心智学说关系的基础上,勾勒诺斯意识形态理论由知识到文化的拓展轨迹。

一、诺斯制度变迁理论的转向

新制度经济学往往强调新古典主义经济学的缺陷并引入制度因素以进行修正,然而其理论的立足点毕竟是新古典主义经济学,而新古典主义经济学理性假设下的均衡分析框架在新制度经济学那里依然适用。具体到制度变迁理论,相关学者也多次提到新古典主义经济学理论对于经济史研究的重要性,如诺思认为新古典模型是"新古典经济学运用于历史的最有力的分析工具之一"①。诺斯指出:"新古典理论中对我们有用的部分——特别是作为一套强有力分析工具的价格理论应与我们正在建构的制度理论很好地整合在一起。"②

在诺斯早期的主张中,新古典模型尤其是价格理论是其制度变迁理论的主要分析工具。在1971年出版的《制度变迁与美国经济增长》一书中,诺思与戴维斯从"规模经济"、"外部性"、"风险"、"交易费用"四个层面讨论了促进美国发展的重要因素。其中所举案例多涉及相对价格的变动,如讨论"风险"时,他们论证了单一安全的价格波动效应的保险。在讨论诱致性创新时,他们指出,要素相对价格的变化是这种创新的根源之一。"企业将面临某一要素相对价格的降低,在给定的时间内,它将会改变生产流程,从而更多地利用那些投入要素相对便宜了的生产流程,较少使用相对价格上升了的生产流程。"③总之,在现有安排结构内,技术、市场规模、相对价格、收入预期等积极因素不能合理实现时,制

---

① [美]诺思:《经济史上的结构和变革》,厉以平译,第12页。
② [美]诺思:《对制度的理解》,[法]克劳德·梅纳尔编:《制度、契约与组织——从新制度经济学角度的透视》,刘刚等译,第17页。
③ [美]科斯、阿尔钦、诺思:《财产权利与制度变迁——产权学派与新制度学派译文集》,第306页。

度创新就呼之欲出了。

与《制度变迁与美国经济增长》相比,诺斯1973年出版的《西方世界的兴起》一书更是将相对价格变化作为了制度变迁的推动力量。在该书中,诺斯重点分析了欧洲封建制度的解体过程。他指出,当封建制度能提供安全稳定时,便会促进人口的增长,于是土地边际收益递减的状况也会相应地出现。当土地变得稀缺,劳动力变得充裕,相对价格则会出现显著变化。这样的情况在几个世纪里接连出现,从而导致了某些产权的固定,制度变迁由此发生。在《西方世界的兴起》一书中,价格理论无疑是诺斯解析制度变迁问题的利器。也就是说,诺斯早期制度变迁理论的逻辑显然是建立在新古典模型基础之上的。

按照诺斯的逻辑,相对价格的变化会引发所有权形式的调整,从而促成制度变迁的发生,正所谓"制度变迁及相对价格的根本变化是该变迁的重要源泉"[①]。然而有个问题似乎难以解释,即同是在欧洲,荷兰和英国进行了有效的制度创新从而走向了成功,而其他国家何以长期存在低效率产权而无法诉诸更为合理的制度安排呢?为了解决这一理论困境,诺斯又进一步创制了国家理论。相对价格的变化属于新古典模型的范畴,是可以用函数来描述的,而国家的行为却往往超越人类的理性认知,属于不可控的、超经济的力量。诺斯认为:"国家的存在对于经济增长来说是必不可少的;

---

① [美]诺斯:《制度、制度变迁与经济绩效》,刘守英译,第112页。

但国家又是人为的经济衰退的根源。"①也就是说,国家对经济的影响是无法用模型来表述的。从这一角度来说,诺斯并没有建立起十分自洽的国家理论。甚至可以说,整个新制度经济学都没有很好的国家理论。

诺斯的制度变迁理论大致由产权理论、国家理论和意识形态理论三部分所构成,但这三个部分并不完全是并列的关系,而是在一定程度上存在着"转向"的变化。当"价格理论"无法自洽时,诺斯则不得不将产权变化归因于超经济的国家力量;而当国家理论又无法自洽时,诺斯又切入了意识形态的领域,由此开启了他后期制度变迁理论注重研究心智、认知及信念的闸门。

在1981年出版的《经济史上的结构与变革》一书中,诺斯就专门开辟了第五章用以讨论意识形态问题。1990年,诺斯出版《制度、制度变迁与经济绩效》一书。在此书当中,诺斯注意到了由文化派生并被实践不断修正的主观观念。2005年,诺斯又出版了《理解经济变迁的过程》一书。在此书中,诺斯进一步论述了人类的心智能力和认知模式对于制度变迁的影响。综上可见,在诺斯的晚年,的确是越来越注重意识形态对制度变迁的影响了。

与古典经济学倡导劳动价值论不同,新古典主义经济学在边际革命这一基点上生成,不但强调生产和成本,同时也十分重视效

---

① [美]诺思:《经济史上的结构和变革》,厉以平译,第25页。

用和需求,因而走向了主观与客观相结合的价值论。进入 20 世纪后,新古典经济学进一步熔铸了激励、道德、选择、预期、博弈等观念,也更趋重视人的主观世界。新制度经济学的立足点是在新古典主义经济学那里的,因而也保留了对主观价值的认同取向。在这一方面,诺斯也不例外,在其早期的制度变迁理论中,就可以发现他除了强调相对价格的变化外,还十分强调偏好的变化对制度变迁的影响。比如讨论外部性即外部成本与收益的变化时,就以消费者嗜好的变化引起日用品需求量的增加,从而导致价格的上升作为例证加以分析。当然,反过来也可以说:

> 很显然,相对价格的变化在嗜好的变化中起一定的作用。也就是说,相对价格在一段时期的根本变化,会改变人们的行为模式,也会改变人们对构成行为标准的方面所进行的合理化解释。①

在《制度、制度变迁与经济绩效》一书中,诺斯进一步将制度变迁的直接动力归结为"相对价格或偏好的变化"。当然,诺斯也承认,"价格变化与观念这两者的确切组合仍然远没有搞清楚"。但是他还是尝试诠释两者之间的关系:"相对价格的变化通过事先存在的精神构想来进行过滤,从而构成了我们对这些价格变化的

---

① [美]诺斯:《制度、制度变迁与经济绩效》,刘守英译,第 113 页。

理解。很显然,思想以及它们所赖以存在的方式在这里是起作用的。"①

早在《经济史上的结构和变革》一书当中,诺斯就曾尝试建立相对价格变化与思想观念变化之间的联系,如其提出相对价格的四种变化对个人制度公平性观念的改变,这四种变化分别是:

> 1. 否定个人资源增长的产权方面的变化,而在此之前,个人资源增长已被看做是符合惯例的或合法的(如圈占公有地);2. 要素或产品市场的交易费用从合理的交换率下降;3. 个别劳动集团的相对收入地位下降;4. 信息费用减少,使个人发现在别处可能有不同的、更有力的交易条件。②

可见,诺斯是一直相信相对价格变化和思想观念变化存在逻辑线索的。从 20 世纪 80 年代到 90 年代,诺斯也一直在尝试建立起两者之间的函数关系。当然,诺斯最终坦然承认自己未能厘清两者之间的关系。尽管如此,这种认识还是具有一定的价值,在诺斯由新古典主义经济学模型向人类心智维度迈进过程中,至少是承担了铺路的角色,或是起到了探路的作用。

---

① [美] 诺斯:《制度、制度变迁与经济绩效》,刘守英译,第 113 页。
② [美] 诺思:《经济史上的结构和变革》,厉以平译,第 59 页。

二、哈耶克心智学说的启发

在新古典主义经济学那里，个人行为可以表述为一个效用函数，大量的个人行为集结一起，则可以按照新古典模型来解释，诺斯认为这是其威力所在。然而诺斯也不否认，新古典主义经济学的成本收益计算有时候会失灵。他举例说："大团体在没有明显收益补偿个人参与付出的大笔费用时确实在行动；人民确实去投了票，他们确实参加了匿名献血。"①基于这一认识，诺斯在《经济史上的结构与变革》一书中专辟一章用以讨论"意识形态和白搭车问题"。

诺斯早年曾认真学习马克思主义，甚至坦诚地说："我本人曾是马克思主义者。"②，他将自己的学术经历描述为"从马克思到认知科学的漫长而飘渺之路"③。在诺斯看来，经济学研究可供汲取的学术资源"不外乎古典主义、新古典主义和马克思主义理论"④。尽管在后来他和马克思主义拉大了距离，但在学术研究中，他依然会不自觉地以马克思政治经济学范式审视新古典经济学的不足，理由是"因为它（马克思政治经济学的框架）将新古典框架舍弃的

---

① ［美］诺思:《经济史上的结构和变革》，厉以平译，第54页。
② ［美］诺斯:《经济变迁的过程》，《经济学（季刊）》2002年第4期，第800页。
③ ［美］德勒巴克等编:《新制度经济学前沿——从新制度经济学角度的透视》，张宇燕等译，第10页。
④ ［美］诺思:《经济史上的结构和变革》，厉以平译，第69页。

全部要素都包括在内：制度、产权、国家和意识形态"①。在《经济史上的结构与变革》一书中,诺斯谈及意识形态时对马克思主义不乏欣赏的眼光。他注意到："马克思认为,'意识'依赖于人在生产过程中的地位,这一见解是解释'阶级意识'发展方面的一项重要贡献。"②"马克思主义关于阶级意识、阶级团结、意识形态和知识分子作用的浩繁文献充分说明,马克思主义革命者意识到白搭车问题已成为马克思主义理论和革命实践的非常现实的问题。"③

在写作《经济史上的结构与变革》时,诺斯的立足点已经是新古典主义经济学了。他非常明确地指出马克思政治经济学和新古典主义经济学的不同："马克思主义者将经济史写成一部阶级斗争史,自由市场思想家把历史写成有效率的市场的发展。"④然而,"与马克思主义相对照,自由市场意识形态没有在一个综合了社会的、政治的和哲学的(不是指抽象的)理论的框架里发展"⑤,所以当务之急是要建立一种实证的意识形态理论,用以解释长期的经济变革。在《经济史上的结构与变革》论及意识形态的部分,诺斯虽然提到库恩,提到熊彼特,但他似乎更期待知识社会学所提供的思路：

---

① ［美］诺思：《经济史上的结构和变革》,厉以平译,第71页。
② 同上书,第60页。
③ 同上书,第63页。
④ 同上书,第61页。
⑤ 同上书,第62页。

知识社会学涉及的是如何获得知识。就其最基本的意义而言,它是前理论的,即个人的日常行为受一组习惯、准则、行为规范所支配。这些习惯、准则、行为规范最初得自于家庭(初级社会化),而后得自于教育过程和教会一类其他制度(次级社会化)。而当我们把日常生活看做是受"常"识支配时,这样的知识便基本上是理论的了,而意识形态是使个人和集团行为范式合乎理性的智力成果。①

在《制度、制度变迁与经济绩效》一书中,诺斯继续讨论了有关知识的一系列的问题,如纯粹知识和应用知识的关系、知识的分布、知识的长期增长以及知识和意识形态间的关系等等。诺斯指出:

意识形态在一定程度上是纯粹知识的发展。知识发展的方式会影响人们关于他们周围世界的观念,因而会影响他们对世界进行的理论化、解释和评价,这些反过来又会影响合约议定的成本。如果人们对体制规则结构的感知是公平的和公正的,这会降低成本。同样,在给定衡量和实施合约是有成本的时候,如果他们认为体制是不公正的,则会提高合约议定的成本。②

---

① [美]诺思:《经济史上的结构和变革》,厉以平译,第56—57页。
② [美]诺斯:《制度、制度变迁与经济绩效》,刘守英译,第103页。

不过,在《制度、制度变迁与经济绩效》当中也出现了一些新变化,其中较为明显的是,诺斯对制度的概念进行了新的界定,将其分为"正规制约"和"非正规制约"两种。所谓"非正规制约",是指行为规范、行为准则、习俗等等。在这一划分的基础上,诺斯进一步指出:"非正规约束来自何方?它们来源于社会所流传下来的信息以及我们称之为文化的部分遗产。"①"非正规制约来自价值的文化遗传……行动者的主观观念不仅仅是由文化派生,而且经受了实践的不断修正,而实践又是由现存的(由文化决定的)精神构想过滤出来的。"②因此,"我们有必要对由文化衍生的伦理行为以及它们是如何与正规规则发生相互作用的问题有更好的了解。"③综上可以看出,诺斯对意识形态的讨论明显有一个由知识到文化的拓展。

在《经济史上的结构与变革》以及《制度、制度变迁与经济绩效》中,诺斯特别侧重个体的知识水平对感知的塑造,这个特点是与其早年重视个人计算相呼应的。在《制度、制度变迁与经济绩效》中萌生出的对文化的关注,显示诺斯由个人计算向宏观结构拓展的发展取向。文化背景是一种宏观的支撑框架,它塑造了人类的交互作用,从而也能历史地塑造共同感知。在《制度、制度变迁与经济绩效》中,诺斯对文化的描述是比较笼统和模糊的,而且文

---

① [美]诺斯:《制度、制度变迁与经济绩效》,刘守英译,第50页。
② 同上书,第185页。
③ 同上书,第188页。

化决定精神构想到底是一种怎样的机制也没有描述清楚。因此诺斯除了有必要去探索人类认知过程和信念结构等一系列的复杂问题外,还需要进一步研究人类文化如何塑造了共同感知,由此加强对来自文化遗传的非正规制约的理解。可能是基于这一思考,诺斯着重研究了认知科学的最新研究成果,如朱利安·菲尔德曼、伊丽莎白·霍夫曼、凯文·麦凯布、弗农·史密斯、爱德华·威尔逊、平克尔、默林·唐纳德、克拉克、卡米洛夫-史密斯、埃德温·哈钦斯、安东尼奥·达玛索等人的论文。对当代认知科学的重视,使得诺斯发现了一个作为认知科学家的哈耶克①,他也由此走向了心智学说和演化主义的研究道路。

《经济史上的结构与变革》一书提到过一次哈耶克,②《制度、制度变迁与经济绩效》也提到一次哈耶克,③但诺斯当此时并没有特别突出哈耶克。诺斯与哈耶克也不是全无交集,诺斯在华盛顿

---

① 正如汪丁丁指出:"西方学术界只是在1990年代以来,借助于逐渐普及的脑科学仪器(主要是核磁共振成像、正电子成像和脑电仪等医疗影像技术),以'种群—文明—个体'三重演化论的态度重新思考人类理性和其他生物的认识论问题。值得注意的是,当代脑科学和当代认识论的研究,至少部分地支持了哈耶克在《感觉的秩序》里提出的假说。这一假说的核心,用《感觉的秩序》的英文版'导言作者、著名神经心理学家克吕弗的文字来概括,就是与'实体'假说竞争的'关系'假说。"参见汪丁丁:《哈耶克〈感觉的秩序〉导读》,《社会科学战线》2009年第1期,第277—278页。

② 诺斯认为:"与马克思主义相对照,自由市场意识形态没有在一个综合了社会的、政治的和哲学的(不是指抽象的)理论的框架里发展。"关于这句话,他又注释说:"冯·米塞斯和哈耶克的奥地利学派是这一论述的部分例外。"[美]诺思:《经济史上的结构和变革》,厉以平译,第62页。

③ 诺斯提及:"允许试验的最大化形成将更有可能解决时间进程中的问题(哈耶克有一个类似的观点,1960年)。"参见[美]诺思:《制度、制度变迁与经济绩效》,刘守英译,第109页。

大学执教期间,哈耶克曾经与之联系并专程赶往西雅图与其会晤。不过在那时候诺斯并未读到过哈耶克关于认知科学的著作,他仅仅是从经济学的角度评价哈耶克"一骑绝尘"。言及此,他有些惋惜地表示:"我真希望我当时就了解我此后才学到的东西,这样我就能够更适当地认识到他来访的重要性。"① 或许是着意于解决知识发展和文化决定的精神构想之间的隔膜,或许是受当代认知科学的激发,诺斯开始重点关注哈耶克。1999 年,他曾表示:"哈耶克提出的许多问题,都已列入新制度主义经济学的研究日程。"② 2005 年出版的《理解经济变迁的过程》一书,标志着诺斯完成了对哈耶克心智学说的回溯。在书中,诺斯明确地强调了哈耶克《感觉的秩序》一书对其意识形态理论的启迪:

> 要给我们在本章所提出的问题建立一个统一的解决方法,其起点是对弗里德里希·哈耶克理论的认可。他的《感觉的秩序》(*The Sensory Order*)是理解学习过程和信念形成等方面的开创性著作,该书远远早于认知科学家建立的联系理论。③

哈耶克认为《感觉的秩序》在自己学术研究历程中意义重

---

① [德]卡伦·霍恩:《通往智慧之路——对话 10 位诺贝尔经济学奖得主》,陈小白译,华夏出版社 2017 年版,第 233 页。
② [美]布鲁斯·考德威尔:《哈耶克评传》,冯克利译,商务印书馆 2018 年版,第 420 页。
③ [美]诺思:《理解经济变迁过程》,钟正生等译,第 30—31 页。

大,帮助他本人澄清了心智中许多与社会理论密切相关的问题。"我对进化的认识、对自生自发秩序的认识以及对我们努力解释复杂现象的方式与限度的认识,在很大程度上都是我在撰写《感觉的秩序》(*The Sensory Order*)一书的过程中逐渐形成的。"①然而,在当时认识论与心理学领域中,哈耶克的观念一度被埋没,但哈耶克对此书却是十分钟爱,他后来发表的《复杂现象的理论》、《规则、认知和可知性》等论文,"目的就在于扩展《感觉秩序》一书的哲学意涵"。②

在《感觉的秩序》一书中,哈耶克首先将心智定位为一个可以对感知对象进行分类的过程。言及此,很容易让人联想到康德《纯粹理性批判》中在知性环节对感觉对象进行分类的范畴。哈耶克的确受到过康德认识论的影响,但他并不承认心智的分类能力是心智的物理属性或基因结构,而是与外部环境密不可分,"它代表了一种我们所经历的环境中各种要素之间关系的再现,这种再现具有普遍性,我们对环境中任何新事件的解释都是根据那种经验进行的。"③也就是说,心智的分类能力就是生物自身与其经验互动的产物。也许哈耶克认识论的起点是在康德那里,但其终点总

---

① [英]哈耶克:《人类价值的三个渊源》,《法律、立法与自由》第二、三卷,邓正来等译,中国大百科全书出版社 2000 年版,第 534-535 页。
② 邓正来:《规则·秩序·无知:关于哈耶克自由主义的研究》,生活·读书·新知三联书店 2004 年版,第 603 页。
③ F. A. Hayek, *The Sensory Order: An Inquiry into the Foundations of Theoretical Psychology*, Chicago: University of Chicago Press, 1952, p.165.

归是回到了休谟。①

诺斯非常认同哈耶克对心智的定位。他曾归纳说:"对哈耶克而言,信念是心智的组成部分,可以解释为感知。我们不会对现实世界进行复制,而是建立分类体系来解释外部环境。"②就个体来说,个体的经验,即知识会形成心智的分类能力理解世界;就人类整体而言,集体经验的沉淀,即文化也会对人类自身感知与选择。在此基础上,诺斯还尝试用当代认知科学家的最新成果来进一步印证哈耶克的说法,如埃德温·哈钦斯"文化和社会过程"的看法,如默林·唐纳德的"理论性文化"观点,这些成果都有助于将诺斯对心智的认识进一步引向了文化——心智和外部环境之间复杂的计算系统。如其指出:

> 像哈耶克一样,哈钦斯认为,文化是一个适应过程,它积累了部分解决方法来应对过去频繁出现的问题。这种方法强调社会制度的认知功能。对个体信念和社会环境交互作用更详细的说明提供了一套文化和社会制度直接用来解释经济变迁的机制。③

---

① 马永翔通过研究认为:"就休谟和康德各自对哈耶克的影响而言,笔者以为对哈耶克产生影响的主要是休谟,而不是康德。"马永翔:《心智、知识与道德——哈耶克的道德哲学及其基础研究》,生活·读书·新知三联书店2006年版,第436页。
② [美]诺思:《理解经济变迁过程》,钟正生等译,第31页。
③ 同上书,第33页。

哈耶克探讨心智问题就个体而言,指向认知,就人类整体而言,则指向文化。他认为人脑只有处于文化传统之中才能具备理性,人类的心智是演化的,文化传统也是演化的,它们本身就是同一个过程。总体来说,哈耶克探讨个体心智是用以证明人类知识的局限,提出"演化"则是寓意规则和制度并不是理性设计的产物,从而摒弃理性设计这一"致命的自负"。

诺斯没有哈耶克这样宏观的抱负,他对心智和文化的思考只是为了研究意识形态。如他所言:"人类文化的连续过程被嫁接到基因结构上,并产生出我们称之为意识的复杂结构。"①当然,在不同的环境中,可以产生不同的人类经验,并形成各不相同的文化,形成不同的意识和制度。诺斯的归宿点是制度变迁,他指出:"基因特征和这些不同经验之间复杂的交互关系给我们提供一个理解社会变迁过程的起点。"②说得更加具体一些就是:

> 在向更复杂的、互相依赖的文化演化的压力环境中,人类的意识及其意向性已经导致了不同的制度结构,这些制度结构进一步又可以解释社会不同的绩效特征。要增加对于变迁过程的理解,必须将人类社会学经验研究得出的人类行为丰富细节整合到由意识带来的自我意识的复杂性质所导致的复

---

① [美]诺思:《理解经济变迁过程》,钟正生等译,第38页。
② 同上书,第40页。

杂的信念体系中。①

哈耶克将文化视作是积淀人类知识并传输的机器,其心智学说在理解人类知识体系、文化结构的形成上具有一定的突破性。哈耶克关于心智的研究对诺斯是极具启发性的,正是通过对哈耶克和当代认知科学的研究,诺斯的意识形态理论实现了由知识到文化的拓展,使得其晚年的制度变迁理论呈现出一种新的面貌。

三、诺斯与哈耶克在深层机制上的契合处

诺斯受哈耶克的启发世所共知,很多学者都注意到两人的相同之处,不过也有些学者讨论过两人的差异。孙圣民认为:"哈耶克意识形态理论的基本方法论是科学的批判精神和多元方法论的综合",而诺斯在汲取哈耶克心智学说之前,其"意识形态理论的基本方法论以'范式理论'为主",借鉴哈耶克观点之后,"在基本方法论上,也运用了拉卡托斯科学研究纲领的思想"。② 除了方法论的差异外,孙圣民还进一步指出:

> 诺斯的意识形态理论和哈耶克的道德进化论,都研究道

---

① [美]诺思:《理解经济变迁过程》,钟正生等译,第44页。
② 孙圣民:《新制度经济学与演化经济学意识形态理论的比较分析》,《制度经济学研究》2005年总第1期,第74-75页。

德和伦理。两者的区别在于：意识形态概念的个体性与群体性，基本假设的"完全理性"和"有限理性"，制度变迁的主体意识性和自发秩序，意识形态的作用权重，不同的基本方法论等。①

在制度生发层面，晏鹰与朱宪辰认为，心智与感觉是哈耶克制度生发的经验根基，而受到哈耶克的影响，诺斯的制度生发观明显发生了一个"从演绎推理到经验分析"的流变。②

上述论点都分析了诺斯和哈耶克的不同之处，也都展示出诺斯在哈耶克影响之下的动态调整。然而，无论是孙圣民，还是晏鹰、朱宪辰，对诺斯接受哈耶克影响的深层机制都没有论及。诺斯接受哈耶克心智学说固然与制度变迁理论出现困境有关，但他何以选择哈耶克而不是选择其他人的学说来尝试解决理论困境呢？排除表面上那些差异的干扰，是不是可以在深层机制上挖掘出两者契合或相似的地方呢？

哈耶克出身于奥地利学派，该学派以对相对价格的深入剖析而知名。哈耶克的老师米塞斯更是以经济大核算而著称于世。受出身影响，哈耶克早年对货币和经济周期予以了极大关注，其《货币理论与经济周期》《价格与生产》就是那一时期的代表作。在哈耶克那里，价格体系可以被理解成记录经济变化的信息系统，这一体系的运转是十分

---

① 孙圣民：《制度变迁视角的意识形态理论分析》，《经济评论》2006年第6期，第59页。
② 晏鹰、朱宪辰：《从进化理性到心智模型——试论制度生发的经验分析路径》，《江苏社会科学》2008年第2期，第45-48页。

精妙的,经济主体可以通过掌握相对价格变化而达到尽可能地优化资源配置的目的。诺斯虽然不像哈耶克那样建立起货币中性理论和经济周期理论,但他最初的立足点同样是价格体系。倘若归纳诺斯对哈耶克存在好感的原因,其中一条应该是他们的起点是一致的。

熟悉哈耶克生平的人,都知道他于20世纪60年代末发表过反对新古典主义经济学"均衡套路"的宣言,反对"均衡套路"其实就是反对新古典主义经济学中过于自信的理性主义。然而哈耶克早年研究货币和相对价格时也是遵从均衡理论的,他开始反对均衡是与兰格提出的"普遍均衡的市场社会主义"有关。新古典主义经济学的均衡理论其初衷是为自发价格和自由市场辩护,然而兰格从理论上演示了一个计划委员会也可以运用均衡理论实现资源的有效配置。受到兰格理论的影响,哈耶克急剧地减少了货币、价格等技术层面论文的发表数量,开始转向研究人类的心智以寻求新的突破。

哈耶克在《经济学与知识》一文中指出,经济学的均衡必须从经济主体所拥有的知识层面来进行理解,因为只有知识才能使经济主体有效地修正对未来的预期。在哈耶克看来,可能导致均衡结果的竞争性过程中所发生的社会学习并未得到令人满意的描述。"根据哈耶克的理解,最大化过程和发挥此一功能所需要的信息,是超越人的心智的界限的。"[①]与哈耶克相似的是,诺斯也认识

---

① [美]斯蒂文·霍维茨:《从感觉秩序到自由秩序:哈耶克理性不及的自由主义》,拉齐恩·萨丽等著:《哈耶克与古典自由主义》,秋风译,贵州人民出版社2003年版,第214页。

到新古典模型是存在缺陷的:

> 从经济史学家的观点来看,新古典派的这一公式似乎是用未证实的假定来解释一切令人感兴趣的问题。它所涉及的社会是一个无摩擦的社会,在这种社会中,制度不存在,一切变化都通过完善运转的市场发生。总之,获得信息的成本、不确定性和交易成本都不存在。①

也就是说,新古典模型所设定的社会在现实中是不存在的。此外,新古典主义经济学最大化假定也是存在问题的,诺斯认为这种基于个人主义的合理计算既不能解释人们的牺牲精神,也不能解释社会的稳定性。基于新古典模型的缺陷,诺斯提出要从制度和时间维度进行补充;基于最大化假定的问题,诺斯提出要通过意识形态来解决那些与合理性计算相背离的情况。

卢瑟福认为,包括门格尔、米塞斯、哈耶克在内的奥地利学派学者都较为拒绝数学形式主义,而诺斯的研究总体来说也不是形式化的,而是对制度史的分析性研究。② 在反对形式化层面,哈耶克与诺斯也较为相似。如上所述,哈耶克是看到新古典主义经济学的破绽才转向心智研究的,在洞悉新古典主义经济学的破绽这

---

① [美]诺思:《经济史上的结构和变革》,厉以平译,第9页。
② [英]卢瑟福:《经济学中的制度:老制度主义与新制度主义》,陈建波等译,中国社会科学出版社1999年版,第26-27页。

一点上,诺斯与哈耶克何其相似。不过,诺斯虽然早就看到了新古典主义经济学的破绽,也意识到要用意识形态的理论来弥补,但在开始的时候,他的意识形态理论还是模糊的,真正切入到心智研究层面则是后来的事情了。

奥地利学派鼻祖门格尔的货币起源理论含有自发秩序的意味,哈耶克的老师米塞斯"行动的人"也具有自发秩序的微观基础。作为奥地利学派的后起之秀,哈耶克一生更是以强调自发秩序和演化学说而著称,他认为人类历史发展至今,无论在经济、社会,还是在文化层面,都经历了一个具有"群体选择和演化错配"特点的演化过程。① 人类的理性是有限度的,人类社会的演化过程是由一种自发秩序所支撑,而不是出自谁人的天才设计。就制度而言,其生发遵循自发秩序,其形成过程也存在明显的演化特征。

很多学者,如曹正汉②、刘峰③、韦森④、徐传谌与孟繁颖⑤等人都曾指出诺斯的理论存在建构理性主义的特点。韦森还分析诺斯建构理性主义的思想取向"主要是受马克思主义尤其是马克思本

---

① 刘业进:《群体选择和演化错配——哈耶克的文化演化思想评论》,《制度经济学研究》2016年第1期,第21页。
② 曹正汉:《将社会价值观整合到制度变迁理论之中的三种方法——凡勃伦、哈耶克、诺斯的理论之比较研究》,《经济科学》2001年第6期,第96页。
③ 刘峰:《经济选择的秩序——一个交易经济学理论框架》,上海交通大学出版社2006年版,第199页。
④ 韦森:《经济理论与市场秩序:探寻良序市场经济运行的道德基础、文化环境与制度条件》,格致出版社2009年版,第212页。
⑤ 徐传谌、孟繁颖:《诺斯制序分析中的建构理性主义及反思》,《上海经济研究》2006年第8期,第24页。

人所信奉的理论的任务是'改造世界'的精神的影响所致"①。《西方世界的兴起》中存在的国家实施产权的例证,《经济史上的结构和变革》对统治者创新制度变革的强调,都可以被当作证明诺斯建构理性主义的论据。诺斯曾宣称:"国家的存在对于经济增长来说是必不可少的;但国家又是人为的经济衰退的根源。"②这一学说在学界被称为"诺斯悖论",更是诺斯建构理性主义的有力证据。然而,很少有学者指出过诺斯制度变迁理论中的演化因素,虽然诺斯在后来受哈耶克影响明确走向了演化理性主义,但之所以能生成这样的转向,是因为诺斯理论中一直蛰伏着一定的演化因素。

在撰写《西方世界的兴起》一书时,诺斯并未受到哈耶克明显的影响,然而诺斯却在这一著作中对平面化的新古典模型进行了长时段的推演。如有关封建制度的衰落,诺斯就认为,一旦社会稳定下来,人口就开始增长,于是土地边际收益递减开始出现。为了解决这一问题,移民开荒变得必不可少。在移民开荒的浪潮席卷之下,商品经济和城市开始发展起来,这对于以农村为本位的封建制度起到了明显的瓦解作用。经过几个世纪的发展,"地区的和区际的商业恢复了,新技术得到了开发,庄园制和封建制的一些典型制度已经变得认不出来了。"③在诺斯的论述里,不排除重要人物对制度变迁的

---

① 韦森:《社会制序的经济分析导论》(第 2 版),上海三联书店 2020 年版,第 190 页。
② [美] 诺思:《经济史上的结构和变革》,厉以平译,第 25 页。
③ [美] 诺思、托马斯:《西方世界的兴起》,厉以平等译,第 46 页。

推动作用,但从长时段来看,则可以发现明显的制度演化的特点。

在《经济史上的结构与变革》中,诺斯也指出:"相对价格的变化,增强选民群体的谈判能力,从而可能导致变更规则。"①这一过程也是一个长时段演化过程。如希腊城邦从君主制到寡头制,再到民主制,又如近代欧洲国会或三级会议立法权的加强。再如诺斯指出:"现代对国家控制的改变,则与第二次经济革命引起的相对价格的剧烈变动有关。"②无论是第一个例证,还是第二、第三个例证,表面看来似乎是与统治者的主动设计有关,但从长时段的角度来看,诺斯似乎更为看重相对价格变化所撬动的演化过程。

诺斯等人于2009年出版了《暴力与社会秩序》一书,这部著作也具备长时段制度演化的观察视角,正如其《前言》里所提示的:

> 本书提出了一系列概念,用以说明诸种社会在过去的1万年时间里是如何利用对政治、经济、宗教和教育活动的控制来限制和牵制暴力的。在大多数社会,政治、经济、宗教和军事权力是通过一系列型构(structure)人类的组织和联系的制度而创造出来的。这些制度同时作用于个人,使他们能控制资源和社会功能,这样,就可以通过型塑有暴力使用权的个人和群体所面对的激励,来限制暴力的使用。③

---

①② [美] 诺思:《经济史上的结构和变革》,厉以平译,第36页。
③ [美] 诺思、瓦利斯、温格斯特:《暴力与社会秩序:诠释有文字记载的人类历史的一个概念性框架》,杭行等译,格致出版社2013年版,第1—2页。

通过上述引证可以看出,诺斯是将制度变迁与相对价格变化倒逼统治者进行选择相连结。"相对价格变化倒逼统治者进行选择"其实也是可以理解为一个演化过程的。姚洋认为:"制度的渐进演进可能反映的仅仅是制度设计者知识的积累过程。这正是诺斯的认知——制度理论所要传达的信息。"[①]且不管姚洋此说合理与否,但就"制度的渐进演进"而言,难道这不就是一个演化的过程吗?诺斯的确曾对姚洋说过哈耶克自发秩序理论为"trash",但这并不能代表诺斯也反对演化学说。

从制度生发的角度来看,诺斯受哈耶克影响之前,的确有建构理性主义的特点,但这并不是诺斯理论的全部。诺斯之所以在后来与哈耶克一拍即合,也不完全是其面临理论困境走投无路的结果,哈耶克同质内容对他的吸引不可低估。在哈耶克那里,诺斯除了发现了心智这一"新天地"外,还可以看到他与哈耶克的契合之处,即"他们均是从大范围人类社会演变历史来构建他们的理论观点的"[②]。可以说,诺斯借助哈耶克的演化学说激发出自身本就存在的演化特点,并进行进一步推演,最终形成具有诺斯特色的制度变迁的演化学说。

[①] 姚洋:《制度与效率:与诺斯对话》,四川人民出版社2002年版,第22页。
[②] 韦森、陶丽君、苏映雪:《"哈耶克矛盾"与"诺思悖论":Social Orders 自发生成演化抑或理性设计建构的理论之惑》,《清华大学学报》2019年第6期,第1页。

论"加州学派"的经济史研究范式

关于中华帝制晚期经济,西方学者往往以欧洲发展模式来评判。于是,在他们视野里就出现了很多"差异"、"断裂"等畸形形象,这样的中国经济史建构无疑是片面和失真的。近年来,以美国加州大学尔湾分校为基地,形成了一个重新检讨中西经济发展的经济史流派,可以称之为"加州学派"。"加州学派"代表人物有李中清(James Lee)、王国斌(R. Bin Wong)、彭慕兰(Kenneth Pomeranz)、李伯重、安德鲁·贡德·弗兰克(Andre Gunder Frank)、杰克·戈德斯通(Jack A. Goldstone)、万志英(Richard von Glahn)、王丰、康文林(Cameron Compel)、丹尼斯·弗莱恩(Dennis O. Flynn)、杰拉尔德(Arturo Giráldez)、马立博(Robert B. Marks)、杰克·古迪(Jack Goody)、阿布-卢格霍德(Janet L. Abu-lughod)等。① 在这一学派当中,华人占据了不小的比例,对中国经济史的研究也始终是他们最为关注的内容。相对国内学者,这一学派的

---

① 周琳:《书写什么样的中国历史?——"加州学派"中国社会经济史研究述评》,《清华大学学报》2009 年第 1 期,第 51 页。

学者更具国际视野,更愿意将中国置于世界史的范围里加以研究。通过对中国经济发展的历史性考量,从而着力反思"欧洲中心论"的种种弊病。①

"加州学派"虽冠以"加州"之名,却不是一个地域性的学派,当然也不是一个封闭性的学派。"加州学派"诸学者国别不尽相同,背景也颇有差异,研究领域也并非整齐划一。由于"加州学派"还在进一步发展中,其风格与特色尚不能最终定性,对其研究当然也有待进一步深化。我们在这里仅针对"加州学派"的研究方式做一定程度的梳理与总结,以就正于学界方家。

一、横向里的相似

中国社会与西方社会政治、经济以及文化领域的比较研究一直是东西方学者经常运用的学术方法,在这一层面上,"加州学派"也不例外。"加州学派"的代表性研究如李中清、王丰的《人类的四分之一:马尔萨斯的神话与中国的现实(1700—2000)》、王国斌的《转变的中国——历史变迁与欧洲经验的局限》、李伯重的

---

① 龙登高曾归纳出"加州学派"四个特点:"第一,从研究范式的高度反思西方中心主义下的学术理论与方法;第二,强调世界经济体系与全球化不是欧洲最初建立和推动的;第三,注重中国研究,并将中国置入世界历史的范围之中探究中国与外部世界的联系,以突显中国历史的重要性,进而由此检验基于西方历史的观点与理论;第四,注重比较研究,比较视野从以往的文化差异角度转向中西社会经济发展道路并检讨传统学术。"参见龙登高:《中西经济史比较的新探索——兼谈加州学派在研究范式上的创新》,《江西师范大学学报》2004 年第 1 期,第 105 页。

《江南农业的发展：1620—1850》以及弗兰克的《白银资本：重视经济全球化中的东方》、彭慕兰的《大分流：欧洲、中国及现代世界经济的发展》等无不采取中西经济发展模式比较的方法。当然，"加州学派"的中西比较并不是漫无目的的随意性比较，他们的研究范式都是非常确定的，而且视角犀利而独特。

"加州学派"的比较研究，其目的是试图回答在中华帝制时期，为什么一直没有发展出工业资本主义？到底是什么原因导致中西两方在近世出现了如此巨大的差异？这种差异是一种本来就有的历史存在吗？通过比较，彭慕兰提出了著名的"大分流"理论。其主要观点是：17、18世纪的英格兰与中国的江南地区在经济增长方式、生活消费水平以及市场要素等方面，并不像传统观点所认为的那样——在工业革命以前两地的经济发展已经产生了本质的差别，而是存在"无数令人惊异的相似之处"①，尤其是人口增长和业已存现的生态问题广泛地存在于欧洲与中国。如果不是英国大量含水煤矿推进了蒸汽机的使用，如果不是北美大量原材料的输入，如果不是这些偶然因素使得英国摆脱了人口压力和生态危机，英国恐怕也避免不了走上中国那样的道路。通过其研究，可以总结出彭慕兰比较范式的特征：在时间上大致对比近代早期的欧洲和明清时期的中国；在空间上，则把兴趣点集中在中国的江南与西欧重点地区尤其是英国。

---

① ［美］彭慕兰：《大分流：欧洲、中国及现代世界经济的发展》，史建云译，江苏人民出版社2003年版，第25页。

以上两点,在王国斌、李中清和李伯重的著作中也表现得比较明显。王国斌《转变的中国——历史变迁与欧洲经验的局限》一书的第一章为《明清及近代中国的经济变化:同欧洲的比较》,在这一章当中,王国斌着重阐释了19世纪以前中国与欧洲的主要相似点。在政治层面,中国和欧洲在国家的形成层面的确存在不少共同点,当然差异也是非常明显的。在经济层面,王国斌十分关注中国与欧洲的人口问题,他通过比较指出,两者都有落入马尔萨斯陷阱的可能性,欧洲并不比中国更容易摆脱人口危机。更重要的,王国斌认为在经济发展动力层面,19世纪以前的中国与欧洲都属于以分工、专业化以及重复投入为特点的斯密型动力。如其指出:"在近代早期的欧洲和明清时期的中国的经济扩展中,斯密型动力都起了重要作用。中西之间的分道扬镳,直至工业革命发生后才出现。"①因此在19世纪以前,无论是研究中国还是研究欧洲,古典经济学原则都是非常适用的:

> 无论是近代早期的英国农业经济,还是明清时期的中国农业经济,都为那些与亚当·斯密和托马斯·马尔萨斯的学说有关联的积极的和消极的变化力量所支配。但这并不是说,在经济行为与人口行为方面,英格兰与长江下游彼此一致。二者之间肯定有差异存在,但是事实证明有些差异只是

---

① [美]王国斌:《转变的中国——历史变迁与欧洲经验的局限》,李伯重等译,江苏人民出版社1998年版,第71页。

表面上的,而非真实的。①

在王国斌的著作中,"江南"一词出现频率较高。"江南"特指长江三角洲或长江下游地区,这一地区经济发达,向为经济史研究者所关注,如斯波义信、黄宗智、龙登高、樊树志等人都有相关论著。"江南"也是"加州学派"关注的重点,不唯彭慕兰、王国斌如此,像李伯重也把江南作为自己经济史学研究的主要方向。李伯重代表著作如《江南农业的发展:1620—1850》、《江南的早期工业化:1550—1850》等都以"江南"为名,他曾在《江南农业的发展:1620—1850》一书中指出:

> 该地区(江南)长期以来一直是中国最重要的经济地区,而且在许多方面常常比其他地区先走一步,因此江南经济变化的历史,可以特别生动地显现出在近代以前中国经济变化的若干重要特点。②

李伯重对江南经济史的研究比其他"加州学派"学者更加深入。他在《江南农业的发展:1620—1850》一书中非常细致地讨论

---

① [美]王国斌:《转变的中国——历史变迁与欧洲经验的局限》,李伯重等译,第30页。
② 李伯重:《江南农业的发展:1620—1850》,王湘云译,上海古籍出版社2007年版,第4—5页。

了这一地区生产要素的变化、资源的合理化利用、农业生产的集约化、农业劳动生产率的提高以及广阔市场的形成等诸多方面。由此,他得出一系列结论,即东亚"技艺型"技术中取得的进步也是技术进步;在"二熟制"、"一夫十亩"、"男耕女织"、"三位一体"的农业经营模式下,江南农业的劳动生产率也会达到最优。从这一角度来看,明清时期中国并非是处于落后和停滞状态。为了加强论证的效果,李伯重还引用欧费顿的说法来进行中英的比较。欧费顿认为在1650—1750年间对英国农业增长起最重要作用的因素是"农业投入(如种子、肥料、劳动力)的增加"、"区域和地区的专业化",李伯重就此指出,这两个因素"在清代前中期的江南也发挥得很好"①,虽然与"技术突破"并不相干,但这些因素在中国和英国确实都推动了农业的发展。

近代以来,以欧洲为基点的世界市场已经初步形成,地理大发现更是加速了这一历史进程,此已为学界公论,不必赘言。李伯重在认同前者的基础上指出,在明清时期的中国,江南与其他地区之间已经形成了一种地区产业分工与专业化生产,一个容量巨大的国内市场初具规模。江南地区占据了国内市场的中心位置,因为它可以通过自身优势从外地大量吸纳各种工业原材料,同时又输出大量的工业产品。② 不仅如此,李伯重还指出,"在早期经济全

---

① 李伯重:《江南农业的发展:1620—1850》,王湘云译,第 182—183 页。
② Li Bozhong, "The Formation of China's National Market, 1500‑1850," *paper presented to the Eighth Annual World History Association International Congress*, Victoria, Canada, June. 27, 1999.

球化的推动下,东亚地区出现了一个联系日益密切的国际贸易网络","白银是早期经济全球化的助推剂"。① 借助这样一个国际贸易网络,用于国际贸易的白银源源不断地流入了中国。② 基于上述观点,李伯重认为,在1850年以前,江南地区的经济发展水平并不落后于欧洲的发达地区,同时其经济发展模式优劣也不应该以英国模式来衡量。

不仅李伯重,很多"加州学派"的学者都愿意证明明清时期的中国并非孤立于世界市场之外。如丹尼斯·弗莱恩与杰拉尔德就认为,16世纪马尼拉建城以后,美洲与东亚的白银贸易圈逐渐形成,虽然马尼拉是重要的节点性城市,但这个贸易圈真正的支撑点是在中国,可以说,中国发生的经济和财政的变化已经在深刻地影响世界了。③ 阿布-卢格霍德的观点可能更为激进,他认为中国早在13世纪就融入了"世界体系",甚至"在14世纪后期和15世纪,

---

① 李伯重:《火枪与账簿:早期经济全球化时代的中国与东亚世界》,生活·读书·新知三联书店2017年版,第95页。
② 2017年1月14日,李伯重在北京韬奋图书馆的一个讲座上提及"苗族的银饰来自哪里"这样一个似乎是民俗学的问题。他回答说,通过解读清水江文书可知,苗族的银饰源自徽商支付所购买木材的货币,而徽商的银子是来自几百年来全球贸易的盈银,如来自墨西哥和秘鲁等地。在《火枪与账簿》一书中,李伯重也总结说:"明史学者万明认为1570—1644年通过马尼拉一线输入中国的白银约7 620吨。万志英(Richard von Glahn)则估计1550—1650年通过菲律宾进入中国的白银约2 304吨,其中中国船运送了1 204吨,葡萄牙船运送了75吨,走私船运送了1 030吨。斯卢伊特尔(Engel Sluiter)则估计,1576—1664年西班牙殖民地生产的白银中,有5 620万比索(约合2 023吨)经过阿卡普尔科运到了马尼拉,其中绝大部分流入中国。"参见李伯重:《火枪与账簿:早期经济全球化时代的中国与东亚世界》,第94页。
③ Dennis O. Flynn, Arturo Giráldez, "Path Dependence, Time Lags and the Birth of Globalisation: A Critique of O'Rourke and Williamson," *Europe Review of Economic History*, Vol.8, No.1, 2004, pp.81-108.

中国具备了在印度洋——从它的海岸到波斯湾——建立统治的一切条件"。① 万志英的论调则相对保守,他认为 17 世纪时,起码江南和岭南等区域市场已经实现了与世界市场体系的对接。②

相似的观点也出现在弗兰克《白银资本:重视经济全球化中的东方》一书中。相对而言,弗兰克更为中国学界所熟知,而且他的研究也曾一度引起过巨大争议。弗兰克认为在中华帝制晚期,中国在全球贸易中保持了巨大顺差,世界白银产量的一半几乎都流入了中国,因此可以说 19 世纪以前,中国具备世界经济体系中心点的地位。弗兰克也采取了比较的方法,他论证说,有关于世界历史,"共性甚至比真正的差异更普遍、也更重要,更不用说那些根本不存在的所谓差异了"。③

综上,"加州学派"有个很明显的共性观点,他们认为,在中华帝制晚期的中国以及同时代的欧洲,两者在人口压力、生态危机以及经济发展动力等方面并无明显的差异。不但如此,中国在世界贸易体系中的地位不像想象中那样的不值一提,相反是占据了十分重要的地位。就这一层面而言,中国与欧洲也是共性大于差异的。可以说,在进行横向比较时,"加州学派"的学者是特别擅长发现中欧所存在的相似性的。

---

① Janet L. Abu-lughod, *Before European Hegemony: The World System A. D. 1250-1350*, New York: Oxford University Press, 1989, p.132.
② Richard von Glahn, "Myth and Reality of China's Seventeenth-Century Monetary Crisis," *The Journal of Economic History*, Vol.56, No.2, 1996, pp.429-454.
③ [德] 弗兰克:《白银资本:重视经济全球化中的东方》,刘北成译,中央编译出版社 2000 年版,第 452 页。

二、纵向里的延续

在中西横向对比中,"加州学派"学者们已经取得了一个基本共识:在"欧洲中心论"的固有模式下,已往学界大大低估了中国在中华帝制晚期的经济水平。而实际上,19世纪以前,中国与欧洲在经济运行的各个层面并无明显不同。"加州学派"的中西横向比较产生了一系列著作成果,为学界所瞩目。其实,在另一层面,"加州学派"也在悄然地进行着另外一种比较,尽管这种比较不如中西比较那样旗帜鲜明,因而有时为人所忽略。与中西横向比较不同,这种比较是一种纵向的比较,从历史的这一端上溯到另一端,或者是从历史的另一端向这一端拓展,而其目的是探究中国经济自身的发展脉络。

至于中国经济自身的历史纵向比较,我们首先以人口机制问题来展示"加州学派"的研究。人口问题是"加州学派"普遍感兴趣的一个方面,李中清、王丰、王国斌、李伯重等人都有论著涉及。李中清、王丰的《人类的四分之一:马尔萨斯的神话与中国的现实(1700—2000)》对马尔萨斯人口类型论提出挑战。他们的研究认为,中国人口的历史发展模式并不是马尔萨斯认为的存在于欧洲之外的"现实性抑制"模式,而是和欧洲一样,也是一种"预防性抑制"模式。[①] 在中国

[①] [美]李中清、王丰:《人类的四分之一:马尔萨斯的神话与中国的现实(1700—2000)》,陈卫等译,生活·读书·新知三联书店2000年版,第13页。

传统社会,"生育率的有意控制便处于自觉加以选择计算中"。由于这种"预防性抑制"模式发挥作用,"历史上,一套人口机制,主要是女性低生存率,低婚内生育率,使中国直到近代在总体上保持人口低增长"①。大量的史料证明,中国传统社会"预防性抑制"是一种集体主义抑制,当代的计划生育制度只不过是由家庭控制婚姻、生育转向了由国家控制而已。也就是说,从传统时期的集体主义自觉抑制,到当代国家的计划生育,实际上贯穿着一种内在的思路延续。

王国斌曾经认真地比较过中西之间的差别。与西方不同,"在中国,国家权威的问题与对国家生存的威胁密切相关,实际政治亦与政治理想密不可分。"②所以在明清时期,能很明显地看出与西方颇为不同的控制手段,如意识形态手段和物质福利手段。除了政治层面,王国斌还考察了多个不同点,如知识分子教育和普通民众的信仰,如干预食物供给的状况以及人身控制的政策,等等。通过与西方的比较,王国斌强调了中国自身的历史延续性,摒弃了以往那些刻意寻求传统社会与现代社会断裂的历史叙述。他指出,帝制时期中国的国家特点在当今社会依然可以看到:

今日的国家,扩大了国家对生产和分配的干预范围,但其

---

① [美]李中清、王丰:《马尔萨斯模式和中国的现实:中国1700—2000年的人口体系》,《中国人口科学》2000年第2期,第23页。

② [美]王国斌:《转变的中国——历史变迁与欧洲经验的局限》,李伯重等译,第131页。

指导思想与过去的观念并非截然不同。官员们力求组织和管理经济,但他们所面临的选择和制约,也包括那些从过去的官员们那里继承下来的基本问题。例如,如何促进经济发展并保持地区间的平衡,保障社会平等与维护地方治安,都是跨越帝国时代和当代的问题。①

在王国斌看来,国家与经济之间的关系,在明清时期和1949年后存在着一种延续性。在意识形态领域里,这种延续性也是显而易见的。就文化而言,明清时期的文化建构,也直接影响到了20世纪中国国家主义和民族主义的种种观念。

李伯重在给王国斌著作所作的书评中,明确地提出"前瞻性分析",以此与"回顾性分析"一并作为古今比较的基本方式。所谓"前瞻性分析"是在一组特给定的情况之下,设计出各种可能性。而"回顾性分析"则是对于长期变化用回溯的方式加以解释。李伯重通过"前瞻性分析"得出:

在经济方面,如果我们回到1750年,从这一时点去想象中国未来的经济,那么将很难看到当时经济制度中会出现任何断裂。事实上,真正的断裂不仅很少,而且间隔也很长。而

---

① [美]王国斌:《转变的中国——历史变迁与欧洲经验的局限》,李伯重等译,第131页。

欧洲在 1750 年以后却经历了重大的断裂。①

而通过"回顾性分析",他又得出一项结论:

18 世纪中叶以后,与中国相比,欧洲获得了多方面的成功。其中占首要地位的,是推迟了斯密所说的"经济增长极限"的到来。这一成功之关键,首先是欧洲人发现了新大陆,从而获得了一笔"史无前例的生态横财"。但是,欧洲突破斯密型增长的内在限制并不仅是靠通过海外扩张而攫取新的资源,甚至也不仅是靠通过制度变革而发展生产。雷格莱已指出英国之逃脱斯密型增长的内在限制,靠的是世界史上无有前例的矿物能源的大开发。因此,一旦这种重大突破出现,欧洲就转向一条新的经济成长道路。欧洲的突飞猛进,比起中国的停滞不前,当然更令人感到惊异。因此,我们不应当对中国经济发展的减缓太多地感到迷惑,相反倒应当对欧洲的加速发展更多地提出疑问。②

在李伯重看来,所谓的断裂大抵是发生在欧洲那里,而中国的

---

① 李伯重:《"相看两不厌"——王国斌〈转变的中国:历史变迁及欧洲经验的局限〉评介》,《史学理论研究》2000 年第 2 期,第 155 页。
② 李伯重:《"相看两不厌"——王国斌〈转变的中国:历史变迁及欧洲经验的局限〉评介》,《史学理论研究》2000 年第 2 期,第 156 页。

发展景观确是古今延续的。与王国斌相比,李伯重对生产力与生产关系领域里的古今延续叙述得更加充分。过去史学界一些几乎被认为是公认的说法,如"宋代江南经济革命论"、"13、14世纪转折论"以及"明清停滞论"等,都在强调一种长时段层面的断裂。李伯重却认为,这些说法都值得商榷,就"宋代江南经济革命论"而言,他认为许多学者由于采用了"选精"和"集粹"的研究方法,对宋代的粮食亩产量做出了过高的估计。① 而对于"13、14世纪转折论",他经过细致分析后认为,宋末至明初江南农业的变化不应视为重大的逆转,而是性质相同的变化,因此,"'13、14世纪转折'的说法是不符合江南历史实际的。"② 对于"明清停滞论",李伯重也非常鲜明地提出了反对意见。他认为,明清时期的江南,无论是在作物品种、整地、肥料使用上,还是在种植模式、土壤改良、水利工程上,都存在技术进步。在这一时期,农业资源配制也越来越合理,农业生产也越来越集约化,市场也在充分发育(输出棉布和丝绸,引进大米、木材、大豆),"二熟制"、"一夫十亩"、"男耕女织"、"三位一体"的农业经营模式使江南农业的劳动生产率达到了最优,家庭式市场化的手工业生产在明清时期得到了极大发展。总之,在明清时期,江南的经济应该是增长而不是停滞。综上可见,与"宋代江南经济革命论"、"13、14世纪转折论"以及"明清停滞

---

① 李伯重:《"选精"、"集粹"与"宋代江南农业革命"——对传统经济史研究方法的检讨》,《中国社会科学》2000年第1期,第178—192页。
② 李伯重:《多视角看江南经济史(1250—1850)》,生活·读书·新知三联书店2003年版,第96页。

论"所强调的断裂不同,李伯重的经济史观则着意于展现一种千年延续的画面。

按照西方学者的普遍观点,大规模的经营才是现代化模式。但在李伯重看来,大规模经营在中国实践并不成功。他认为,"一大二公"的指令经济失败以后,"已被淘汰"的"旧"方法——家庭经营模式在1979年以后被恢复了,但就是这种看似落后的生产经营模式却取得了举世瞩目的成就。李伯重曾以1979年以后无锡县的经济成就论证他的观点:

> 尽管发生了巨大的变化,"过去"不仅仍然存在于"现在"之中,而且还是"现在"中富于生产性的部分。今日的实践并非远离过去的实践。历史仍然在延续,江南仍然是江南。今日江南农业和农村经济现代化中的主要传统因素大多源于清代中期。因此若没有这些早些时期的因素,便很难想象会有今日江南农业和农村经济的现代化。①

李伯重进而认为,过去关于中华帝制晚期的经济史研究,学者们往往以欧洲发展模式来评判,这样在他们视野里就出现了很多关于"差异"、"断裂"等的一些畸形幻象。其实中国经济的发展是自有其特色的,不必以欧洲模式来衡量。李伯重对于"时至今日,

---

① 李伯重:《江南农业的发展:1620—1850》,第195页。

西方中心主义史观依然在史坛占据主流"的情况颇不以为然,因为"现代性的建构是一项全球性的工程。虽然它在时空方面起源于欧洲,但无论是在历史上还是在文化上却并非欧洲的特定产物"。如果说中国有发展,则是基于自身延续性的发展;如果说中国有变化,也是基于自身延续性的变化。就变化而言,李伯重则特意指出:"或认为像中国这样的地方出现的变化,只是简单地为欧洲历史经济所产生的政治经济变化的普遍动力所驱动,那么就会降低我们预测的能力。"①

黄宗智曾经批评"加州学派"学者们制造的"古怪潮流":

> 把清代中国说得十分美好,说它是中国历史上市场经济最发达的"高峰",与18世纪英国并驾齐驱,甚至领先世界。用市场经济来连贯灿烂的18世纪中国和改革开放后的中国,凭此打造一个用市场经济推动的非常强大的中国的前景。②

此话虽然带有几分揶揄的味道,但却在一定程度上指出了"加州学派"寻求横向相似和纵向延续的特点。无论是在横向比较中发现相似,还是在纵向比较中发现延续,"加州学派"学者们的意图都是在寻找中国经济自身的发展特色。这两种比较思路可以说是"加州学

---

① 李伯重:《"相看两不厌"——王国斌〈转变的中国:历史变迁及欧洲经验的局限〉评介》,《史学理论研究》2000年第2期,第157页。
② 黄宗智:《走出二元对立的语境》,《中国改革》2000年第1期,第76页。

派"在中国经济史研究过程中逐渐形成的一种新的研究范式。

三、忽 略 制 度?

重视明清时期中国和近代早期欧洲的比较,重视中国江南与西欧重点地区的比较,就这两个层面而言,"加州学派"没有招致太多非议;但他们中西对比的另一层面——纯经济化的数据分析和对于外生因素的关注——却招致了很多批评。这些批评的中心内容大多是质疑他们对于制度等内在因素的忽略。王毅认为:"不是如'加州学派'那样忽视制度对经济形态的决定性作用,才能正确展现经济史的脉络。"[1]

王毅等人的批评也不是全无根据,有学者通过研究就指出,"加州学派"具有"重视应用新古典经济学"和"运用计量分析方法"的特点。[2] 这一结论虽然不是"加州学派"全部成员的特色,但在大多数人的著作里确实如此。例如彭慕兰就多使用新古典经济学的供求均衡理论,他在谈论山东地区的木材时就着眼于供求关系:

> 在18世纪,兖州(在济宁略东一点)仍然沿着大运河为临清的砖窑输送大量的木材。这个地区在19世纪中期仍然拥

---

[1] 王毅:《展现经济史真实脉络——写在梁方仲、王毓铨文集出版之际,兼评他们与"加州学派"的区别》,《南方周末》2005年6月16日D30版。
[2] 瞿商:《加州学派的中国经济史研究特色与创新述评》,《国外社会科学》2008年第6期,第103页。

有大片的森林,当时在鲁东地区的供应正变得非常紧张。但在 19 世纪后期,贸易和短缺的模式发生了变化:东北及后来外国的木材为鲁东地区提供了新的选择,而从 19 世纪早期大运河及黄河木材贸易的高峰到其衰落,造成了黄运木材市场的不稳定。①

彭慕兰不但热衷供求均衡理论,同时对新古典经济学的偏好理论也极为推崇,如其云:

> 商品本身有其"社会生命",在这"社会生命"里,商品的意义、用处、价值不断在改变,"供应"与"需求",由具有爱、恨、瘾性的人,通过文化力量来决定,而非由具体化的"市场力量"决定。②

与彭慕兰一样,王国斌也颇侧重经济学分析,在《转变的中国——历史变迁与欧洲经验的局限》一书中,王国斌对明清时期供求关系和物价变化趋势十分关注,如其云:

> 我将论证:诸如由供求关系决定的贸易流动、因供求状况变动而引起的价格运动、劳动的地区专业化(例如棉农售棉

---

① [美]彭慕兰:《腹地的构建:华北内地的国家、社会和经济(1853—1937)》,马俊亚译,社会科学文献出版社 2005 年版,第 133—134 页。
② [美]彭慕兰、史蒂文·托皮克:《贸易打造的世界——1400 年至今的社会、文化与世界经济》,黄中宪等译,上海人民出版社 2018 年版,第 12 页。

买粮之类)等经济学原则都非常符合我们所知的明清时期的中国经济情况。①

相对而言,李伯重更崇尚计量史学,他曾经著文论证:"量化方法不仅有用,而且发挥的作用是其他方法所无法替代的。"②不仅如此,他还尝试建立一种综合量化研究和比较研究的研究范式。③在李伯重的著作中,计量史学的代表人物安格斯·麦迪森被提到有几十次之多。当然,李伯重也多次强调江南经济史研究应该注重数字化的经济分析。总之,李伯重对计量史学的推重可以说是一以贯之的。

李伯重在占有丰富史料的基础上,对文献记载的数据做了计量学上的统计与分析。大量的数据学计算贯穿于著作当中,这使得他的研究结论十分具有说服力。譬如在《江南的早期工业化:1550—1850》一书中,他就使用了大量的明清时期文献,对明清时期江南一带的轻工业(包括纺织、食品、服装、日用百货、烟草、造纸与印刷),重工业(包括工具制造、建材、造船),能源与材料(包括动力、燃料、铁、木材)以及人口与工业劳动力进行了详细的数据统

---

① [美]王国斌:《转变的中国——历史变迁与欧洲经验的局限》,李伯重等译,第7—8页。
② 李伯重:《史料与量化:量化方法在史学研究中的运用讨论之一》,《清华大学学报》2015年第4期,第51页。
③ 李伯重:《量化与比较:量化比较方法在中国经济史研究中的运用》,《思想战线》2018年第1期,第53页。

计与分析。① 同样的,在《中国的早期近代经济——1820年代华亭—娄县地区 GDP 研究》一书中,李伯重也是依据大量的地方志对华亭—娄县地区的产业状况(包括农业状况、工业状况、服务业状况),增加值(包括农业增加值、工业增加值、服务业增加值),就业,收入与支出进行了详细的数据统计与分析,其中大量的图表应用是此书特色之所在。②

除了侧重宏观经济描述和数字化的经济分析之外,李伯重治学也体现出另外一个趋向,即跳过制度结构和文化机制等内在因素,而把重点放在了地理、气候和自然资源等外部因素的探究上。譬如关于"道光萧条",李伯重并未将此归咎于晚清政治的腐败和制度的恶化,而是另辟蹊径指出了一个重要原因——"19世纪初期全球气候变化所引起的农业生产条件的恶化"③。而江南"超轻工业"的经济结构的形成是由当地能源匮乏所导致,如其归纳:

> 江南本地产煤极少,附近又没有距离近、水运便利且又易于开采的大煤田,因此煤供应不足是必然的。这对江南重工业发展具有十分严重的消极影响。具体而言,由于燃料供

---

① 李伯重:《江南的早期工业化:1550—1850》,中国人民大学出版社 2010 年版,第 29—350 页。
② 李伯重:《中国的早期近代经济——1820 年代华亭—娄县地区 GDP 研究》,中华书局 2010 年版,第 34—244 页。
③ 李伯重:《"道光萧条"与"癸未大水"——经济衰退、气候剧变及 19 世纪的危机在松江》,《社会科学》2007 年第 6 期,第 173 页。

应紧张,消耗燃料多的工业部门(如冶金工业、玻璃工业、砖瓦石灰制造业、制盐业等)都不能得到充分发展,有的甚至根本未得到发展。而这些部门大多又是重工业部门。这就导致了重工业发展迟滞,从而形成工业的"超轻结构"。①

寻找经济变化的外生因素始终是多数"加州学派"学者的兴趣点。彭慕兰的"大分流"理论也认为,直到18世纪,在"大多数人的生活水平、在经济因素中占关键地位的劳动生产率、重要日用品市场及生产要素市场的广度及自由度等"②层面,中国与欧洲都没有什么重要不同,只是英国有方便的煤炭供给和新大陆原料的刺激,所以才导致了经济革命。正如他所言:

> 如果不是既有煤又有殖民地,单独哪一项都不会有同样大的重要性;如果没有它们促成的资源制约的松弛,欧洲其他的革新不会独力创造出一个使其有限的土地不会阻碍无限的人均持续增长的新环境。③

无论是李伯重,还是彭慕兰,他们过于强调外生因素引发了一些学者的不满,如黄宗智认为英国的工业革命乃是由农业革命、原

---

① 李伯重:《江南的早期工业化:1550—1850》,第370页。
② [美]彭慕兰:《大分流:欧洲、中国及现代世界经济的发展》,史建云译,第2页。
③ 同上书,第82页。

始工业化、城镇发展、人口行为转型及消费变迁等五大变化所促成，而煤矿业的特早发展只是一种"偶合"而已，并不值得大书特书。①

弗兰克为了证明"在近代早期，确凿无疑地存在着一个世界市场"，他采取了"通过对各个地区的分析勾画世界贸易关系和金融流动的环球模式。通过对这些全球经济关系的结构和运作的考察"②这样一个研究方法，秦晖给予了严厉的批评，他指出，"问题在于弗兰克动用大量资料证明的只是一个众所周知的常识——中国在1400—1800年间的对外贸易大量出超，使大量白银作为贸易顺差流入中国"。③ 他认为，这一老生常谈的事实既没有什么实证基础，也没有什么逻辑依据，并不足以证实弗兰克所描述的"世界贸易体系中国中心论"。之所以出现这样的问题，是因为弗兰克没有考虑到"一种评价体系都是在一定前提下才能存在，而这种前提取决于给定的制度背景"。④

四、对"欧洲中心论"的抵制

在以往的历史研究范式中，无论是传统——现代范式，还是冲击——反应范式，都把旧中国模式定义为没落的、腐朽的与反动

---

① 黄宗智：《发展还是内卷？十八世纪英国与中国——评彭慕兰〈大分岔：欧洲，中国及现代世界经济的发展〉》，《历史研究》2002年第4期，第149页。
② [德]弗兰克：《白银资本：重视经济全球化中的东方》，刘北成译，第91页。
③ 秦晖：《谁，面向哪个东方？评弗兰克〈重新面向东方〉，兼论"西方中心论"问题》，《开放时代》2001年第8期，第23页。
④ 同上文，第26页。

的,而欧洲模式却象征着先进、现代与文明。凡是不符合欧洲模式的因素,大都被视为现代化的障碍。显而易见,这些观念都是以欧洲的学术范式作为其参照系,背景是典型的"欧洲中心论"。

随着近代西方世界的崛起,"欧洲中心论"在欧洲学界越来越有影响力。德国古典唯心哲学的集大成者黑格尔就有典型的"欧洲中心论"意识,其《历史哲学》一书就极力抬高欧洲而贬低中国和印度。黑格尔以降,持"欧洲中心论"的学者并不少见,美国学者布劳特曾经指认过马克斯·韦伯、小林·怀特、埃里克·琼斯、约翰·霍尔、迈克尔·曼等多位学者,他认为这些人不但制造了"欧洲奇迹",同时也制造了"亚洲停滞","关于亚洲停滞和欧洲奇迹的神话,用诡辩代替了事实"。[①] 然而,随着观念的转变和研究的进一步深入,检讨以往成见逐渐成为学界追求的新风尚,于是新范式的建构自然被提上了日程。

彭慕兰曾在自己的著作中逐一讨论过"欧洲中心论"的各种变体(人口、生态和积累)和其他"欧洲中心论"(市场、公司和制度),他呼吁建立起一个更兼容的历史范式来取代狭隘的"欧洲中心论"。[②] 王国斌也认为要超越"欧洲中心论",就要认真讨论欧洲民族国家的形成和资本主义的发展,要讨论其"历史过程而非抽象

[①] [美]布劳特:《殖民者的世界模式——地理传播主义和欧洲中心主义史观》,谭荣根译,社会科学文献出版社2002年版,第144页。
[②] [美]彭慕兰:《大分流:欧洲、中国及现代世界经济的发展》,史建云译,第8—21页。

的理论模式",当然,还"应当以中国为标准来评价欧洲"。① 李伯重主张改进和发展中国经济史学的话语体系,问题在于"在现有的经济史学话语体系内,西方中心论还占据着重要地位","只有彻底清算这种违反科学的中心论,经济史学的科学性才能得到充分的发展"。② 弗兰克在《白银资本:重视经济全球化中的东方》一书的最后一章,也尝试通过"历史研究的结论"和"理论上的意义"两个层面的论证,"将一件件地剥掉这个欧洲中心论皇帝的外衣"。③ 余外其他的"加州学派"学者也大都有反对"欧洲中心论"的倾向。如黄敬斌所言:"十余年来关于'加州学派'的讨论之中,'欧洲中心论'(或称'西方中心论'、'欧洲中心主义'等等)无疑是居于核心地位的话题之一。"④

"欧洲中心论"是伴随着欧洲资本主义的崛起而产生的一种优越意识,而反对"欧洲中心论"自然就是要证明欧洲并不天生优越,证明欧洲并不天生优越最好的方式就是证明中国优越。在"加州学派"学者那里,相对严谨者论证明清时期中国经济与同时期的欧洲相差无几,而高调的学者就愿意论证中国是"世界经济体系"的中心了。不过,明清时期的中国是专制皇权和中央集权达到巅

---

① [美]王国斌:《转变的中国——历史变迁与欧洲经验的局限》,李伯重等译,第2、3页。
② 李伯重:《中国经济史学的话语体系》,《南京大学学报》2011年第2期,第78页。
③ [德]弗兰克:《白银资本:重视经济全球化中的东方》,刘北成译,第427页。
④ 黄敬斌:《两种"欧洲中心论":兼谈加州学派的历史诠释》,《社会科学》2012年第11期,第141页。

峰的时期,即便不以希克斯所谓的"指令经济"①来论,权力配置资源导致市场失灵的情况也屡见不鲜。林甘泉曾就"加州学派"某些学者的极端倾向评论说:

> 1800年则是英国殖民者发动鸦片战争的前夜,是中国沦为半封建半殖民地的前夜。侈谈这个时期的中国经济是"世界经济体系"的中心,不免让我们有啼笑皆非的感觉。明清经济不是没有发展变化,康雍乾时期中国的综合国力也曾回光返照,但是相对于欧洲一些资本主义国家的经济,中国是落后了。②

其实,"加州学派"也并不是完全不顾及经济学之外的其他方面。李伯重也谈到过:"只从经济学的视角来看经济史,仍然远远不够",他提倡了一种"多视角"的研究方法。③ 而王国斌在其专著《转变的中国——历史变迁与欧洲经验的局限》中也试图超越纯经济层面的思考,从国家形成和社会抗争的角度来探究中西之间的差异,也就是说,他也想从更深层的机制入手讨论问题。然而遗憾的是,对于专制体制对于自由市场的阻碍作用,大多数"加州学派"学者语焉不详。

---

① [英]希克斯:《经济史理论》,厉以平译,商务印书馆1987年版,第16页。
② 林甘泉:《从"欧洲中心论"到"中国中心论"——对西方学者中国经济史研究新趋向的思考》,《中国经济史研究》2006年第2期,第28页。
③ 李伯重:《多视角看江南经济史(1250—1850)》,第4页。

在"加州学派"所反对的"欧洲中心论"者那里,他们但凡涉及中国的内容往往以攻击中国的体制为能事,如著名的约翰·霍尔就曾在其著作中,以欧洲经济发展的标准来发掘中国"对市场的制度性障碍"①。而另一位著名的"欧洲中心论"者贾雷德·戴蒙德也曾评论说:

> 为什么新月沃地和中国把它们几千年的巨大的领先优势最后让给了起步晚的欧洲? 当然,人们可以指出促使欧洲兴起的一些直接因素:它的商人阶级、资本主义和对发明的专利保护的逐步形成,它未能产生的专制独裁君主和使人不堪重负的税收……②

约翰·霍尔、贾雷德·戴蒙德等人话语间虽然流露着一种洋洋自得的优越感,但他们指出的问题也是切中要害的。"加州学派"在反击"欧洲中心论"时的确存在着矫枉过正的一面,他们在对明清中国的研究中悄然擦去了专制制度这样一个于己不利的事实。因此他们也招致了一些中国学者的批评,如裴广强认为:"江南并不缺少利用煤炭的自然条件",关键在于"很大程度上更是煤炭在工业中得不到规模利用的问题,当然也应看到经济发展过程

---

① John A. Hall, *Powers and Liberties: The Causes and Consequences of the Rise of West*, Oxford: Basil Blackwell, 1985, p.85.
② [美]贾雷德·戴蒙德:《枪炮、病菌与钢铁:人类社会的命运》,谢延光译,上海译文出版社 2016 年版,第 438 页。

中的制度性障碍"。① 而赵鼎新也进一步指出工业资本主义发生在英格兰的那些条件在中华帝制晚期都是缺失的,其原因在于:

> 缺乏自主性意味着中国的商人完全没有像他们的欧洲同行那样使用政治权利、军事手段以及思想武器来捍卫自己的利益,而所谓的"产权"也是完全任由国家支配。……这些经济行动者无法构建诸如自由主义或"看不见的手"这样的非正统的价值观来为他们的经营性行为正名,而且他们必须严格隶从官府。这些都显示了中国经济行动者的弱势,更进一步表明在西方到来之前工业资本主义很难在中国自发地崛起。②

总之,"加州学派"抵制或反击"欧洲中心论"的初衷是好的,他们尝试建构中国史学的话语体系,其精神也是可嘉的。他们的一些学者如李伯重等在计量史学层面取得一些成就也是可圈可点的,甚至有很多论断令人耳目一新。"加州学派"在横向角度比较中西的相似,从纵向角度归纳出古今的延续,这一经济史研究范式也不是不可行,然而他们对制度采取有意忽略的研究取向却使人难以接受。为了抵制"欧洲中心论"就对明清时期阻碍市场发育的专制权力和专制制度视而不见,恐怕在学理层面是无法做到彻底自洽的。

---

① 裴广强:《想象的偶然——从近代早期中英煤炭业比较研究看"加州学派"的分流观》,《清史研究》2014 年第 3 期,第 75、76 页。
② 赵鼎新:《加州学派与工业资本主义的兴起》,《学术月刊》2014 年第 7 期,第 169 页。

四、文化交流编

《福乐智慧》中的法拉比图式及苏非主义

《福乐智慧》系巴拉萨衮人优素甫·哈斯·哈吉甫于1069年至1070年写成的长篇叙事诗。此诗长达13 000余行,以阿拉伯诗歌中的阿鲁孜诗律与玛斯纳维体写成。《福乐智慧》的故事情节比较简单,主要通过四个人物(代表正义的国王日出、代表幸运的大臣月圆、代表智慧的月圆之子贤明、代表知足并向往来世的修道士觉醒)的对话表达了作者的政治理想、哲学观念、伦理道德以及宗教信仰等诸多方面的内容。

作者在书成之后把它奉献给当时在喀什噶尔执政的喀喇汗王朝副汗阿布·阿里·哈桑·本·苏莱曼·布格拉汗。布格拉汗对此诗非常赞赏,因此授予优素甫以"哈斯·哈吉甫"(御前侍臣)的称号。布格拉汗的尊号中冠有"桃花石"之名,"桃花石"乃是对中国的指称。①

---

① 关于"桃花石"一名的起源,有"大魏"、"唐家子"、"拓跋氏"、"大汗"、"大汉"等音转之说。参见张绪山:《"桃花石"(Ταυγάστ)名称源流考》,《史学管见集》,生活·读书·新知三联书店2019年版,第298—301页。

此外,《福乐智慧》序言中也提道:"此书极为尊贵,它以秦地哲士的箴言和马秦学者的诗篇装饰而成。"①据张广达考证,秦与马秦是指契丹、宋等地,也都是对中国的指称。② 很多学者因而认为《福乐智慧》与汉文化存在密切联系,譬如有人指出,优素甫"借鉴中原儒家的圣人之道"③,也有人强调"儒家思想在《福乐智慧》中的积淀是有深刻的文化背景的"④。

不过也有不少学者侧重研究《福乐智慧》中的伊斯兰文化和突厥文化因素。魏良弢认为:"《福乐智慧》的历史意义在于应时代之要求,对伊斯兰文化和突厥文化进行整合,奠定了新的文化——伊斯兰—突厥文化的基础。"⑤就《福乐智慧》而言,突厥文化当然是其自身传统,不可不察,而伊斯兰文化也可以说是组成其文化语境的重要成分,同样容不得疏忽。本篇文章当然会涉及突厥文化和伊斯兰文化,但我们更倾向深入挖掘《福乐智慧》中源自古希腊的文化元素,以便更为深入地理解《福乐智慧》这一东西方文化交流的典范文本。

---

① 优素甫·哈斯·哈吉甫:《福乐智慧》,郝关中等译,民族出版社2003年版,第2页。
② 张广达:《西域史地丛稿初编》,上海古籍出版社1995年版,第69—71页。
③ 热依汗·卡德尔:《东方智慧的千年探索——〈福乐智慧〉与北宋儒学经典的比对》,民族出版社2009年版,第140页。
④ 李宁:《〈福乐智慧〉英译研究》,民族出版社2010年版,第112页。
⑤ 魏良弢:《〈福乐智慧〉与喀喇汗王朝的文化整合》,《西域研究》2000年第3期,第66页。

一、整饬今世以赢得福乐：来自阿尔·法拉比的政治图式

优素甫生活的时代，正是喀喇汗王朝（Qara Khanid）历史上最混乱的一段时期。公元1041年，喀喇汗王朝分裂成东、西两部分，自此，统治阶层围绕王权展开了一系列的斗争，战争、谋杀、离间、叛乱充斥期间，整个社会陷入剧烈的动荡之中，人们的精神失去了依托，因而导致世风日下。这一现实在《福乐智慧》以及同一时期的另一部名著《突厥语大词典》中都有所反映。《福乐智慧》专有一节《论世风日下和人心不古》，其中有诗句云："世道人心已如此败坏，让我以何人为友，与何人亲近？……人心都坏了，毁弃了礼法，我生不逢时，何处可以栖身！"①《突厥语大词典》所载诗歌云："害命哪顾安拉在，扼死亲侄只为财。"②"世道完全变了样，道德败坏礼仪丧，宵小邪恶得横行，只因有德伯克亡。"③刘志霄认为，正是这"严峻的现实，促使11世纪的维吾尔思想家去寻求一种恢复社会秩序的政治生活规范"④。于是在这样的社会现实里，诞生了以阐释治国兴邦之道为主题的《福乐智慧》。对于此书，一般人都

---

① 优素甫·哈斯·哈吉甫：《福乐智慧》，郝关中等译，第855页。
② 麻赫默德·喀什噶里：《突厥语大词典》第1卷，何锐等译，民族出版社2002年版，第92—93页。
③ 麻赫默德·喀什噶里：《突厥语大词典》第1卷，何锐等译，第111页。
④ 刘志霄：《11世纪维吾尔社会思想与〈福乐智慧〉》，《西域研究》1994年第1期，第26页。

以政治书籍视之,就像该书序言里所说的那样:"秦人称它为《帝王礼范》,马秦人称它为《社稷知己》;东方人对它十分推崇,把它称做《君王美饰》;突朗人称它为《福乐智慧》,伊朗人称它为《诸王之书》。"①如果想要对《福乐智慧》之中的政治思想做出准确分析,秦人和马秦人思想的影响自然要顾及,而伊斯兰-突厥文化语境中的政治思想也是必须要认真探讨的。

《福乐智慧》认为要获得今世的幸福,国家就应该以"正义"为准则,而国君正是这种"正义"理念的代表者和维系者。就像日出国王对月圆所说:"社稷的基础建立于正义之上,正义之道乃社稷的根柢。君主对人民执法公平,定会实现愿望,万事如意。"②君主要想把"正义"施于全社会,则必须建立良好的法度,如作者所说:"御世的君主掌握了知识,为世界制订了良好的法度"③;"法制要完善,莫将它败坏,幸运的金带将系在你腰里"④;"谁若是制订了好的法度,他的名字将留芳千古"⑤。不但如此,在实施法律的时候也要做到一视同仁,即"无论是我儿子,还是亲友,无论是异乡人,还是过客,在法度上对他们一视同仁,对他们的裁决毫无二致"⑥。又如,"我审理百事,以正义为本,无论你是伯克,还是

---

① 优素甫·哈斯·哈吉甫:《福乐智慧》,郝关中等译,第7页。
② 同上书,第112页。
③ 同上书,第37页。
④ 同上书,第195页。
⑤ 同上书,第196页。
⑥ 同上书,第112页。

奴隶。"①

《福乐智慧》还认为获得今世幸福的另一条件,即打造一个稳固的等级秩序。作者借贤明之口论述了国君、大臣、将领、御前侍臣、宫监、使节、书吏、宫廷司库、御膳监、侍酒官等应具备的条件,又论述了如何对待黎民、圣裔、哲人、学者、医生、巫师、圆梦者、星占士、诗人、农民、牧人、工匠、贫民。优素甫认为,只有主张正义和执法公平,各类行政人员才能做到各司其职,而各阶层民众也会各行其道。如此,整个社会才会上下井然有序。可以说,这种稳固的等级秩序就是今世福乐生活的根基。

上述政治理念不禁让人联想起喀喇汗王朝初期的著名学者阿尔·法拉比的政治图式。法拉比有亚里士多德之后"第二导师"之美誉,在伊斯兰哲学界影响极大。法拉比青年时期曾在巴拉萨衮、喀什噶尔等地求学,且距离优素甫的时代并不久远(后者出生距离前者去世仅有 69 年),所以优素甫受其思想影响并不难理解。两人的政治理念确有相似之处,如法拉比认为城邦的公民可以凭借着政治学,在政治的联合中获得幸福。如其所说:"最优越的完善和最大限度的完满,首先只能在城邦达到,……在一个城邦中,其居民通过联合、旨在合作以达到真正的幸福,这样的城邦就是卓越城邦。"②关于卓越城邦的政治结构,法拉比论述说:

---

① 优素甫·哈斯·哈吉甫:《福乐智慧》,郝关中等译,第 111 页。
② [阿拉伯] 法拉比:《论完美城邦——卓越城邦居民意见诸原则之书》,董修元译,第 66 页。

> 其中有一个人是元首,有一些其他人在等级上接近于元首,他们中的每一个都具有某种资质和习性,凭借这种资质与习性他们按照元首的意旨履行一种职能,这些是第一等级的掌权者;在他们之下的,是按照他们[所设定]的目的履行职能的人们,这些人处于第二等级;更在他们之下的,是按照第二等级的目的履行职能的人。城邦的各部分就按照这样一种方式分层,直到终结于那些只按他人的目的履行职能而没有人按自己的目的履行职能的部分,这些人只服务而不被服务,处于最低的等级,是最底层的人。①

可见,所谓的卓越城邦其实是一个等级森严且秩序整饬的序列,法拉比所谓的联合,其具体方式就是建立一种稳固的等级秩序,他认为,人们依凭这种等级秩序就可以获得幸福。

很明显,法拉比的这个"完美城邦"的模型是参照了柏拉图的"理想国"。法拉比对古希腊哲学尤其是对柏拉图知之甚深,他一生的学术事业即是试图"以一种解经的方式和护教的态度试图把思想重新引回到柏拉图那里"②。柏拉图的"理想国"自是一个分工明确、秩序井然的世界。柏拉图认为各司其职、各行其道恰恰体现着一种正义。"木匠做木匠的事,鞋匠做鞋匠的事,其他的人也

---

① [阿拉伯]法拉比:《论完美城邦——卓越城邦居民意见诸原则之书》,董修元译,第67—68页。
② 程志敏:《阿尔法拉比与亚里士多德》,《北方民族大学学报》2010年第2期,第101页。

都这样,各起各的天然作用,不起别种人的作用,这种正确的分工乃是正义的影子。"①在"理想国"中,正义是其基石,推行正义的则是作为领袖的"哲人王",这种哲人王兼有哲学家和立法者的双重身份。而柏拉图的哲人王在法拉比的"完美城邦"中不但兼有哲学家和立法者的身份,同时还增加了"伊玛目"这样一个身份,如其认为"'伊玛目'、哲学家和立法者的概念是一个概念"②。由此可见,法拉比成功地把"柏拉图的政治哲学引入到了伊斯兰世界"③。列奥·施特劳斯甚至认为只有从法拉比柏拉图化的政治学出发,才有希望真正弄懂中世纪的伊斯兰哲学。④

将法拉比柏拉图化的政治学与《福乐智慧》中所表述的政治理念进行对比,则可发现两者具有较高的相似度。也可以认为,在优素甫意识深处,一直藏有一个法拉比式"完美城邦"的政治图式。但与法拉比思路不同的是,优素甫并没有赋予宗教领袖以立法者的地位,也没有要求国君必须是哲人。在他的政治框架中,不仅伊玛目与君主是分离的,而且作为立法者的日出国王与具有哲人色彩的月圆、贤明也是分离的。

优素甫虽然笃信伊斯兰教,但是在他的笔下,可以很明显地发现喀喇汗王朝政教并不统一的情况。喀喇汗王朝虽然推行伊斯兰

---

① [古希腊]柏拉图:《理想国》,郭斌和译,商务印书馆2019年版,第174页。
② [阿拉伯]法拉比:《获得幸福》,《柏拉图的哲学》,第171页。
③ 程志敏:《柏拉图经学史的"残篇"》,《柏拉图的哲学》,第16页。
④ Leo Strauss, "Some Remark on the Political Science of Maimonides and Farabi," *Leo Strauss on Maimonides: The Complete Writings*, ed. Kenneth Hart Green Chicago: University of Chicago Press, 2013, pp.275-313.

教，但伊斯兰教法却始终无法完全取代突厥社会原有的政治体制。喀喇汗王朝传统的"伊列克汗"、"伊克塔"制度具有明显的封建性质，①对中央集权具有一定的威胁，因此提倡君主专制就成为《福乐智慧》的主题。如其所说："君王事只有君王知道，典章制度都出自君主。国君天生是社稷之主，自幼儿学得美德善举。"②在喀喇汗王朝，一切都应该以君主为最高权威，即便是伊玛目也不得触犯这一原则。

法拉比虽然一直在宣扬伊玛目、哲学家、立法者三位一体的理想政治，但在现实中却远没能实现，反而还引起了"哲人与城邦的冲突"，最后他被迫离开了巴格达。阿拔斯哈里发都持伊斯兰正统教法，具有希腊哲学素养的哲学家自是难以立足。然而"在伊斯兰教——犹太教世界里，哲学所处的岌岌可危的地位反倒确保了它的私人性质，从而确保了它不受监控的自在自由。"③法拉比深知他三位一体的设想难以实现，遂把秘密王权赋予了哲学家。拥有秘密王权的哲学家表面过着平实的生活，但他会暗自努力去完善那个不完美的世俗社会。如果从这个角度去认识，我们就容易理解

---

① 如拓和提指出："喀喇汗王朝统辖下的帕米尔以西地区、中亚草原上继续保留了以国家直接占有为主的封建所有制，即将草原、河流等土地的一部分作为世袭封地授予王室成员。得到世袭封地的王族被称作'伊列克汗'。另一部分土地，则沿用萨曼尼王朝的旧制，作为终身份地，以'伊克塔'名义授予维吾尔贵族和其他游牧军事贵族。无论是世袭封地（伊列克），还是终身份地（伊克塔），在授予与否上均属于喀喇汗王朝的最高统治者可汗所有。"参见拓和提：《维吾尔历史文化研究》，民族出版社1995年版，第75页。
② 优素甫·哈斯·哈吉甫：《福乐智慧》，郝关中等译，第258页。
③ ［美］列奥·施特劳斯：《迫害与写作艺术》，刘锋译，华夏出版社2012年版，第14页。

优素甫为什么使立法者与哲学家分离的思路了。无论月圆、贤明还是觉醒,都可以被理解成拥有秘密王权的哲学家,尤其是贤明与觉醒,分别代表着关于今世的智慧与关于来世的智慧,贤明懂得如何管理政事与交际礼仪,觉醒懂得今世的缺陷以及如何完善人的灵魂。他们从不同的角度指向完善,为的就是使人获得快乐与幸福。

法拉比认为人们可以从理论的美德、审慎的美德和实践的美德等方面达到最高幸福。这些方面应该先在个人身上实现,然后再推广至国家或城邦。他认为:"应该把理论科学的教导赋予伊玛目或君主,或者另外赋予那些应该维护理论科学的人。""他们[君主、伊玛目等等]应该以下列两种方法中的一种方法来习惯于实践美德的行为和实践的技艺。"①关于德性与善行,优素甫着墨最多,他认为"善德之人是最好的伙伴,善德之举是最好的行止"②。对于理论的美德和审慎的美德,优素甫也是一直强调的。如他所言:"一切善事全都得益于知识,有了知识,好比找到了上天的阶梯。每说一句话,你都该借助于学问,须知人的高贵全在于知识。"③"凡事它瞻前顾后,面面俱到,深知办事的方法和恰当的时辰。"④在《福乐智慧》一书中还专有一章论述语言的得失利弊,也体现为一种审慎的意识。"语言给我带来了不少的苦头,为了保全头颅,

---

① [阿拉伯]法拉比:《获得幸福》,《柏拉图的哲学》,第162、163页。
② 优素甫·哈斯·哈吉甫:《福乐智慧》,郝关中等译,第127页。
③ 同上书,第31页。
④ 同上书,第248页。

我愿割断舌根。愿你收敛舌头,莫损了牙齿;愿你语言谨慎,莫丢了性命。"①

关于实践的美德,即技艺,在《福乐智慧》中也得到了重点关注。优素甫认为,君主应该有管理天下的技艺,大臣应该有分担重担的技艺,将领应该有指挥战争技艺,御前侍臣应该有为君主效力的技艺,此外,宫监、使节、书吏、宫廷司库、御膳监、侍酒官、哲人、学者、医生、巫师、圆梦者、星占士、诗人、农民、牧人、工匠等等各有各的技艺。各种美德和技艺通过教导与品质的形成,真正实践于国家或城邦,那么就可以获得最高的幸福了。总之,涉及获得今世的幸福,其总体规划乃至具体操作,优素甫并没有走出法拉比政治图式之藩篱。

二、对来世的憧憬:苏非主义信仰

除了法拉比以外,对喀喇汗王朝影响最大的伊斯兰教哲学家当属伊本·西那。阿不都克里木·热合曼就认为:"伊本·西那宏富的医学遗产首先是在喀喇汗王朝治下的广大维吾尔地区被称作为新的医学成就而倍受欢迎。"②伊本·西那出生在中亚布哈拉城附近,系塔吉克人。"塔吉克","在整个突厥人的心目中是指讲波

---

① 优素甫·哈斯·哈吉甫:《福乐智慧》,郝关中等译,第25页。
② 阿不都克里木·热合曼:《著名哲人伊本·西那及其道德观》,《新疆大学学报》2002年第4期,第43页。

斯语的人"①,他们文化水平较高,其学术思想在喀喇汗王朝具有广泛的影响。《突厥语大辞典》一书中就写道:"无塔特不会有突厥,无头颅不会有帽子。"②《福乐智慧》也一再提到塔吉克文的著作,如"阿拉伯、塔吉克文书籍甚多,用母语写成的仅此一部"③,甚至《福乐智慧》的创作"可能直接受到波斯-塔吉克文学名著菲尔多西(940—1020)《列王纪》的影响"④。伊本·西那去世时,优素甫恰好18岁,其时伊本·西那的著作广为流布,优素甫所说的那些塔吉克文书籍之中就可能包含伊本·西那的著作。在《福乐智慧》中,我们也似乎能看到伊本·西那《道德科学》《善恶论》《正义论》《论身体之控制》等著作影响的痕迹,尤其是"四元素"学说,优素甫和伊本·西那都格外强调,看法也颇为一致,大抵是由后者输送给了前者。

法拉比在哲学上明显受到了新柏拉图主义的影响,主张调和柏拉图与亚里士多德,并认同"流溢说"。在法拉比看来,真主是世界的第一因,而物质世界是从真主中流溢出来的。伊本·西那一直把法拉比当成自己哲学上的领路人,但他却基本上摒弃了柏拉图,以亚里士多德的"实体即存在"思路改造了法拉比所主张的

---

① 麻赫默德·喀什噶里:《突厥语大词典》第2卷,校仲彝等译,民族出版社2002年版,第289页。
② 同上书,第290页。
③ 优素甫·哈斯·哈吉甫:《福乐智慧》,郝关中等译,第12页。
④ 王家瑛:《〈福乐智慧〉与伊斯兰文化》,新疆社会科学院民族文学研究所编:《福乐智慧研究论文选》,新疆人民出版社1993年版,第148页。

"流溢说",于是真主在他那里就等同于存在了。这实际上就形成了一种斯宾诺莎式的泛神论效果,正所谓"法拉比还借重真主的神圣性来说明世界的神圣性,伊本·西那则径直把真主的神圣性归结为存在"①。尽管伊本·西那与法拉比在哲学思想上存在一定的差别,但他们都已触及正统伊斯兰教的"认一论"原则了,因而在身后遭到一定程度的批判与抨击。

比优素甫稍为晚出的安萨里写有《哲学家的矛盾》一书,他批判"流溢说"及物质时空永恒及无始性的观点,以维护世界及时间有始性的传统观念。安萨里此书"正是通过对理性的彻底运用来揭示理性自身的界限和范围,从而界定理性与信仰之关系"②。也就是说,安萨里著书目的是为了护教,然而他却是极懂哲学的,他护教的手段完全是哲学思辨的。与安萨里不同,优素甫对于法拉比、伊本·西那的形而上学并不感兴趣,他的观念属于伊斯兰教正统教义,正如《福乐智慧》所宣称的:

> 一切颂扬、赞美全归于真主,万能独一的我主永存无极。他创造了苍天、大地、日月和夜晚,创造了白昼、岁月、时间和万物。他意欲什么,就创造了什么,说一声"有"而万物齐备。……你是独一的,无人与你相等,宇宙万物中,唯你无始无极。③

---

① [阿拉伯]伊本·西那:《论灵魂——〈治疗论〉第六卷》,北京大学哲学系译,第 xiv 页。
② 王希:《安萨里思想研究》,宗教文化出版社 2015 年版,第 138 页。
③ 优素甫·哈斯·哈吉甫:《福乐智慧》,郝关中等译,第 1—2 页。

可以看出，在对真主与世界关系的理解层面，优素甫是无意进行哲学思辨的。在这一点上，他与法拉比、伊本·西那等人颇有不同。在信仰修证层面，他走得也不是哲学家的路径，而是和反对哲学的安萨里如出一辙，即走向了以灵魂体验、神秘启示和直觉内省为特征的苏非主义的修证方式，他以对来世的憧憬克服对今世福乐的困惑。

苏非主义早在七世纪末就已经产生，"苏非"一词的阿拉伯词根为"羊毛"，因穿着羊毛衣、过着禁欲生活的信奉者而得名。苏非们极重精神修为，他们认为最高的生活目的在于通过虔诚的祈祷和神秘的体验达到人主合一的境界，即个体寂灭而完全感知真主，从容地摆脱今世，从而为来世的美好归宿做好铺垫。在伊斯兰神学史上，安萨里最先将苏非主义引入正统思想。在安萨里之前，苏非主义是被视为异端而遭到禁绝的。不过，"在中亚这块浸透着佛教情愫的土地上，他们（苏非主义者）得以安身立命，并在获得安全感之后，散布起苏非主义。"①《福乐智慧》中蕴含了明显的苏非主义成分，有其历史大背景。

《福乐智慧》中的觉醒无疑是一个苏非主义者，他在形象上具有苏非的典型特征，如"我身穿羊毛衣，口吃大麦粥，兄弟啊，这尘世于我已经足够。"②又如"我自尘世索取应得的命份，以糟糠为

---

① 热依汗·卡德尔：《〈福乐智慧〉与维吾尔文化》，内蒙古人民出版社2003年版，第46页。
② 优素甫·哈斯·哈吉甫：《福乐智慧》，郝关中等译，第621页。

食,以羊毛为衣衾"①。在思想和行为上,他首先否定了今世,认为一切皆幻:"今世之万物皆为了人生,生之不存,则万物皆空"②。尤其是"今生于穆斯林恰似一座土牢"③。在此基础上,他进一步提出:"请你放弃今生,企求来世,在来世中你将享乐无已。"④至于如何"放弃今生,企求来世",觉醒也描述自己的行为:

> 我把一片赤心奉献给真主,做一个祈愿者向他顶礼祈祝。对他的存在我深信不移,我心怀信仰,口诵不已。我承认他的存在,将他求索,然而我不知从何处将他求得。为寻觅真主我夜不成眠,找到了他的迹象却未睹其面。……我远避尘世,为他祈祝,他时时处处把我护佑。我只身一人,只把真主铭记,欲有所言,只须呼唤他的名字。⑤

在修道士觉醒那里,我们看到了一个全然不同的世界。它是指向来世的,与国王日出、大臣贤明所追求的今世福乐有相当大的区别。这也正是觉醒与日出、贤明进行三次大辩论的主要原因。第一次的辩论,代表"今世"的贤明与代表"来世"的觉醒完全针锋相对,互不妥协。第二次的辩论,两人同时做出了一些让步,并试

---

① 优素甫·哈斯·哈吉甫:《福乐智慧》,郝关中等译,第 622 页。
② 同上书,第 613 页。
③ 同上书,第 626 页。
④ 同上书,第 618 页。
⑤ 同上书,第 623、624 页。

图去理解对方的立场。第三次的辩论后,日出与贤明对苏非主义信仰的认识发生了彻底的转变,甚至国王日出都呜咽地说:

> 觉醒啊,你是人间俊杰。你大彻大悟,得到了福乐,王位对于我已变成灾祸。我心已领悟,眼已睁开,是我把自己投入了烈火。尊者啊,我已迷失了正路,是你将正路给我指出。觉醒啊,请你为我祈祝,让真主赐予我善德的路途。①

通过跟觉醒的辩论,国王日出产生了今世虚幻的意识,这也在一定程度上显示出作者对来世幸福的侧重。

一般认为,《福乐智慧》后面附录的三篇文字是优素甫自己心境的写照,因为在诗歌中出现了他对自己的告诫,如"优素甫啊,莫再昏睡,要礼拜真主"②,兹可证明。附篇一名为《哀叹青春的消逝和老年的到来》,其中写道:"这虚幻的世界象轻风一样飘忽,我却在这尘世上昏昧不醒。"③可以说此篇表达的是一种个体"今世"的虚幻。附篇二名为《论世风日下和人心不古》,其中写道:"信义发生了灾荒,不义充满了人世,谁若有信义,愿他分我一份。"④可以说此篇表达的是一种群体"今世"的虚幻。从这两篇文字可以看出,优素甫的思想里的确有一种厌倦"今世"的倾向。

---

① 优素甫·哈斯·哈吉甫:《福乐智慧》,郝关中等译,第700—701页。
② 同上书,第851页。
③ 同上书,第851页。
④ 同上书,第853页。

《福乐智慧》的序言之一提及优素甫是"出生于巴拉萨衮的一位虔诚信士"①。在序言之二里,提及作者时则说:"他是位完美崇高的隐士,虔诚而博学,纯净如玉。"②尤其需要注意的是,优素甫在附篇里写道:"我将以草根充饥,雨水解渴,以黄沙为被褥,以麻片为衣裙。我将像野兽般在荒野里奔跑,远离人群,在世界上消失踪影。"③如果说附篇乃是其心灵写照的话,则不仅是其文本,优素甫自身也都带有一定的苏非色彩。

优素甫本身就是一个矛盾体,在喀喇汗王朝政治不宁、社会动荡的大环境中,他目睹人民的不幸,急切希望在政治层面进行整饬,以正义为基石确立良好的秩序,以期获得今世的幸福。但是这一设想本来就很虚空,即便真能实现,也未必有助于解决那个终极问题——个体灵魂的拯救,所以优素甫又希望通过苏非式的苦修来达到与真主的合一。尽管优素甫也表达过"在两世里获得荣幸",但下一句马上就是否定句,"尽管这世界充满了欢乐,抛弃它吧,应该去把来世憧憬"④。这种意识反映在《福乐智慧》一书中,就呈现出了两个自我。作为整饬今世的自我是日出与贤明;作为向往来世的自我乃是觉醒。后一个自我比前一个自我在某种程度上更契合于优素甫的内心。

"今世"与"来世"两世并重本是伊斯兰教义的基本主张,也就

---

① 优素甫·哈斯·哈吉甫:《福乐智慧》,郝关中等译,第 2 页。
② 同上书,第 10 页。
③ 同上书,第 854 页。
④ 同上书,第 862 页。

是"显白"与"隐微"的两套不同的救赎方案。① "今世"与"来世"原本并不冲突,但在《福乐智慧》中,由于作者以来自法拉比的政治图式整饬今世,以苏非主义的信仰憧憬来世,在表层理解上就造成了"今世"与"来世"割裂。为了解决这一问题,作者在叙述完三次辩论之后又进行了一定程度上的弥补与缝合。如在第七十二章,贤明以论述治国之道而对产生今世虚幻意识的国王进行了一定程度的矫正,从而又把国王拉回到今世之中来,国王听从了贤明的建议,"从此将享乐抛弃,宵衣旰食将国家整饬。疏远了奸邪,接近贤良,为贤者开辟了效力的道路。庶民走上正道,国家清明。一派盛世景象,民无怨气"②。也就是说,虽然作者更肯定向往来世幸福的苏非主义,但也没有全面否弃今世的幸福。

总而言之,在优素甫的意识里,存在着"今世"与"来世"两个世界。正如诗里所说:"掌握了今生和来世之人,福星会永远将他照临。"③阿拉特也指出:"《福乐智慧》正如从它的书名中所知的那样,是为了向人们指示在两个世界中以完整的意义获取幸福所必经的途径而撰写的。"④对"今世"的思考指向《福乐智慧》的现实性特点,而对"来世"的思考则加强了《福乐智慧》的形而上性,因为

---

① 周传斌:《不一样的阿尔法拉比——兼论伊斯兰哲学的伊斯兰进路》,《北方民族大学学报》2010年第2期,第106页。
② 优素甫·哈斯·哈吉甫:《福乐智慧》,郝关中等译,第728页。
③ 同上书,第263页。
④ [土耳其]R.R.阿拉特:《〈福乐智慧〉土耳其文译本导言》,刘宾译,新疆社会科学院民族文学研究所编:《福乐智慧研究译文选》,新疆人民出版社1991年版,第22页。

相比"今世","来世"更具有冥冥不可言说的神秘主义意味。

《福乐智慧》的中文译者之一刘宾在解释"智慧"一词时说:

> "智慧"被看做是一种使人对林林总总的自然和社会现象有清楚的洞察,使人能索知并感应超越形体以外的世界,超越世俗虚幻的认识,达到把握"真理"的能力。一切宗教经典中所说的"智慧",优素甫笔下的觉醒所说的"智慧",就是指这种能力。①

在优素甫的笔下,通过苏非式的灵魂自省以获得安身立命和永恒救赎,达到这种来世的福乐自然是一种"智慧",这种"智慧"也是《福乐智慧》一书所要表述的终极理想。而通过整饬今世的秩序以达到福乐也当属于一种"智慧",否则的话,作者也不会耗费巨大的精力以鸿篇巨制来阐述治国兴邦之道了。

---

① 刘宾:《〈福乐智慧〉与东西方思想史背景》,《西域研究》1994 年第 1 期,第 37 页。

论鲁迅对尼采"戏仿"的承袭

众所周知,尼采的矛头时时瞄准基督神学。在《权力意志》一书中,他曾指出:

> 人们决不该原谅基督教,它毁灭了帕斯卡尔这样的人。人们决不应该停止与基督教的斗争,因为它有意要摧毁的正是最强大和最高贵的心灵。只要这一点还没有彻底地消灭掉,即基督教发明的人的理想还没有彻底地消灭掉,人们就决不该讲和。①

作为尼采自认为最完美的著作,《查拉图斯特拉如是说》批判的重点也是整个基督世界。在此书中,尼采振聋发聩地提出了"上帝死了"这一著名命题。值得注意的是,尼采在写作《查拉图斯特拉如是说》的时候,在文体上有意做出了一种姿态,即对《新约》和

---

① [德]尼采:《权力意志》,孙周兴译,商务印书馆2007年版,第696页。

《旧约》的戏仿。① 那些《圣经》式的警句、辩才、譬喻在书中到处可见，所以伽达默尔谈起《查拉图斯特拉如是说》时曾说："这毕竟是以模仿为形式、一半属于诗歌的著作。"②可以说，《查拉图斯特拉如是说》是一部综合思想性与文学性的《圣经》式的反《圣经》著作。

在本篇文章中，我们的目的不在于论述《查拉图斯特拉如是说》对《圣经》的戏仿，而是把关注点放在这种戏仿手法的承袭层面上。作为深受尼采思想影响的文学家，鲁迅对尼采戏仿手法的承袭会对其创作形成如何的效果，同时通过尼采的"传染"，《圣经》会对鲁迅的创作产生怎样的影响，这两个方面才是我们重点探究的内容。

一、《故事新编》里的戏仿

鲁迅早年曾受到尼采深刻的影响，周作人在《德文书》一文中回忆道：

---

① 戏仿又称滑稽模仿，英国学者罗斯认为："最广义的戏仿及其应用首先可以被描述为模仿，接着是改变另一作品的'形式'和'内容'，或风格和主题，或句法和意义，有时对二者之一进行变化，有时将二者同时变化，最简单的是改变它的词汇。此外，最成功的戏仿能从原文和戏仿文的滑稽不调和中产生喜剧的、令人发笑的幽默效果。这些效果与戏仿者通过重写原作，或将原作与嵌入的新文本并置所带来的改变一起，成为读者发现戏仿作品中戏仿特性的'信号'。"戏仿手法在西方文学中颇为常见，最著名的例子就是塞万提斯的《堂·吉诃德》，小说中堂·吉诃德种种迂腐的行为其实就是对当时骑士文学的一种戏仿。参见［英］罗斯：《戏仿：古代、现代与后现代》，王海萌译，南京大学出版社2013年版，第44页。

② ［德］伽达默尔：《查拉图斯特拉的戏剧》，陈永国译，汪民安、陈永国编：《尼采的幽灵——西方后现代语境中的尼采》，社会科学文献出版社2001年版，第84页。

在东京虽然德文书不很多,但德国古典名著却容易买到,价钱也很便宜,……十九世纪的作品也并没有什么。这里尼采可以算是一个例外,《察拉图斯忒拉如是说》一册多年保存在他书橱里,到了一九二○年左右,他还把那第一篇译出,发表在《新潮》杂志上面。①

在鲁迅留日的时代,"尼采思想乃至德意志哲学,在日本学术界是磅礴着的"②。尼采对平庸颓废的批判和对个性主义的追求很快就吸引了鲁迅的注意。鲁迅认为尼采乃是一位"深思遐瞩"③的才士,他早年的论文如《文化偏至论》、《摩罗诗力说》都曾由衷赞美过尼采。上述引文提到的"第一篇"是指《查拉图斯特拉如是说》的序言部分,鲁迅于1920年用白话文将其译出并发表。其实早在1918年,鲁迅就曾试图用文言来翻译这篇序言,然而最终没有完成。在《语丝》时期,鲁迅写的散文诗明显带有《查拉图斯特拉如是说》的语调和风格。此后一直到晚年,鲁迅的思想虽然屡有新变,但对尼采的欣赏却是持之以恒的,甚至可谓至死不渝。

如果说《查拉图斯特拉如是说》是对《圣经》的戏仿,则查拉图斯特拉的形象就是对上帝的戏仿。如上帝一样,查拉图斯特拉也

---

① 周作人:《鲁迅的故家》,河北教育出版社2002年版,第327页。
② 郭沫若:《鲁迅与王国维》,《郭沫若全集》文学编第20卷,人民文学出版社1992年版,第305页。
③ 鲁迅:《文化偏至论》,《鲁迅全集》第1卷,人民文学出版社2005年版,第50页。

是以一种高不可攀的姿态面对世人的。在书的一开始,查拉图斯特拉就面对太阳说:"你伟大的天体啊!你如果没有你所照耀的人们,你有何幸福可言哩!"①很显然,他就是以太阳自喻。在广场上,查拉图斯特拉又像神一样向群众宣告说:"从前亵渎上帝乃是最大的亵渎,可是上帝死掉了,因而这些亵渎上帝者也死掉了。"②通过查拉图斯特拉一系列的戏仿,尼采成功地颠覆了上帝的神圣性。

鲁迅的《野草》受《查拉图斯特拉如是说》影响很大,仿的意味很明显,但颠覆性却相对不够。就鲁迅的创作而言,戏仿戏份最足的文本是《故事新编》。《故事新编》共计有八篇小说,分别为《补天》《奔月》《理水》《采薇》《铸剑》《出关》《非攻》《起死》。虽然鲁迅也说:"只取一点因由,随意点染。"③事实或多有出入,但《故事新编》主人公却还都是传统中的神话英雄、文化圣哲,如女娲、羿、禹乃至老、孔、墨、庄,甚至是伯夷、叔齐。这种"神话、传说及史实的演义"④恰恰是适合戏仿手法催生幽默和颠覆效果的文化显文本,就像尼采所面对的《圣经》一样。

对于女娲、羿这样创造历史的神话人物,鲁迅并不着力描写他们无所不能的伟力,相反却将他们庸常的人生表现得一览无余。

---

① [德]尼采:《查拉斯图拉如是说》,钱春绮译,生活·读书·新知三联书店2014年版,第3页。
② [德]尼采:《查拉斯图拉如是说》,钱春绮译,2014年版,第8页。
③ 鲁迅:《故事新编·自序》,《鲁迅全集》第2卷,第354页。
④ 鲁迅:《南腔北调集·〈自选集〉自序》,《鲁迅全集》第4卷,第469页。

像女娲虽有补天、造人之能,但却无法制止人类无休无止的杀戮,甚至她还被自己的手造物煞有介事地谩骂着:"裸裎淫佚,失德蔑礼败度,禽兽行。国有常刑,惟禁!"①而羿作为射日的英雄,却天天为饮食而忧虑。如果说女娲那里表现出来的是无力感的话,在羿这里表现出来的则是明显的挫败感。就像《奔月》里经典句子描写的那样:"那马便立刻放缓脚步了,并且和它背上的主人同时垂了头,一步一顿,像捣米一样。"②

除了神话英雄,鲁迅还对圣贤人物进行了戏仿。譬如对孔子,鲁迅借助老子的口吻勾勒了他两面派的形象:"你要知道孔丘和你不同:他以后就不再来,也再不叫我先生,只叫我老头子,背地里还要玩花样了呀。"③虽然"老头子"这一叫法颇有些映射"左联"和周扬的意味,但"在鲁迅看来,后来成为'敲门砖'的孔子,代表着中国人当官的理想和欲望"④。又如《出关》一文,重点写了关尹喜、书记先生等人对老子的嘲笑:"他那里会有恋爱故事呢?他压根儿就没有过恋爱。""饿过了肚子,还要闹脾气?"对于《道德经》,他们也揶揄说:"我倒怕这种东西,没有人要看。""连五个饽饽的本钱也捞不回。"⑤鲁迅借此篇将道家鼻祖认定为"一事不做,徒作

---

① 鲁迅:《故事新编·补天》,《鲁迅全集》第2卷,第364页。
② 鲁迅:《故事新编·奔月》,《鲁迅全集》第2卷,第370页。
③ 鲁迅:《故事新编·出关》,《鲁迅全集》第2卷,第457页。
④ 张钊贻:《从〈非攻〉到〈墨攻〉:鲁迅史实文本辨正及其现实意义探微》,广西师范大学出版社2017年版,第196页。
⑤ 鲁迅:《故事新编·出关》,《鲁迅全集》第2卷,第462、463页。

大言的空谈家"①,认为"这种'大而无当'的思想家,是不中用的"②。说起思想的不中用,鲁迅的文中除了老子,则还有庄子。庄子泯灭差别的"齐物论"思想在《起死》彻底破产:既然主张生死齐一,则又何必复活骷髅呢?既然主张得失齐一,何必在意让出一件衣服?在鲁迅笔下,庄子那些"上流的文章"③,却在现实中现出了原形。

关于《故事新编》的颠覆性效果,钱理群曾总结说:

> 鲁迅关注的古人,全是中国古代神话英雄与圣、贤人物,他们在传统文本中,都是居于高堂圣殿,是神圣不可触犯的。而鲁迅《故事新编》恰恰是把他们拉回到日常生活情景中,抹去了英雄主义、浪漫主义的神光,还原于常人、凡人的本相。④

学界对于《故事新编》中的"油滑"笔调已经多有研究,各种说法不胜枚举,兹不赘言。我们认为,借助油滑的笔调,鲁迅成功地实施了戏仿的手法,在文化显文本中催生出幽默和颠覆的效果。如果说《查拉图斯特拉如是说》通过戏仿将上帝进行了祛魅处理,

---

① 鲁迅:《且介亭杂文末编·〈出关〉的关》,《鲁迅全集》第6卷,第540页。
② 鲁迅:《致徐懋庸》,《鲁迅全集》第14卷,第36页。
③ 鲁迅:《故事新编·起死》,《鲁迅全集》第2卷,第493页。
④ 钱理群、温儒敏、吴福辉:《中国现代文学三十年》,北京大学出版社1998年版,第387页。

则《故事新编》通过"油滑"的笔法将中国古代的英雄与圣贤拉下了神坛。"油滑"就是鲁迅特色的戏仿,在其进击之下,以儒家和道家为代表的传统文化的大纛遂倒了下来。

"上帝死了",这是尼采哲学的一个核心命题,同时也意味着西方哲学的价值转向。"上帝死了",价值的中心不再存在,一切确定性、神圣性随之瓦解了,西方现代哲学中虚无主义问题也就由此生成了。加缪曾就尼采的哲学描述过价值体系崩溃之后世界的荒诞和人的孤独,如其所说:

> 在这个摆脱了上帝与道德偶像的世界,人现在是孤独的,而且没有了主人。……于是开始了被天主弃绝的人们的时代,他们开始精疲力竭地寻求这样做的理由,漫无目的地怀旧,心中思索着一个问题,一个最痛苦而令人心碎的问题:"我在哪里会感到自己是在家中?"①

尼采所带来的虚无主义问题最后汇为现代主义思潮的大河奔流。迨至20世纪,现代主义的诸多流派如存在主义、表现主义、未来主义、象征主义,超现实主义、魔幻现实主义、意象派、意识流、黑色幽默、荒诞派戏剧、新体小说无不在表现人生在世的无意义感,这都是虚无主义带来的瘟疫肆虐。由于与尼采的因缘,鲁迅的创

---

① [法]加缪:《反抗者》,吕永真译,上海译文出版社2013年版,第81页。

作维度与世界文学具有同步性,无意义感似乎一样的无可避免。在《故事新编》中,我们看到的是一场场无聊的闹剧,即便有真诚的努力,最后也不得不以绝望收场,故事的结局大多都是寂寞与空虚。

如前所述,女娲为了拯救人类,"用尽了自己一切的躯壳,便在这中间躺倒,而且不再呼吸了"。然而人类却并不领情,"他们就在死尸的肚皮上扎了寨",并"改换了大纛旗上的科斗字,写道'女娲氏之肠'"。① 羿为了让妻子免于每天吃乌鸦炸酱面的痛苦,来回跑了二百多里地,其间被老婆子斥骂,被逢蒙暗算,幸好换得一只鸡可以讨嫦娥欢心,然而想不到的却是妻子的背叛。他虽然"从愤怒里又发了杀机",但他的箭对月亮却造不成什么实质的损伤,他显然不再有"当年射日的雄姿"了。② 至于伯夷和叔齐那种被视为悲壮和圣洁的"不食周粟",阿金姐的一句话就解构他们努力的全部意义:"你们在吃的薇,难道不是我们圣上的吗!"③

尼采以为通过戏仿而拈出的"超人"可以弥补"上帝死了"的缺位感。面对这个虚无的世界,超人能够立足大地,直面荒诞,以强大的生命本能创造一个积极的自我。这是尼采的乐观,当然也可能是尼采的一厢情愿。然而鲁迅戏仿的结果显然要绝望得多,他通过"油滑"的手法解构了尼采式超人,像女娲和羿这样的超

---

① 鲁迅:《故事新编·补天》,《鲁迅全集》第2卷,第365、366页。
② 鲁迅:《故事新编·奔月》,《鲁迅全集》第2卷,第380页。
③ 鲁迅:《故事新编·采薇》,《鲁迅全集》第2卷,第424页。

人,鲁迅给他们设置的背景始终是一场场乱哄哄的闹剧,在混乱的背景中,他们未尝不有真诚的努力,然而他们真诚的努力最终不过是一些无聊的谈资罢了。鲁迅笔下那种超人的幻灭,透露出他内心中深刻的绝望之情。

超人的幻灭,在鲁迅笔下是一个常见的主题。《呐喊》中的《药》已经开启了这样一个模式,作为超人的夏瑜为了拯救庸众而牺牲,庸众谩骂他而且还吃了他的人血馒头。这样的荒诞感在《彷徨》中出现得更多,《在酒楼上》的主人公吕纬甫曾是一个热血沸腾的超人,《孤独者》的主人公魏连殳也是一个颇具个性的超人,甚至《伤逝》里试图冲破封建罗网的涓生也有不啻超人的勇毅,然而在小说情节的发展中,他们生存的意义却不断被消解。虽然在《呐喊》与《彷徨》中不曾有那么典型的戏仿,但鲁迅那种黑魆魆的绝望却渗透在小说的文本里,并一脉相承地传送到了《故事新编》之中。

二、《野草》里的戏仿

1930年,鲁迅回顾自己和《语丝》的关系时曾说

但我的"彷徨"并不用许多时,因为那时还有一点读过尼采的《Zarathustra》的余波,从我这里只要能挤出——虽然不过是挤出——文章来,就挤了去罢,从我这里只要能做出一点

"炸药"来,就拿去做了罢,于是也就决定,还是照旧投稿了——①

鲁迅所说的挤出来的文章就是后来的《野草》,《野草》受《查拉图斯特拉如是说》的影响是世所公认的。有学者通过逐篇比较《查拉图斯特拉如是说》与《野草》,得出后者深受前者影响的结论,比如"《过客》的基本情节是撷取了《Also Sprach Zarathustra》的首尾两端,然后衍化而成的"②。"尼采箴言的某些形象和意境,对《秋夜》整体意境的形成,起了催化作用。"③关于《野草》与《查拉图斯特拉如是说》的学术因缘,学界已多有所论,此不赘述。我们更为关注的是《野草》在文体层面是如何戏仿《查拉图斯特拉如是说》的。

作为神的戏仿者,查拉图斯特拉表现出布道者的话语姿态,他到处向人们说教:"我教你们何谓超人,人是应被超越的某种东西。你们为了超越自己,干过什么呢?"④"注意,我教你们做超人:他就是这种闪电,他就是这种疯狂!——"⑤在尼采那里,查拉图斯特拉的形象是用以取代耶稣的,上帝既然已经死了,神的国度已经坍塌,这个肉体版的超人就有必要充当救世主来训诫世人了。

---

① 鲁迅:《三闲集·我和语丝的始终》,《鲁迅全集》第4卷,第172页。
② 闵抗生:《鲁迅的创作与尼采的箴言》,陕西人民教育出版社1996年版,第103页。
③ 闵抗生:《鲁迅的创作与尼采的箴言》,第129页。
④ [德]尼采:《查拉斯图拉如是说》,钱春绮译,第7页。
⑤ 同上书,第9页。

作为《查拉图斯特拉如是说》的戏仿者,《野草》中也存在同样的话语姿态,如《失掉的好地狱》中就有一个"美丽,慈悲,遍身有大光辉",然而却是魔鬼的"伟大的男子",很悲愤地"讲给我一个他所知道的故事——":

> 天地作蜂蜜色的时候,就是魔鬼战胜天神,掌握了主宰一切的大威权的时候。他收得天国,收得人间,也收得地狱。他于是亲临地狱,坐在中央,遍身发大光辉,照见一切鬼众。①

失败的魔鬼描述其胜利时竟透出一种不可逼就的威严,即使是以一个"反角色"的形象出现,却也带有某种训诫的口吻。再如《立论》一篇,"我梦见自己正在小学校的讲堂上预备作文,向老师请教立论的方法。'难!'老师从眼镜圈外斜射出眼光来,看着我,说。'我告诉你一件事——'"②在这里,老师的语言中又透出训诫的口吻来……通观《野草》文本,里面有不少此类语气的语句,可以看做是《野草》受《查拉图斯特拉如是说》"传染"的很好的例证。

《查拉图斯特拉如是说》喜欢使用对话手法营造出一种戏剧性,譬如查拉图斯特拉向着观看走钢丝的人们演讲,观众却对着他大笑。由于小丑出现,导致走钢丝者高空跌落,在踏绳者奄奄一息时,查拉图斯特拉对他进行了关于魔鬼和地狱、灵魂和肉体的演

---

① 鲁迅:《野草》,《鲁迅全集》第2卷,第200页。
② 同上书,第212页。

说,这就是非常具有戏剧性的一幕。查拉图斯特拉进行过很多具有戏剧性的对话,如和掘坟穴工人的对话,同自己弟子的对话,甚至同蛇的对话……总之,查拉图斯特拉的演说始终是在戏剧性情节的发展中进行的,所以伽达默尔总结说:"当把这部著作视作一次戏剧行动"①。

作为戏仿作品的《野草》同样也充满了对话手法与戏剧性。《死火》中"我"与"死火"的对话,《狗的驳诘》中"我"与狗的对话,《失掉的好地狱》中"我"与"魔鬼"的对话,《立论》中"我"与老师的对话,《聪明人和傻子和奴才》中三个人的对话等,这些对话里都在短时间内形成语言的冲突,充满了戏剧性效果。再有一个明显的例子就是《过客》,这篇文章本身就是一个剧本,行文中完全遵照了剧本的体例。《野草》中的戏剧性与《查拉图斯特拉如是说》大抵是一脉相承的。

通过戏仿,《野草》因袭了《查拉图斯特拉如是说》中的布道者话语姿态和戏剧性特点。而《查拉图斯特拉如是说》中的相关特点是通过戏仿《圣经》而习得。在《圣经》中,作为全知全能全善的上帝,其高高在上的话语姿态比比皆是。《出埃及记》中上帝在西奈山上宣布十条圣诫就是很好的例子,这十条中倒有八条以"你不要……"这种命令句式开头。另外,《圣经》也是一部充满戏剧性

---

① [德]伽达默尔:《查拉图斯特拉的戏剧》,陈永国译,汪民安、陈永国编:《尼采的幽灵——西方后现代语境中的尼采》,第87页。

的作品,尤其是《约伯记》更接近于一部舞台剧。① 总之,通过戏仿,《查拉图斯特拉如是说》因袭了《圣经》的话语姿态和戏剧性特点,并"传染"给了《野草》。类似的因袭与"传染",除了话语姿态和戏剧性外,还有格言体和象征手法。

《圣经》中的《箴言》可谓自成一统,在这些《箴言》中,各种类型的比喻使用得相当频繁,这使得《箴言》也如《诗篇》、《雅歌》、《耶利米哀歌》一样具有诗的艺术效果。尼采一直认为最深刻、最耐人寻味的书籍应该具有格言和即兴的性质,他也因此写过很多类似《箴言》的格言诗,这些格言诗还结成了两个集子——《善恶的彼岸》、《道德的谱系》,此外,《偶像的黄昏》中的《格言与箭》也是由44条格言所组成。② 同样的,《查拉图斯特拉如是说》中也充斥着大量的《箴言》式的格言语句,譬如描述超人时,尼采连用16个"我爱那样一种人"进行排比,句句都如格言诗一样,颇有文学意味。③ 有学者指出:"对尼采而言……只有格言才能够清晰地表述意义,它是诠释与诠释的艺术。"④

---

① 利兰·莱肯指出:"虽然说圣经不是为了搬上舞台而创作的,但圣经中处处都充满着戏剧性的冲动。不论我们翻开圣经的哪个章节,我们都能够看到许多直接引用的对话、对话的片段或某个情景中各个人物的介绍以及不同角色的各种姿态。当我们阅读圣经的时候,我们甚至很容易就可以想象出各个人物角色说话的抑扬顿挫。这种圣经话语给人们带来的想象往往富有强烈的戏剧性。"参见[美]利兰·莱肯:《圣经文学导论》,黄宗英译,北京大学出版社2007年版,第340页。
② [德]尼采:《偶像的黄昏——或怎样用锤子从事哲学》,李超杰译,商务印书馆2013年版,第3—11页。
③ [德]尼采:《查拉斯图拉如是说》,钱春绮译,第10—11页。
④ [法]吉尔·德勒兹:《尼采与哲学》,周颖等译,河南大学出版社2016年版,第68页。

《野草》的格言体倾向是不言而喻的，格言体的运用使得《野草》在风貌华赡的同时又极具深厚的思想内涵。正像《圣经》和《查拉图斯特拉如是说》一样，鲁迅也常常采用近乎矛盾的语句来加强智慧效果，其中令人耳熟能详的莫过于那墓碣上"仅存有限的文句"："于浩歌狂热之际中寒；于天上看见深渊。于一切眼中看见无所有；于无所希望中得救……"①这样精彩的句子在《野草》中到处可见，而《题辞》更是通篇满纸都是格言。可以说，整个《野草》即由《箴言》式的文体元素所构成。

弗莱指出，某些代表事物形象的象征符号为人类所共通，因此具有无限的传达力。他认为："西方文学受《圣经》的影响胜于受其它著作的影响"②，尤其是在象征层面，给予西方文学极大的规约。《圣经》中以《启示录》运用象征手法为最多，其中用于象征的物和景可谓比比皆是，如羊羔、龙、蝗虫、马、宝石、海、水、光、黑暗等，还有各种各样的色彩变幻。至于耶稣，有时把他刻画成雄狮，有时把他刻画成羊羔……这些象征整体上构成了作为西方文学象征渊源的《圣经》象征预表学（Biblical typology）。

《圣经》象征预表学明显地影响了《查拉图斯特拉如是说》。尼采曾宣称自己要骑在象征背上驰向一切真理。《查拉图斯特拉如是说》一书几乎处处用象征说话，如"三种变形"中就以骆驼、狮子、小孩来象征精神的发生形式；"巨龙"则象征传统，来自"自由

---

① 鲁迅：《野草》，《鲁迅全集》第2卷，第207页。
② ［加］弗莱：《批评的剖析》，陈慧等译，百花文艺出版社1998年版，第17页。

沙漠"中的狮子与之对战也有深厚的意味;当然作为思想主角的超人也是一种象征,在虚无主义漫延的时代象征着新的希望。

《野草》也以象征取胜,撇开大量的梦境、花草不说,就人的形象而言,里面也都大有深意。《过客》中的"过客"、"老翁"、"女孩"各自象征一类人,《这样的战士》中"这样的战士",《聪明人和傻子和奴才》中的"聪明人"、"傻子"、"奴才"也都象征社会中的某一类人。环境的象征性在《野草》中也十分普遍,《雪》中两种不同的雪景,《死火》中"一切冰冷"的冰谷,《秋夜》里"奇怪而高的天空",内涵都十分丰富。当然了,《野草》里象征的渊源是多元的,中国古典的、日本的、西方的影响都是有的,楚辞里香草美人作为案例,鲁迅是非常熟悉的。此外,鲁迅也深受厨川白村《苦闷的象征》的影响。在《〈苦闷的象征〉引言》和《译〈苦闷的象征〉后三日序》中,鲁迅都对厨川氏多有服膺之言。如果说《苦闷的象征》给《野草》以理论上的营养的话,《查拉图斯特拉如是说》则可以说起了一种示范文的作用。通过戏仿尼采,《启示录》中象征的因子也不可避免地"传染"了鲁迅。

《查拉图斯特拉如是说》在文体层面承袭了大量的《圣经》因素,而《野草》也在不自觉中受了"传染",从而吸收了不少《新约》和《旧约》文体特点。可以说,《查拉图斯特拉如是说》是一座桥梁,一种媒介,《野草》与《圣经》的联系通过尼采得以实现。也就是说,在鲁迅这里,是有一条通过《查拉图斯特拉如是说》而通往《圣经》的路径的。

三、作为救赎的超人

钱理群曾指出,《故事新编》中的部分篇章是鲁迅创作《野草》时期的作品。"二者之间,存在着思想、艺术追求上内在的相通,应该把它们作为一个思想艺术的整体来加以考察。"①"这个'整体',还应该包括《彷徨》中的一部分作品,如《伤逝》《孤独者》《在酒楼上》等,以及《朝花夕拾》。"②钱理群的意思是这三者异曲同工地折射了鲁迅的内心世界,如果进一步去考虑的话,还可以发现这些作品中明显有以超人对抗庸众的尼采思想的痕迹。

鲁迅深谙传统文化,他以为儒家讲中庸,乃至不疼不痒;道家讲无为,乃至不死不活。无论儒家还是道家,都属于了无生气的文化。长时期的封建奴役和礼教束缚,使得国人丧失了作为人的生机和活力,因此必须从"尊个性而张精神"的角度切入进行"立人"。③鲁迅认为,要"立人",必须改造愚昧和麻木的庸众,要改造庸众,就只能借助具有权力意志的超人思想。在《文化偏至论》一文中,鲁迅提出了"掊物质而张灵明,任个人而排众数"④的观念。这里的"任个人而排众数",可以视其为对懦弱的"精神胜利法"的一种反动,鲁迅当然不想也不可能如尼采那样走进极端个人主义

---

① 钱理群:《心灵的探寻》,生活·读书·新知三联书店2014年版,第226页。
② 钱理群:《心灵的探寻》,第237页。
③ 鲁迅:《坟·文化偏至论》,《鲁迅全集》第1卷,第58页。
④ 同上书,第47页。

的境地中。

尼采的学说不是没有道德观,他的道德在于挣脱基督教会反生命的枷锁,进而赋予被束缚的个体以生命的意义。除了基督教,尼采更为广义的敌人就是无形的世俗价值。尼采所宣扬的超人,就明显地带有排斥大众的意味——视大众为愚蠢的末等人。这种价值观趋向于极端个人主义,它是没有群众基础的,而且容易驱使自我进行无限地扩张,甚至要通过奴役他人来实现自我的生命意志。譬如尼采对待女人的方式是"别忘带你的鞭子"①,"好女人坏女人都需要根棍子"②。关于这些话,尽管多有人为之辩解,但一再申述,自然也是不好洗白的。③ 与之不同的是,鲁迅在《我之节烈观》中却热情地呼吁妇女解放:

> 我们追悼了过去的人,还要发愿:要自己和别人,都纯洁聪明勇猛向上。要除去虚伪的脸谱。要除去世上害己害人的昏迷和强暴。
>
> 我们追悼了过去的人,还要发愿:要除去于人生毫无意义的苦痛。要除去制造并赏玩别人苦痛的昏迷和强暴。
>
> 我们还要发愿:要人类都受正当的幸福。④

---

① [德]尼采:《查拉斯图拉如是说》,钱春绮译,第72页。
② [德]尼采:《善恶的彼岸》,赵千帆译,商务印书馆2015年版,第120页。
③ 如罗素就指出:"他(尼采)对妇女的谩骂全部是当作自明的真理提出来的。"参见[英]罗素:《西方哲学史:及其与从古代到现代的政治、社会情况的联系》(下册),商务印书馆2011年版,第346页。
④ 鲁迅:《坟·我之节烈观》,《鲁迅全集》第1卷,第130页。

对于超人,鲁迅是持肯定态度的,但对超人那种对抗社会的极端个人主义是有所疑虑的:"尼采就自诩过他是太阳,光热无穷,只是给与,不想取得。然而尼采究竟不是太阳,他发了疯。"①"尼采教人们准备着'超人'的出现,倘不出现,那准备就是空虚。但尼采却自有其下场之法的:发狂和死。"②郜元宝认为这些话是鲁迅对尼采的同情之言,不足以证明鲁迅抛弃了尼采。③ 这是正确的。不过,这些话同样不能证明是对尼采极端个人主义的肯定。如张钊贻所言:

> 中国被迫现代化以求全,造成"先觉者"与民众间的思想差距,面对这种差距,鲁迅当时的态度是"哀其不幸,怒其不争",尽管他在《文化偏至论》中宣扬天才,批评庸众,鲁迅首先要考虑的还是"救国救民",如果连"国"与"民"都不保,全都是亡国奴,是无从谈什么"主人道德"的。④

鲁迅有诗云:"我以我血荐轩辕",他很早就有一种人道主义的救世精神,他费尽心思呼吁"立人",呼吁"改造国民性",也是这

---

① 鲁迅:《且介亭杂文·拿来主义》,《鲁迅全集》第6卷,第39页。
② 鲁迅:《且介亭杂文二集·〈中国新文学大系〉小说二集序》,《鲁迅全集》第6卷,第262页。
③ 郜元宝:《"末人"时代忆"超人"——再说鲁迅与尼采》,《鲁迅六讲(二集)》,商务印书馆2020年版,第100页。
④ 张钊贻:《早期鲁迅的尼采考——兼论鲁迅有没有读过勃兰兑斯的〈尼采导论〉》,《鲁迅研究月刊》1997年第6期,第15页。

一精神的体现。鲁迅曾说:"最初的革命是排满,容易做到的,其次的改革是要国民改革自己的坏根性。"①鲁迅提倡"改造国民性",希冀在中国真正建立起"人"的国度。这是鲁迅一生精力之所在,但他每每对这项难如补天的工作不抱什么希望,然而还偏偏不能绝望,所以他也就以一种殉道的悲情来演绎自己的人道关怀了。鲁迅小说里早就存在一种殉道者,如夏瑜,或精神殉道者,如魏连殳,尽管他们也表现出一种对庸众的不满或愤懑,但他们往往是采取一种默默忍受的方式咀嚼痛苦,却不肯放弃人道的关怀。

如果对鲁迅的殉道思想追根溯源,则可以找到多个源头,但其中之一必然有《圣经》。鲁迅接触《圣经》是很早的,在1907年发表的《人之历史》和1908年发表的《摩罗诗力说》和《文化偏至论》中,鲁迅都曾提及基督教,而且对希伯来文献颇多赞美之辞。"虽多涉信仰教诫,而文章以幽邃庄严胜,教宗文术,此其源泉,灌溉人心,迄今兹未艾。"②鲁迅肯定直接阅读过《圣经》,这毋须置疑。但也应该肯定鲁迅以《野草》戏仿《查拉图斯特拉如是说》时,不自觉地加深了对《圣经》的理解。

在《圣经》中,布道者与殉道者是同时存在的,后一类形象分乃是由耶稣来出演。仔细考查《野草》,可以发现一个《查拉图斯特拉如是说》所没有的殉道者的形象,无乃源自《圣经》? 在《野草》中,对殉道者的描写是惊心动魄的,尤其是《复仇·其二》描写

---

① 鲁迅:《两地书》,《鲁迅全集》第11卷,第31—32页。
② 鲁迅:《坟·摩罗诗力说》,《鲁迅全集》第1卷,第66页。

钉死耶稣的情节,充满了殉道的悲怆况味:

> 四面都是敌意,可悲悯的,可咒诅的。
>
> 丁丁地响,钉尖从掌心穿透,他们要钉杀他们的神之子了,可怜的人们呵,使他痛得柔和。丁丁地响,钉尖从脚背穿透,钉碎了一块骨,痛楚也透到心髓中,然而他们自己钉杀着他们的神之子了,可咒诅的人们呵,这使他痛得舒服。
>
> 十字架竖起来了;他悬在虚空中。……
>
> 路人都辱骂他,祭司长和文士也戏弄他,和他同钉的两个强盗也讥诮他。①

鲁迅说:"马太福音是好书,很应该看。犹太人钉杀耶稣的事,更应该细看。"②这里所说的"应该细看",乃是指"先觉的人"的殉道。像耶稣这样的殉道者,在《野草》中概不少见。《死火》中的"死火",呼喊着"那我就不如烧完!"③忽而跃起,分明是一个殉道者的形象。《颓败线的颤动》里那位母亲奉献了自己的一切,却不为儿女所理解:"里面是青年的夫妻,一群小孩子,都怨恨鄙夷地对着一个垂老的女人",于是她只能"开开板门,迈步在深夜中走出,遗弃了背后一切的冷骂和毒笑"。④ 这也分明也是一个殉道者的

---

① 鲁迅:《野草》,《鲁迅全集》第 2 卷,第 178 页。
② 鲁迅:《集外集拾遗补编·寸铁》,《鲁迅全集》第 8 卷,第 89 页。
③ 鲁迅:《野草》,《鲁迅全集》第 2 卷,第 201 页。
④ 同上书,第 205 页。

形象。

鲁迅塑造的殉道者形象不同于基督,虽然他推崇基督充满牺牲与仁爱的救世精神,但他并不认同基督那种无原则的博爱教育。在《野草》中,殉道者被塑造成一个为庸众受难且带有向庸众挑战的先觉者的形象——人道的个性主义者,这大概是耶稣基督与查拉图斯特拉的混搭模式。

创作《野草》的时期是鲁迅心灵最为苦闷的时期,他通过痛苦地"抉心自食"[①],进一步促进了人道的个性主义的升华。《野草》中的殉道者也是一个超人,不过这个超人是一个具有救世精神的超人。这类的超人虽然也曾出现在《野草》之前,如《药》中的夏瑜,《补天》中的女娲,但在《野草》时期乃至之后的写作中,则更加频繁地出现,而且越来越具备殉道意味。如《铸剑》中作为复仇化身的晏之敖者,钱理群就将其与《野草》中的复仇联系了起来。他指出,在鲁迅看来,"复仇者尽管失败,但其生命的自我牺牲要比苟活者的偷生有价值得多"[②]。又如1933年发表的《别一个窃火者》:

> 他从天上偷了火来,传给瓦仰安提族的祖先,因此触了大神大拉斯之怒,这一段,是和希腊古传相像的。但大拉斯的办法却两样了,并不是锁他在山巅,却秘密的将他锁在暗黑的地

---

① 鲁迅:《野草》,《鲁迅全集》第2卷,第207页。
② 钱理群:《诡奇、荒诞的背后:鲁迅的另一类小说——读〈铸剑〉及其他》,《鲁迅作品十五讲》,北京大学出版社2003年版,第91页。

窨子里,不给一个人知道。派来的也不是大鹰,而是蚊子,跳蚤,臭虫,一面吸他的血,一面使他皮肤肿起来。这时还有蝇子们,是最善于寻觅创伤的脚色,嗡嗡的叫,拼命的吸吮,一面又拉许多蝇粪在他的皮肤上,来证明他是怎样地一个不干净的东西。

然而瓦仰安提族的人们,并不知道这一个故事。他们单知道火乃酋长的祖先所发明,给酋长作烧死异端和烧掉房屋之用的。①

鲁迅的救世观念是相当强烈的,他曾深情地呼唤过"中国的脊梁"——"埋头苦干的人"、"拼命硬干的人"、"为民请命的人"、"舍身求法的人"。② 在他晚年完成的《故事新编》的部分篇章里,就出现了"中国的脊梁"——现代的墨者形象,像《理水》的禹,《非攻》中的墨子,"在其富有弹性的文本里,呼应了墨子遗产有意味的部分"③。这些墨者虽然未曾牺牲,但他们舍身忘我的精神是有明显的殉道意味的。可以说,禹和墨子也是作为殉道者的超人出场的,这种人物形象在鲁迅笔下是一以贯之的,只不过吸收墨学的意韵而增添了几分朴实刚健的色彩罢了。

---

① 鲁迅:《准风月谈·别一个窃火者》,《鲁迅全集》第5卷,第234页。
② 鲁迅:《且介亭杂文·中国人失掉自信力了吗》,《鲁迅全集》第6卷,第122页。
③ 孙郁:《晚年鲁迅文本的"墨学"之影》,《北京大学学报》2020年第6期,第43页。

为了救赎,鲁迅愿意"背着因袭的重担,肩住了黑暗的闸门"①。他在《野草》中对《查拉图斯特拉如是说》的戏仿,也因袭了《圣经》的文体因素,同时也采撷了《圣经》的殉道精神进一步丰富了自己的救世观念。通过《野草》,鲁迅进一步打造了殉道的超人,并完善了人道的个性主义的思想。在《故事新编》的前几篇中,女娲与羿那种类型的超人是充满无力感和挫败感的,然而自打《铸剑》起,乃至《理水》和《非攻》中,墨者类型的超人赫然出现,其形象不但保有既往的殉道意味,而且磊落雄伟之气臻于极致,从而在艺术上达到了前所未有的自由与成熟。

---

① 鲁迅:《坟·我们现在怎样做父亲》,《鲁迅全集》第1卷,第135页。

从浮世绘到印象主义

——禅宗美学的世界影响

本篇文章作为为北京邮电大学人文学院日语专业开设讲座的讲稿，不属于逻辑严密、丝丝入扣的学术论文，我们在这里也仅仅是提供一些思路，而不是从细节上挖掘禅宗精神是如何影响了莫奈和梵高，以及如何推动了非理性主义在西方文化语境中的发展。倘若深入论证上述命题，还有赖于史料的进一步挖掘与填补。如果把所有缺环都能补充完整的话，这将是一部相当大部头的专著了。本人能力有限，实在不足以驾驭，相关工作只能期待于来者了。

一、禅宗美学概说

印度佛教中的"禅"，意思为"思维修"，大体是通过静坐的方法在客观环境和人的主观世界之间建立一道墙，使主观精神不受外缘的干扰，从而沉寂下来，甚至是达到所谓的"入定"状态。这种禅法具有小乘佛教"诸法无我"的特点,与禅宗的"禅"是非常不同的。虽然禅宗尊达摩为初祖,但作为中国本土化的佛教,禅宗真正的确立者乃是唐代的慧能和尚,也就是禅宗历史谱系里所说的六祖。

慧能的禅法并不是面壁枯坐,而是建立起一种"空"的观念,这种观念认为整个客观世界都是没有实体支撑的,所以呈现的现象是假象,甚至包括佛像、佛经、戒律、寺院也都是梦幻泡影,因而不需要执着,这就称作"无念、无忆、无著"①。这种"无念、无忆、无著"实际是将大乘般若学"性空假有"的认识推向了极致。② 其中自然也暗含了瓦解宗教的因素:既然佛像、佛经、戒律、寺院都不需要执着,那么宗教的存在还有意义吗?从这个角度来说,禅宗在中国的兴盛其实也就意味着印度式佛教的失败。

禅宗在中国文化史上的意义在于:它不仅在一定程度上颠覆了印度式苦行生活的意义,更重要的是促进了佛教从名相分析向审美的转化。禅宗通过颠覆苦行和推行审美,最后达到的理想就是过一种轻松的随意的自然的生活。同时又将禅化为一种高层次的美学格调,将其调渗透到文学艺术的方方面面。我们评价一首

---

① 慧能著,郭朋校释:《坛经校释》,中华书局2012年版,第65页。
② 早期大乘佛教即中观学派,又称大乘空宗,代表人物为龙树、提婆,他们是般若思想的阐发者和弘扬者。"般若思想的中心内容是阐发一切现象'性空幻有'或'真空妙有'的道理。依据缘起论,一切现象都是因缘和合而成,也就是没有自性的,是空的,是性空、真空;虽然一切因缘和合而成的现象没有自性,但是假有的现象是存在的,幻有、妙有是有的。由因缘和合而成的现象是幻有,但不是无,不是虚无。空不是假空,而是真空;有不是真有,而是假有。"参见方立天:《佛教哲学》,中国人民大学出版社1991年版,第279页。

诗或一幅画,谓之有禅意,可以说是对这一作品相当高的褒奖。那么禅之美到底是一种怎样的美学格调呢？我们认为可以从以下三个层面来理解。

首先是追寻空寂之境。与小乘佛教隔绝主观与客观以达到心灵的沉寂不同,般若学是通过将客观世界定位为假象而无需挂碍,从而使心灵达到沉寂的,这是一种现实的空和心灵的寂的组合关系;而禅宗乃是将般若学的"空"推向极致的认知体系,因此这一认知体系也热衷营造一种空寂的美学氛围。在中国文学史和美术史上,以文字和笔墨营造空灵之境的作品蔚为大观,"空山"或"山空"等字眼频频出现在一些禅诗当中,而很多山水画家也乐意表现空山萧疏的意境。像南宋四大家中的夏圭,在构图上侧重半边,使另外半边阔大空荡,人称"夏半边";而另一位画家马远,更极端到只取一隅,使满纸苍茫浑灏,人称"马一角"。宋元以降,类似作品更是多如牛毛。蕴含禅思的文学家、艺术家们,希望借助这种"空"达到物我两忘而一念不起的境界,即便达不到,起码也应该做到顺遂自然而心无所求。正如王维诗歌"行到水穷处,坐看云起时"所描绘的那样,或可谓对境而不生境,过河不湿鞋。中国第一流的诗人和画家大多汲汲于此道,乃至至死不疲。

其次是放下执念。所谓"菩提本无树,明镜亦非台,佛性常清净,何处有尘埃!"[①]按照慧能的认识,一切皆空,功名利禄都是假

---

① 慧能著,郭朋校释:《坛经校释》,第 18 页。

象,甚至连佛像、佛经、戒律、寺院都不是真实的,既然如此,则对世界一切的变幻都无需执着。南宋时代有位著名的画家李嵩,他画过一幅《骷髅幻戏图》,画面中一个大骷髅用提线操纵一个小骷髅卖艺。元代的黄公望曾为此画作曲曰:"没半点皮和肉,有一担苦和愁。傀儡儿还将丝线抽,弄一个小样子把冤家逗。识破个羞那不羞?呆兀自五里已单堠。"①这一作品的主题就是将人生解读成幻象,肉身与白骨并无两样,参悟此理,也就能放下种种执念了。

我们读苏东坡的诗词文章,随处都可以发现他对执念的破除,如破除对家乡的执念:"试问岭南应不好?却道:此心安处是吾乡。"如破除相见的执念:"但愿老师真似月,谁家瓮里不相逢。"又如《和子由渑池怀旧》一诗云:

> 人生到处知何似?应似飞鸿踏雪泥。泥上偶然留指爪,鸿飞那复计东西。老僧已死成新塔,坏壁无由见旧题。往日崎岖还记否,路长人困蹇驴嘶。

按照诗的意思,人的行踪不过是鸿雁在雪泥里留下的几行脚印,留在这里的雪泥上,或者留在那里的雪泥上,都是十分偶然的。洞悉了这种偶然,便可放下过多的执念,从容地接受生命里的一切悲欢离合,这就是苏东坡式的禅学之美。

---

① 徐征、张月中、张圣洁、奚海主编:《全元曲》第10卷,河北教育出版社1998年版,第7380页。

再次是对刹那永恒的崇尚。禅宗主张佛性不在十万八千里之外,每个普通人的心中都自具善根。只是这先天的灵光被各种假象遮蔽了,因此需要去参悟,参悟到外在的大千世界和内在的各种欲望都是不真实的存在,心灵中自具的佛性就会显露出来而澄澈一片,这就叫做"识心见性,自成佛道"①。如果悟不到这种"空",则一辈子苦修都是无济于事的,就像《景德传灯录》里那个著名的"磨砖作镜"的公案,颠覆的就是传统佛教坐禅成佛的执念。② 按照禅宗的说法,只要意识到一切皆空,心念回转,立地便可成佛,此之谓"顿悟"。克罗齐将人类知识形式分为直觉和逻辑两种,"不是直觉的,就是逻辑的"③。禅宗之"顿悟"从思维上讲乃是一种直觉,而非逻辑。而人类对美的感受也是一种直觉,也不是逻辑出来的。"顿悟"与美感都是直觉,两者也存在一种天然的契合关系。一般所说的禅之美,就是这种"顿悟"的美,更具体地说,就是追求一种刹那永恒的超越境界。譬如王维的诗歌《鹿柴》,前两句"空山不见人,但闻人语响"是在表达一种空灵意境,而后两句"返景入深林,复照青苔上"则是描写太阳落山回光返照的一刹那,青苔上金绿交映,形成一个永恒的画面定格,这就是刹那永恒之美。

又如辛弃疾《青玉案·元夕》一词曰:

---

① 慧能著,郭朋校释:《坛经校释》,第 71 页。
② 道原著,顾宏义译注:《景德传灯录译注》卷五,上海书店出版社 2009 年版,第 329—330 页。
③ [意] 克罗齐:《美学原理》,朱光潜译,商务印书馆 2012 年版,第 1 页。

东风夜放花千树,更吹落,星如雨。宝马雕车香满路。凤箫声动,玉壶光转,一夜鱼龙舞。蛾儿雪柳黄金缕,笑语盈盈暗香去。众里寻他千百度,蓦然回首,那人却在,灯火阑珊处。

这首词四分之三的体量都在写南宋时期元宵节闹花灯的狂欢景象,极尽铺陈之能事,但细品则无多可取。此词之所以千古闻名,其实只在于结尾释放的灿烂光芒。在热闹的场景中苦苦寻找而不得,却在寂寞的角落里离奇邂逅,这是孤独者与孤独者的心灵感通。在蓦然回首的一刹那,找到另外一个自己,那种莫名的幸福感一定会在瞬间注到心头。在这首词的结尾,遗世独立的那人是焦点,灯火阑珊的天地自然是景深,蓦然回首的一瞬间,便形成了一个永恒的画面定格,这同样是刹那永恒之美。

二、禅宗美学对日本文化的影响

如上所述,禅宗不同于印度佛教,可谓是中国人的独特创造。禅宗自产生之后,就广为传播,遍及大江南北;同时也深入政治、社会、文化等各个领域。可以说,禅宗作为一种思维体系对中国历史产生了极大的塑造作用。不但如此,这种中国化的佛教还将触角进一步延展,对东北亚尤其是对日本产生了极为深刻的影响。

禅宗大致是在宋代传入了日本。明庵荣西是第一个接触到禅宗的日本僧人。明庵荣西于1168年和1187年两度入宋,得到虚庵怀敞的亲炙,而虚庵怀敞乃是临济宗(禅宗五宗之一)黄龙派的第七代传人。明庵荣西在虚庵怀敞处继承了临济法脉,回到日本后,大振临济禅风。希玄道元是日本禅宗传播史上又一位重要的人物。与明庵荣西一样,他也曾入宋求法,得到天童寺长翁如净的启迪。长翁如净承雪窦智鉴之法嗣,而雪窦智鉴乃是曹洞宗(禅宗五宗之一)十二代祖师。可以说,希玄道元也是得到了曹洞宗真传,因而促成日本曹洞禅风的壮大。

宋末元初,更多的禅师为避祸而东渡扶桑,这使得禅宗对日本其他佛教流派形成了压倒性的优势。虽然也有其他禅学宗派流入日本,但充其量不过是临济、曹洞两宗的补充和参考而已。临济宗和曹洞宗在日本禅宗史上源远流长,贯穿了镰仓、南北朝、室町乃至于江户时代。需要强调的是,临济宗在上层武士那里备受青睐,而曹洞宗则受到中下层武士的拥护。这与两宗在中国社会阶层的发展取向大抵是一致的。

日本禅宗在政治与社会方面起到了重要影响,这在日本学界是一个共识。然而上述话题不是本文讨论的焦点,因此不多赘言。我们的主要话题是禅宗在日本文化领域的影响,尤其是如何多方位地塑造了日本人的审美趣味。中国的禅师东渡时常常携带很多诗文集和书画作品,这些作品往往被日本各地的禅院收藏而被当作范本研习模拟,于是禅之美就渗透到了日本的知识界,并被很多知识人加以调整改造,形成了具有日本特色的审美格调。一般说来,日本美学有三大关键词:侘寂、幽玄、物哀。日本美学家大西克礼曾把这些美学范畴与西方美学中的"幽默"、"美"、"崇高"一一对应,其实颇有削足适履之嫌。① 我们认为,这些关键词的出现,固有其孕育的文化土壤,具体来说,就是与禅之美的孵化作用息息相关。

首先是"侘寂"之美。屈原的《离骚》、《涉江》都有"侘傺"一词,意思是失意状。"侘"在日语中与汉语原义颇有差别,包含有恶劣状态的意思,进一步可以引申为"寒酸"与"贫穷"。然而在禅宗兴起之后,"侘"则趋于褒义,进一步蕴含了朴拙、冷瘦、简洁、幽静、野趣、自然等意味。关于"侘",铃木大拙更愿意理解成"超脱的孤绝",他曾用非常形象的文字来解释"侘":

> 若用日常生活语言来表达,"侘"就是满足地居住在两三张榻榻米席大小的、如同梭罗的小木屋一样的屋中,饥时从屋后的田地里摘一盘蔬菜即可果腹,闲时则侧耳倾听潇潇春雨的滴答声。②

中国人在翻译"侘び"时将"侘び"与"寂び"合并在一起,有学者认为"侘寂"属于误译,但"侘び"所蕴含的朴拙、冷瘦、简洁、幽静、野趣、自然的意味与枯寂或寂静的确也有相通的地方。如若将

---

① [日]大西克礼:《幽玄·物哀·寂——日本美学三大关键词研究》,王向远译,上海译文出版社2017年版,第3—313页。
② [日]铃木大拙:《禅与日本文化》,钱爱琴等译,译林出版社2014年版,第18页。

"侘び"理解成"超脱的孤绝",则与"寂び"的意思更加相近。"寂び"在日本古语中与"锖び(生锈)"同义,因此又有"古旧"的内涵。"侘び"与"寂び"结合起来可以表示:权力、财富所主导下的一切奢华都是可以被时间洗褪的表象,只有那些可以抗衡时间的深层内涵才是余韵无穷的存在。日本现存的一些枯山水庭院如京都的东福寺、龙安寺,滋贺县的大池寺,和歌山县的金刚峰寺,均是古意斑驳,据说置身其中,是非常有助于理解"侘寂"之美的。

大乘佛教经典认为:"凡所有相,是虚妄"①,禅宗在这一认识上是非常彻底的。作为"相"来说,权力、财富固是虚妄,"侘び"与"寂び"又何尝不是?不过相对而言,权力、财富更为浮华,更能激起人的欲望,扰乱人的心智。而"侘び"与"寂び"却能使人内心澄澈清明,在澄澈清明中,恰可以觉照自我。因此,禅宗也不可能将"侘び"与"寂び"作为虚妄的"相"而尽数废弃。可以说,对"侘び"与"寂び"的认同,是禅宗放下身段的结果。这一审美趣味的形成,也的确得益于禅宗文化氛围的营造。

其次是"幽玄"。"入幽玄之境"是日本人执意追求的审美趣味,在其传世典籍中多有强调,且多用以评价和歌、能乐等艺术作品。② 从字面上理解,"幽玄"即"幽深玄妙"的意思。这一美学范

---

① 朱棣:《金刚经集注》,上海古籍出版社1984年版,第56页。
② [日]能势朝次:《幽玄论》,《日本幽玄》,王向远译,吉林文史出版社2011年版第33—45页。

畴大抵类似于中国魏晋时代玄学的某些理念,如其讲究"境生象外",类似于王弼所说的"得意而忘象"①,而"余情"之说,类似于刘勰所说的"流韵"②。禅宗也讲幽玄,临济宗的《临济录》里就有"佛法幽玄"③的说法。当然了,玄学与禅宗也并不冲突,老庄哲学中的很多原则就参与了禅宗体系的建构。按照大西克礼的理解,"幽玄"这一美学范畴对应西方美学中的"崇高",王向远对此进行了分析与批驳。不过大西克礼认为"幽玄"还蕴含着一种神秘的超自然性:飘忽不定,不能为人的理性所把握,不可名状,不能为人的语言所表达。王向远对此是予以默认的。④

禅宗向来对语言保有警觉的态度,而追求一种神秘主义的灵光闪耀。禅宗"拈花微笑"的著名公案特别能说明这个特点,正所谓"微妙法门,不立文字"⑤。因为语言是逻辑的外化,能用语言说清楚的就意味着符合逻辑,也就丧失了直观体悟的可能性以及只可意会的神秘感。然而语言又不可完全废弃,离开语言,禅意又如何有效传递?所以禅宗用语言来表达意思时,又存在着一定的矛盾心理:时时提防沦陷于语言的陷阱之中。于是他们就想出了一个解决的办法:将逻辑的语言调整为充满机智和巧喻的艺术语

---

① 王弼:《周易略例》,王弼著,楼宇烈校释:《王弼集校释》,中华书局1980年版,第609页。
② 刘勰著,詹锳义证:《文心雕龙义证》卷四五,上海古籍出版社1989年版,第1702页。
③ 慧然编,杨曾文编校:《临济录》,中州古籍出版社2001年版,第24页。
④ 王向远:《释"幽玄"——对日本古典文艺美学中的一个关键概念的解析》,《广东社会科学》2011年第6期,第149—156页。
⑤ 普济:《五灯会元》卷一,中华书局1984年版,第10页。

言。如有人问大龙智洪禅师:"什么是微妙的禅?"智洪禅师回答:"风送水声来枕畔,月移山影到床前。"①对于问者的迂执来说,智洪禅师的回答固可谓灵光闪耀。这种灵光闪耀大抵就是大西克礼所谓的飘忽不定、不可名状的神秘的超自然性了。

再次是"物哀"之美。"物の哀れ"作为一种美学范式出现于日本的平安时代,因紫式部名著《源氏物语》而广为认知。日本现代作家川端康成、太宰治分别在他们的名著《雪国》、《人间失格》中淋漓尽致地展现了"物哀"的美学基调。日本学者本居宣长认为,"物哀"就是认识对象和情感主体达到一致时所产生的直观的和谐的美,"知'物之心'者,就是知'物之哀'"②。关于"哀",理解成"哀伤"或"怜惜"也不是不行,但"物哀"的"哀",也就是"あはれ",本是外物感于心在瞬间发出叹声词。从这个角度说,"物哀"也有瞬间美的意蕴。"物哀"这一美学格调的形成并非一蹴而就,其瞬间美意蕴的添加,禅宗的刹那永恒是为之提供过资源的。

日本女诗人加贺千代的儿子因捉蜻蜓落水而亡,致使她悲痛不已而削发为尼。多年后,她偶然看到孩子捉蜻蜓,无限的伤感瞬间涌上心头,于是写了一首俳句:"我的爱子啊,今天你又跑到哪里去捉蜻蜓了?"有学者就此诗评论说,"物哀"这一美学传统可以引向"空寂幽玄"的人生境界,"最终走向禅宗所主张的'无'"③,诚

---

① 普济:《五灯会元》卷八,第493页。
② [日]本居宣长:《日本物哀》,王向远译,吉林出版集团有限责任公司2010年版,第45页。
③ 严明、山本景子、熊啸:《日本诗学导论》,上海古籍出版社2019年版,第307页。

哉斯言,惜乎没有论及刹那永恒之美:孩子捉蜻蜓这个画面瞬间出现,成为一个永恒的定格。

"物哀"这种刹那永恒的美,在俳句中得到了淋漓尽致的展示,如被称为俳圣的松尾芭蕉,在外物感于心时常常表达刹那永恒的感受,如"古池旁,青蛙一跃遁水音"。① 如"一片寂静,岩石里,渗进蝉叫声。"②如"梅雨连绵,撑裂木桶,夜里一声响。"③其实不仅松尾芭蕉,日本很多诗人的俳句都有这种刹那永恒的特点,如小林一茶的俳句:"三文钱,望远镜中,看霞光。""夏山顶,咫尺之处,观海景。"④又如山本荷兮的俳句:"木叶落,秋风吹得,新月细。""雪地上,晴光眩摇,阳气升。"⑤都是很好的案例。现在很多学者都愿意从禅诗的角度理解俳句,也有很多学者尝试从俳句中剖析禅宗思想。无论从哪个角度研究,都不应忽略瞬间美这样一个基本的立足点。

三、浮世绘与禅学之美

在日本美术史上,佛教美术一直是非常重要的内容。真言宗和净土宗在日本的传播都为美术发展注入了新动力。曼荼罗结构

---

① [日] 松尾芭蕉:《松尾芭蕉俳句选》,田原等译,上海文艺出版社,2019年版,第63页。
② [日] 松尾芭蕉:《松尾芭蕉俳句选》,田原等译,第114页。
③ 同上书,第71页。
④ 姜文清编译,张丽花校释:《日本俳句长编》,云南人民出版社2018年版,第207页。
⑤ 姜文清编译,张丽花校释:《日本俳句长编》,第83页。

的佛教建筑和厚重神秘的贞观雕刻也都展示出美术发展的新特点。其时,在奈良等地还专门出现一批专门从事佛教故事创作的"绘佛师"。禅宗崛起后,在禅宗寺院内外则又出现了默庵、梵芳、良全等一大批禅绘师,他们将以往"苦行僧的特征表现为内向、深沉、开明和具有洞察力的形象"①,从而掀起了一股清新淡泊的美术新思潮。江户时代兴起并在后来取得世界声誉的浮世绘更是日本美术史上的关键内容,然而将浮世绘与禅宗美学结合起来进行分析的论著并不多见,实际上两者是存在紧密联系的,有待于进一步的研究与阐发。

在江户时代,商品经济日益兴盛,町人文化即市井文化开始发展起来。浮世绘就是伴随商品经济和市井文化得发展而产生的一种风俗画。浮世绘中"浮世"一词来源于佛教用语,指的是人世的虚浮,但在日语的语境中,却含有世间风情的意味。因此浮世绘的内容主要是描绘日常生活中的场景,甚至花街柳巷也不避讳。当然,这之中也包括山川等自然风景。据说从题材来看,浮世绘百分之七十以上都是妓画与伎画,有相当一部分类似于中国的春宫图。② 说到这里,未免会使人产生疑问:这一类型的画作与禅宗又有什么关系呢? 表面看似无关,实际则大不然。

---

① Heinrich Dumoulin, "The Person in Buddhism: Religious and Artistic Aspects," *Japanese Journal of Religious Studies*, Vol.11, No.2/3, 1984, p.159.

② 徐小虎指出,在江户时代,随着印刷术的普及,浮世绘才发展为一种独立的艺术表现形式。"插绘方面,以猥亵题材的需求量最大。聪明的出版商于是掌握先机,委托或自制一些以俗世享乐为主题的大胆、欢愉作品。"参见徐小虎:《日本美术史》,广西师范大学出版社 2019 年版,第 244 页。

按照禅宗的说法,自然的本我即是真我,日常情景即为超越境界。功名乃是身外之物,利禄都是过眼云烟,何须执着?深受禅学影响的王安石,在罢相后隐居钟山,布衣骑驴,宛然田夫野老。"山花落尽山常在,山水空流山自闲,"这就是做一个本然的王安石,不需要任何的矫饰。既然世间一切都是幻象,那么吃斋持戒、晨钟暮鼓岂不也是一种执念?有此执念,安得臻于圆融之境?所以禅宗提倡要随意而莫执意,还生活的本来面目即可,正所谓"平常心是道"①,刻意苦行也就落于窠臼了。出家不如在家,过一种洒脱的世俗生活就可以了。就像济公那样,才是禅宗向往的理想人格。

也就是说,在禅宗那里,不需要神圣,不需要庄严,不需要高高在上,普普通通的人间烟火才是生活的真谛。文学也好,艺术也罢,表现活泼泼的红尘大众更胜于灵山佛土。明代中后期,有一个明显的文化现象就是王阳明心学的崛起。王学深受禅宗影响人所共知,其中以王艮为代表的王学左派更是掀起了狂禅的高潮。这个王学左派有个著名的口号叫"圣人之道,无异于'百姓日用'"②,与禅宗的"平常心是道"乃是一脉相承。从某种角度来说,浮世绘的"浮世"与"平常心"和"百姓日用"是一个意思。永井荷风曾就浮世绘的世俗姿态评论说:

啊,我爱浮世绘。苦界十年,为父母而卖身的游女的画姿

---

① 普济:《五灯会元》卷四,第199页。
② 王艮:《王心斋全集》,江苏教育出版社2001年版,第10页。

使我悲泣。斜倚竹窗、茫然眺望流水的艺妓的身影使我欢喜。叫卖荞麦面条的灯火凄然的河畔夜景使我迷醉。雨夜初霁,杜鹃啼月。时雨霏霏,秋叶飘零。落花当风,钟声远逝。日暮途穷,雪满山路……大凡这世上无依无靠无望无着恍如春梦令人嗟叹的事物,悉可使我亲近,使我怀想。①

除了表现世俗的众生相,浮世绘与禅宗契合的地方还有审美格调的互通,有关这一论题,可以以浮世绘中的风景画为例试做说明。在浮世绘画家中,从事风景画创作的不在少数,如奥村政信、歌川丰春、司马江汉等皆是也。但最为著名的还是葛饰北斋和歌川广重。葛饰北斋有《富岳三十六景》,歌川广重有《东海道五十三次》《木曾海道六十九次》,都是风景组画,也都曾闻名于世界。在这一系列作品当中,"侘寂"之韵味跃然于纸上,"幽玄"之旨趣淋漓于笔端。

在葛饰北斋的《富岳三十六景》当中,有多幅青绿色调的风景画作,如《相州箱根湖水》《东都骏台》《甲州三阪水面》《下目黑》《登户浦》,都是以浅绿画山石,以深绿画树木,给人一种石上生青苔的沧桑感。以冷瘦、简洁、幽静、野趣、自然、枯寂来形容是合适的,理解成"超脱的孤绝"之境也是没问题的。在歌川广重的《东海道五十三次》当中,画家多以黑魆魆的林莽来布置近景,远景则

---

① [日]永井荷风:《晴日木屐》,陈德文译,花城出版社2018年版,第256—257页。

衬托以苍黑且绰约的山岳,如《平塚绳手道》《沼津黄昏图》《庄野白雨》《吉原左富士》都是如此,其布局疏密有致,其意境空旷幽远,让人极容易产生一种进入未知的秘境的感觉。当然了,不能仅仅以"侘寂"来定位葛饰北斋,也不能仅仅以"幽玄"来形容歌川广重。在他们的作画里,"侘寂"与"幽玄"都是互相渗透,彼此交织的。

"侘寂"也好,"幽玄"也罢,都与禅宗"空"的旨趣有关。在中国,明末的董其昌认为:"禅家有南北二宗,唐时始分。画之南北二宗,亦唐时分也。"①所谓的南宗画乃是与南宗禅之空寂有关,正所谓"云峰石迹,迥出天机,笔意纵横,参乎造化"②。从王维经由张璪、荆浩、关仝、郭忠恕、董源、巨然、米芾、米友仁,到黄公望、王蒙、吴镇、倪瓒等元代四大家那里,的确做到了空疏简淡。领略天地之空,方能达到心灵之寂。葛饰北斋、歌川广重的画作,其意蕴和审美格调与董其昌所谓的南宗画有同工之妙,谓之禅意氤氲亦不为过。这些浮世绘作品,确乎有消解各种机心、各种私欲以及各种执念之功效。

葛饰北斋、歌川广重的很多画作也呈现出类似"马一角"、"夏半边"的创作理念,如歌川广重《东海道五十三次》中的《吉田枫川之桥》《二川辕马场》《由井萨埵岭》,《木曾海道六十九次》中的《洗马宿》等作品,就深知留白之味,大幅的留白使得作品中弥漫

---

① 董其昌:《画禅室随笔》卷二,华东师范大学出版社 2012 年版,第76页。
② 董其昌:《画禅室随笔》卷二,第77页。

着一种辽远、浩渺、空蒙的韵味。歌川广重很多画作的题记上都有"不二"这一佛教专门用语,这大抵和他的佛教意识有关。据说在1856年,歌川广重隐居而专修禅宗,估计在此之前也没少受禅宗的影响。从禅宗视角切入,也就可以明白《东海道五十三次》那种空寂韵味的由来了。

除了空寂的意味,在葛饰北斋、歌川广重的画作中也能窥得刹那永恒之美。譬如葛饰北斋《富岳三十六景》中的《山下白雨》和《凯风快晴》,这两幅画最为脍炙人口。"白雨"就是太阳雨,在《山下白雨》中,富士山顶漂浮着白云,山麓却已经漆黑一片了,而闪电在山腰处闪烁,如同血红的蛇。这是雷阵雨要来临时的一个刹那的场景,在画家的笔端遂形成一个永恒的定格。"凯风"一词出自《诗经》,意为夏天吹拂的南风。《凯风快晴》描绘的是夏天的某一早晨,初升的朝阳将富士山山体通身照亮的一个刹那。如果说《山下白雨》展现出一个刹那的黑富士,则《凯风快晴》在刹那间呈现出红富士的旖旎风光。

葛饰北斋《富岳三十六景》中最为知名的作品莫若《神奈川冲浪里》,这一作品展现的是神奈川一带的船工驾驶小船劈波斩浪的场景,其中最令人称道的是,涌起的巨浪与远处的富士山交相辉映,万千气象在即逝的瞬间留下了永恒的定格。葛饰北斋留下了如此多的刹那永恒之境,就在于他是懂禅宗的,他有一幅叫做《丹霞烧佛图》的作品,现藏于美国波士顿艺术博物馆,其内容表现的就是《五灯会元》卷五中的禅宗故事。可见,无论是歌川广重,还是葛饰北斋,他们都具有深厚的禅宗底蕴,因而他们的作品呈现出神秘主义的灵光闪耀也就不足为怪了。

四、禅学美与印象主义的生成

近代以来,日本艺术对欧洲的影响是巨大的,在这一层面,中国艺术无法与之相比。据说在1878年的巴黎世博会上,就有1 600万人参观了明治维新时期的艺术品,到了1900年的世博会上,这一数字竟然增加到5 000万之巨。当时很多重要的艺术家都通过日本艺术强化了各自的独特性,欧内斯特·切斯诺曾总结说:

> 艾尔弗雷德·史蒂文斯,不同寻常的微妙色调;蒂索,大胆甚至奇怪的构图……;惠斯勒,精妙的色彩;马奈,直截了当的用色和奇妙的形式感……;莫奈,通过对细节的压缩来突出整体的印象……;德加,群组的现实主义幻想,以及他在咖啡厅演奏会的场景中光线运用的惊人效果……①

日本艺术在欧洲的巨大影响固有明治政府积极推介的原因,同时也与西方艺术在19世纪遭遇的发展瓶颈有明显的关联,而西方艺术的发展瓶颈在绘画领域表现得最为明显。1839年,法国的

---

① [英]格雷戈里·欧文:《日光西映——日本艺术与西方现代艺术运动的兴起》,张晓美译,华中科技大学出版社2021年版,第123页。

达盖尔发明了银版照相机,自此照相术飞速发展,这使得崇尚"再现论"的西方绘画走入了死胡同。"从中世纪到文艺复兴,直至印象主义的艺术运动出现的初期这段时间,模仿论以及后来更复杂的再现论都一直是艺术理论的主流。"①简而言之,"再现论"就是一定程度上把像不像作为评定美术作品好坏的标准。文艺复兴时期,美术家开始以解剖学画人体,以透视学画景深;到了巴比松画派那里,还进一步强调了光感。总之是越画越逼真,在库尔贝那里达到了师法自然的极致。然而照相术发明后,也就意味着"再现论"的破产,因为就逼真而言,画笔是无法和照相术相提并论的。印象主义是在西方绘画的发展瓶颈中诞生的,其甫诞生,就吸收了光学和色彩学的最新研究成果,将"外光"的表现推向了最高水平。从这个角度来说,印象主义其实暗含和照相术一决高下的雄心与抱负。

然而,与照相术比赛师法自然,印象主义者即便如莫奈也未免是底气不足的。正是在西方艺术最为惶惑的时期,遥远的东方却送来了日本艺术,尤其是浮世绘,这无异于是一场甘霖,很快就滋润了莫奈等人的心田。莫奈曾让自己的妻子着和服而为之画像,也曾模仿葛饰北斋《五百罗汉寺荣螺堂》创作《圣阿德雷斯露台》;而梵高模仿过的浮世绘作品达几十幅之多,甚至画作《唐吉老爹》的背景全都是浮世绘。从梵高《奥维尔的雨》中可以看到歌川广

---

① [美]芬纳:《美学导论》,汪宏译,重庆大学出版社 2018 年版,第 47 页。

重《雨中的桥》的痕迹,《星月夜》也明显有葛饰北斋《神奈川冲浪里》的动荡风貌。关于浮世绘对西方美术尤其是对印象主义的启迪,学界已经多有论文进行分析,我们在此不再赘言。

王才勇曾指出:"印象派画家在转向现代的过程中纷纷走上了平面化意义上的简约化之路,并由此去提升美术语汇的艺术效果,其间明显留存着受东亚美术语汇启迪的印记。"① 这是非常有见地的观点,然而,仅从技法手段上着眼还不足以说明全部问题。浮世绘对印象主义的启迪不仅仅是形式上的,同时也有精神内蕴层面的。至于后者,具体来说,就是浮世绘将东方特有的禅之美顺手带给了印象主义。

除了强调"固定程式化的,装饰性的"这样的形式上的影响之外,迈克尔·苏立文还十分强调浮世绘在表现主题层面对欧洲艺术的影响,他指出,浮世绘"主要是对日常生活题材的选取",具有"充满活力的平民传统","照相机似的现实主义特征"。② 这一特征对欧洲美术的去史诗化、去宗教化、去英雄化产生了不可低估的促进作用。虽然在浮世绘传入之前,欧洲美术的去史诗化、去宗教化、去英雄化已露端倪,但浮世绘的传入,无疑加速了平民化、世俗化的趋向。关于题材的影响,这里不多赘言,下面针对禅宗美学的影响进行逐一说明。

---

① 王才勇:《印象派与东亚美术》,江苏人民出版社2008年版,第45页。
② [英]迈克尔·苏立文:《东西方艺术的交会》,赵潇译,上海人民出版社2014年版,第231页。

在莫奈和梵高那里，都有明显蕴含空寂感的画作存在，如莫奈的《安提比斯的园丁之屋》《胡安安乐松》《吉维尼草地》《燕麦和罂粟田》《吉维尼罂粟田》；如梵高的《奥维附近的麦田》《蒙马特蔬菜公园》《隆河的星夜》《蒙马茹尔日落》，这些作品的确是将空间做了平面化的处理，如果换成黑白色，将是模糊一片。同时也不难发现，在构图上，那大片的留白营造出一种空空荡荡的感觉，这难道不是拜禅学所赐吗？言及此，不得不提及梵高在1888年9月写给弟弟提奥的一封信，他在信里讲道："这些单纯得俨然花朵般活在自然之中的日本人，所教导我们的难道不就是真正的宗教吗？"①虽然梵高没有具体说出禅宗这一称谓，但可以肯定的是，他已经极为敏锐地感受到了东方美学中自然随性的神秘主义气息。

与梵高一样，莫奈也未必能说出禅宗的称谓，但他似乎也已洞悉了这种潜在精神的奥秘。莫奈于1872年在勒阿弗尔港口创作的《日出·印象》一般被认为是印象主义的开山之作。该作品描绘太阳在晨雾笼罩的港口升起的一瞬间，光影在天空闪烁，在海面跳荡，给人以异彩纷呈的感受，极具刹那永恒之美。印象主义乐于表现的那种刹那的光影组合当是从禅宗那里获得了灵感，甚至剔除"光影"二字，这一观点也不难成立。莫奈有一幅纪念故去的妻子卡米尔的作品名叫《红围巾》，一般来说，西方的肖像画都会细致客观地展示面部细节，如达芬奇《蒙娜丽莎》，如伦勃朗《戴金盔

---

① ［美］契普：《欧美现代艺术理论·三个人的天空》，余姗姗译，吉林美术出版社2000年版，第41页。

的男子》都是如此。然而《红围巾》却另辟蹊径,画家选取了卡米尔从门前经过看向屋里的一个刹那,显然,这是有意为之,画家为了强调这个瞬间印象,并没有精细地刻画人物的面部,是以卡米尔模糊得连眼睛、眉毛都分辨不出来。这一刹那定格在画布上,给人以一种"只道当时是寻常"的灵魂冲击。这种打破西方常规的处理手段不是来自禅宗,则又是源出何处呢?

与印象主义者莫奈关注光影不同,作为后印象主义者的梵高越发注重以色彩表现内心体验了。也就是说,印象主义还持有一定的"再现论"意念,而到了后印象主义时代,主观主义的意味已是相当强烈了。在梵高那里,各种扭曲、变形、怪诞的造型和莫奈的风格拉开了很大的距离,呈现出现代主义思潮中明显的非理性的特征。现代主义思潮中的非理性特征不一定都要追溯到尼采和叔本华,起码在梵高那里,乃是与东方充满神秘意味的禅学息息相关的。

一般认为,铃木大拙的老师宗演是把禅学带到西方的第一人,自宗演开始,禅宗思想开始融入西方现代主义的时代洪流中。一般来说,直到20世纪初,禅宗在西方的传播才实现了划时代的转变。在此之前,西方学界是不太了解禅宗的。然而这仅仅是就学术史而言,我们的研究表明,早在19世纪后半叶,禅学微妙的精神已经伴随浮世绘润泽了莫奈和梵高,润泽了印象主义,并以异国情调的美学风格汇入到西方正在兴起的非理性主义的文艺思潮之中。

作为古典哲学的集大成者，黑格尔是极讲理性的。黑格尔的理性大致可分为"逻各斯"和"努斯"两个层面，其中"逻各斯"指的就是逻辑和作为逻辑外化的语言。坚持逻辑和语言而拒绝非理性的灵光闪耀，这是黑格尔哲学体系的一大特征。当然了，坚持逻辑与语言也是西方哲学非常明显的一个传统。然而到了叔本华那里，却发生了很大的变化：叔本华因为"在上古的梵文著述里就看到我们所谓生命意志之否定已有了进一步的发展"①，就将印度哲学的非理性成分吸收进了《作为意志和表象的世界》一书。叔本华之后，尼采进一步以非理性的"酒神精神"否定生命意志：在狄奥尼索斯的风暴里，"那至高的意志现象，为着我们的快感而被否定掉了"②。通过对意志的否定，叔本华和尼采最终促成了西方哲学由古典哲学到现代哲学的转向。这个转向最重要的标志之一就是非理性主义替代了曾经如日中天的理性主义。

出现非理性主义，叔本华和尼采起了很大的作用，卢卡奇《理性的毁灭》一书对叔本华和尼采进行了批判，然而他并未止步，乃是将非理性主义的源头追溯到了谢林的"理智直观"③那里。我们特别想问的是，除了叔本华和尼采，抑或谢林，非理性主义还有没有其他的来源？如果按照黑格尔的标准来衡量，禅宗这种回避逻

---

① [德]叔本华：《作为意志和表象的世界》，石冲白译，商务印书馆2018年版，第528页。
② [德]尼采：《悲剧的诞生》，孙周兴译，商务印书馆2017年版，第142页。
③ [匈]卢卡奇：《理性的毁灭：非理性主义的道路——从谢林到希特勒》，王玖兴等译，第109页。

辑和语言而主张灵光闪耀的直观思维就是非理性的。倘若说禅宗精神借助浮世绘影响到了印象主义,进一步渗透到西方文化语境当中,则可以认为,禅宗精神在现代主义思潮兴起的档口的确是参与了非理性主义的建构。这种参与也就是我们标题里所说的"禅宗美学的世界影响"。

参考文献

中文文献

A

[阿拉伯] 阿维森纳：《存在与本质》，何博超译，《世界哲学》2016年第5期，第125页。

[法] 阿敏·马卢夫：《阿拉伯人眼中的十字军东征》，彭广恺译，民主与建设出版社2017年版。

[德] A.韦伯：《西洋哲学史》，詹文浒译，华东师范大学出版社2010年版。

[英] 安东尼·吉登斯：《政治学、社会学与社会理论——经典理论与当代思潮的碰撞》，何雪松等译，上海人民出版社2015年版。

[德] 阿多诺：《克尔凯郭尔：审美对象的建构》，李理译，人民出版社2008年版。

[美] 阿伦特：《人的条件》，竺乾威等译，上海人民出版社1999年版。

[美]埃尔曼·R.瑟维斯:《人类学百年争论:1860—1960》,贺志雄等译,云南大学出版社1997年版。

阿不都克里木·热合曼:《著名哲人伊本·西那及其道德观》,《新疆大学学报》2002年第4期。

B

[日]本居宣长:《日本物哀》,王向远译,吉林出版集团有限责任公司2010年版。

[古希腊]柏拉图:《理想国》,郭斌和等译,商务印书馆2019年版。

[法]布罗代尔:《法兰西的特性——历史和空间》,顾良等译,商务印书馆1994年版。

[法]布罗代尔:《十五至十八世纪的物质文明、经济和资本主义》,顾良等译,商务印书馆2017年版。

[瑞士]布克哈特:《希腊人和希腊文明》,王大庆译,上海人民出版社2008年版。

[俄]巴枯宁:《上帝与国家》,朴英译,华东师范大学出版社2005年版。

[俄]布尔加科夫:《亘古不灭之光——观察与思辩》,王志耕等译,云南人民出版社1999年版。

[俄]别尔嘉耶夫:《俄罗斯思想:19世纪至20世纪初俄罗斯思想的主要问题》,雷永生等译,生活·读书·新知三联书店

2004年版。

［俄］别尔嘉耶夫:《自由与矛盾》,孙维译,吉林出版集团股份有限公司2018年版。

［俄］别尔嘉耶夫:《人的奴役与自由——人格主义哲学的体认》,徐黎明译,贵州人民出版社2007年版。

［俄］别尔嘉耶夫:《自我认知》,汪剑钊译,上海人民出版社2007年版。

［俄］别尔嘉耶夫:《俄罗斯的命运》,汪剑钊译,云南人民出版社1999年版。

［俄］别尔嘉耶夫:《陀思妥耶夫斯基的世界观》,耿海英译,广西师范大学出版社2008年版。

［俄］别尔嘉耶夫:《精神王国与恺撒王国》,安启念等译,浙江人民出版社2000年版。

［美］布鲁斯·考德威尔:《哈耶克评传》,冯克利译,商务印书馆2018年版。

［法］布洛赫:《封建社会:依附关系的成长》,张绪山译,商务印书馆2004年版。

［美］布劳特:《殖民者的世界模式——地理传播主义和欧洲中心主义史观》,谭荣根译,社会科学文献出版社2002年版。

C

陈越骅:《神秘主义的学理源流:普罗提诺的太一本原论研

究》,商务印书馆 2019 年版。

程志敏:《阿尔法拉比与亚里士多德》,《北方民族大学学报》2010 年第 2 期。

程志敏:《阿尔法拉比与柏拉图》,华东师范大学出版社 2008 年版。

曹正汉:《将社会价值观整合到制度变迁理论之中的三种方法:凡勃伦,哈耶克,诺斯的理论之比较研究》,《经济科学》2001 年第 6 期。

[日]初见基:《卢卡奇:物象化》,范景武译,河北教育出版社 2001 年版。

[俄]车尔尼雪夫斯基:《艺术与现实的审美关系》,周扬译,人民文学出版社 2009 年版。

[德]西美尔:《货币哲学》,陈戎女等译,华夏出版社 2018 年版。

D

邓晓芒:《海德格尔"存在的末世论"的解释学意义——〈阿那克西曼德的箴言〉再解读》,《哲学研究》2006 年第 7 期。

邓晓芒:《德国古典哲学讲演录》,湖南文艺出版社 2017 年版。

邓晓芒:《思辨的张力——黑格尔辩证法新探》,商务印书馆 2016 年版。

邓正来:《规则·秩序·无知:关于哈耶克自由主义的研

究》,生活·读书·新知三联书店2004年版。

道原著,顾宏义译注:《景德传灯录译注》,上海书店出版社2009年版。

[美]德勒巴克等编:《新制度经济学前沿》,张宇燕等译,经济科学出版社2003年版。

[古罗马]第欧根尼·拉尔修:《名哲言行录》,徐开来等译,广西师范大学出版社2010年版。

[美]丹纳·维拉:《苏格拉底式公民身份》,张鑫炎译,华夏出版社2016年版。

[日]大西克礼:《幽玄·物哀·寂——日本美学三大关键词研究》,王向远译,上海译文出版社2017年版。

董其昌:《画禅室随笔》,华东师范大学出版社2012年版。

董修元:《阿维森纳与阿维罗伊论形而上学的主题》,《哲学研究》2017年第12期。

F

[阿拉伯]法拉比:《亚里士多德的哲学》,程志敏等译,华东师范大学出版社2016年版。

[阿拉伯]法拉比:《柏拉图的哲学》,程志敏译,华东师范大学出版社2006年版。

[阿拉伯]法拉比:《论完美城邦——卓越城邦居民意见诸原则之书》,董修元译,华东师范大学出版社2016年版。

［俄］弗兰克：《俄国知识人与精神偶像》，徐凤林译，学林出版社1999年版。

［俄］弗兰克：《社会的精神基础》，王永译，生活·读书·新知三联书店2003年版。

［法］伏尔泰：《风俗论》中册，梁守锵等译，商务印书馆2011年版。

［加］弗莱：《批评的剖析》，陈慧等译，百花文艺出版社1998年版。

［美］芬纳：《美学导论》，汪宏译，重庆大学出版社2018年版。

［德］福尔格拉夫：《"六册计划"再认识》，胡晓琛译，《马克思主义与现实》2016年第3期。

方立天：《佛教哲学》，中国人民大学出版社1991年版。

方建国：《制度变迁的自然选择和暴力竞争：马克思与交易成本经济学的比较与综合》，《南昌大学学报》2012年第1期。

［加］菲梨普·汉森：《历史、政治与公民权：阿伦特传》，刘佳林译，江苏人民出版社2004年版。

［德］菲吕博顿、瑞切特编：《新制度经济学》，孙经纬译，上海财经大学出版社1998年版。

［德］弗兰克：《白银资本：重视经济全球化中的东方》，刘北成译，中央编译出版社2000年版。

G

高德步:《制度变迁理论:马克思与诺斯》,《经济学家》1996年第 5 期。

[俄]格奥尔基·弗洛罗夫斯基:《俄罗斯宗教哲学之路》,吴安迪等译,上海人民出版社 2006 年版。

公丕祥:《传统东方社会法律文化的固有逻辑——马克思晚年的理论探索》,《法律科学》1994 年第 1 期。

公丕祥:《东方法律文化的历史逻辑》,法律出版社 2002 年版。

郜元宝:《鲁迅六讲(二集)》,商务印书馆 2020 年版。

[英]盖欧尔格·里希特海姆:《卢卡奇》,王少军等译,中国社会科学出版社 1989 年版。

郭沫若:《郭沫若全集》文学编第 20 卷,人民文学出版社 1992 年版。

[英]格雷戈里·欧文:《日光西映——日本艺术与西方现代艺术运动的兴起》,张晓美译,华中科技大学出版社 2021 年版。

H

黄宗智:《发展还是内卷?十八世纪英国与中国——评彭慕兰〈大分岔:欧洲,中国与现代世界经济的发展〉》,《历史研究》2002 年第 4 期。

黄宗智:《走出二元对立的语境》,《中国改革》2000 年第

1 期。

黄敬斌:《两种"欧洲中心论":兼谈加州学派的历史诠释》,《社会科学》2012 年第 11 期。

[英] 哈耶克:《法律、立法与自由》,邓正来等译,中国大百科全书出版社 2000 年版。

[德] 海德格尔:《存在与时间》,陈嘉映等译,商务印书馆 2019 年版。

[德] 海德格尔:《形而上学导论》,熊伟等译,商务印书馆 2017 年版。

[德] 海德格尔:《尼采》,孙周兴译,商务印书馆 2002 年版。

[德] 海德格尔:《林中路》,孙周兴译,上海译文出版社 2014 年版。

[德] 海德格尔:《尼采》,孙周兴译,商务印书馆 2002 年版。

[德] 黑格尔:《历史哲学》,王造时译,上海书店出版社 2006 年版。

[德] 黑格尔:《法哲学原理:或自然法和国家学纲要》,范扬等译,商务印书馆 1961 年版。

[德] 哈罗德·布鲁姆:《影响的焦虑:一种诗歌理论》,徐文博译,中国人民大学出版社 2019 年版。

[美] 哈罗德·布鲁姆:《西方正典:伟大作家和不朽作品》,江宁康译,译林出版社 2005 年版。

黄皖毅:《马克思世界观:文本、前沿与反思》,知识产权出版社 2008 年版。

何博超：《阿维森纳论存在与本质的区分——以〈治疗论·形而上学〉为例》，《哲学研究》2016 年第 6 期。

［德］黑格尔：《哲学史演讲录》，贺麟等译，商务印书馆 1959 年版。

［德］黑格尔：《小逻辑》，贺麟译，商务印书馆 2019 年版。

［俄］赫尔岑：《往事与随想》，巴金等译，译林出版社 2009 年版。

慧能著，郭朋校释：《坛经校释》，中华书局 2012 年版。

慧然编，杨增文编校：《临济录》，中州古籍出版社 2001 年版。

［英］霍尔盖特：《黑格尔导论：自由、真理与历史》，丁三东译，商务印书馆 2013 年版。

J

［美］贾雷德·戴蒙德：《枪炮、病菌与钢铁：人类社会的命运》，谢延光译，上海译文出版社 2016 年版。

金雁：《倒转"红轮"：俄国知识分子的心路回溯》，北京大学出版社 2012 年版。

金雁：《历史教学中的十月革命问题（五）——俄国革命中的"自由主义"》，《历史教学》2008 年第 1 期。

［俄］基斯嘉科夫等：《路标集》，彭甄等译，云南人民出版社 1999 年版。

［英］杰拉德·德兰蒂:《现代性与后现代性知识、权力与自我》,李瑞华译,商务印书馆2012年版。

［法］吉尔·德勒兹:《尼采与哲学》,周颖等译,河南大学出版社2016年版。

［法］加缪:《反抗者》,吕永真译,上海译文出版社2013年版。

金寿铁:《革命神学——恩斯特布洛赫对基督教千年王国理想的马克思主义解读》,《世界宗教研究》2013年第6期。

［德］伽达默尔:《科学时代的理性》,薛华等译,国际文化出版公司1988年版。

［德］伽达默尔:《伽达默尔论柏拉图》,余纪元译,光明日报出版社1992年版。

［德］伽达默尔:《真理与方法——哲学诠释学的基本特征》,洪汉鼎译,商务印书馆2007年版。

江丹林:《西方关于马克思晚年"人类学笔记"主要观点论析》,《北京大学学报》1990年第1期。

K

［德］柯武刚、史漫飞:《制度经济学:社会秩序与公共政策》,韩朝华译,商务印书馆2000年版。

［法］克劳德·梅纳尔编:《制度、契约与组织——从新制度经济学角度的透视》,刘刚等译,经济科学出版社2003年版。

［美］科斯、阿尔钦、诺斯：《财产权利与制度变迁——产权学派与新制度学派译文集》，刘守英等译，上海三联书店1991年版。

［德］卡伦·霍恩：《通往智慧之路——对话10位诺贝尔经济学奖得主》，陈小白译，华夏出版社2017年版。

［英］卡尔·波普尔：《历史决定论的贫困》，杜汝楫等译，上海人民出版社2009年版。

［德］考茨基：《土地问题》，梁琳译，生活·读书·新知三联书店1955年版。

［意］克罗齐：《美学原理》，朱光潜译，商务印书馆2012年版。

L

［日］铃木大拙：《禅与日本文化》，钱爱琴等译，译林出版社2014年版。

刘宾：《〈福乐智慧〉与东西方思想史背景》，《西域研究》1994年第1期。

刘志霄：《11世纪维吾尔社会思想与〈福乐智慧〉》，《西域研究》1994年第1期。

《路德文集》中文版编辑委员会编：《路德文集》，上海三联书店2005年版。

［美］利兰·莱肯：《圣经文学导论》，黄宗英译，北京大学出版社2007年版。

鲁迅:《鲁迅全集》,人民文学出版社 2005 年版。

[美] 理查德·维克利:《论源初遗忘——海德格尔、施特劳斯与哲学的前提》,谢亚洲等译,华夏出版社 2016 年版。

龙登高:《中西经济史比较的新探索——兼谈加州学派在研究范式上的创新》,《江西师范大学学报》2004 年第 1 期。

刘明远:《马克思经济学著作"六册计划"的总体结构与内容探索》,《政治经济学评论》2016 年第 4 期。

林锋:《再论马克思"人类学笔记"的主题》,《江汉论坛》2009 年第 8 期。

李百玲:《马克思〈历史学笔记〉研究读本》,中央编译出版社 2014 年版。

李伯重:《江南农业的发展:1620—1850》,王湘云译,上海古籍出版社 2007 年版。

李伯重:《多视角看江南经济史(1250—1850)》,生活·读书·新知三联书店 2003 年版。

[美] 李中清、王丰:《人类的四分之一:马尔萨斯的神话与中国的现实(1700—2000)》,陈卫等译,生活·读书·新知三联书店 2000 年版。

李伯重:《"相看两不厌"——王国斌〈转变的中国:历史变迁与欧洲经验的局限〉评介》,《史学理论研究》2000 年第 2 期。

李伯重:《"选精"、"集粹"与"宋代江南农业革命"——对传统经济史研究方法的检讨》,《中国社会科学》2000 年第 1 期。

李伯重：《"道光萧条"与"癸未大水"——经济衰退、气候剧变及19世纪的危机在松江》，《社会科学》2007年第6期。

李伯重：《中国经济史学的话语体系》，《南京大学学报》2011年第2期。

李伯重：《江南的早期工业化：1550—1850》，中国人民大学出版社2010年版。

李伯重：《中国的早期近代经济——1820年代华亭—娄县地区GDP研究》，中华书局2010年版。

李伯重：《理论、方法、发展、趋势：中国经济史研究新探》，浙江大学出版社2012年版。

李伯重：《火枪与账簿：早期经济全球化时代的中国与东亚世界》，生活·读书·新知三联书店2017年版。

李伯重：《史料与量化：量化方法在史学研究中的运用讨论之一》，《清华大学学报》2015年第4期。

李伯重：《量化与比较：量化比较方法在中国经济史研究中的运用》，《思想战线》2018年第1期。

[美]李中清、王丰：《马尔萨斯模式与中国的现实：中国1700—2000年的人口体系》，《中国人口科学》2000年第2期。

李秋零：《维科的〈新科学〉和历史哲学的开端》，《外国哲学》第10辑，商务印书馆1989年版。

[英]卢瑟福：《经济学中的制度：老制度主义与新制度主义》，陈建波等译，中国社会科学出版社1999年版。

刘业进:《群体选择和演化错配——哈耶克的文化演化思想评论》,《制度经济学研究》2016年第1期。

刘峰:《经济选择的秩序——一个交易经济学理论框架》,上海交通大学出版社2006年版。

[美] 罗森塔尔:《梅列日科夫斯基与白银时代:一种革命思想的发展过程》,杨德友译,华东师范大学出版社2014年版。

[英] 罗斯:《戏仿:古代、现代与后现代》,王海萌译,南京大学出版社2013年版。

[俄] 洛斯基:《俄国哲学史》,贾泽林等译,浙江人民出版社1999年版。

[俄] 洛斯基:《意志自由》,董友译,生活·读书·新知三联书店1992年版。

[苏] 列宁:《列宁选集》第1卷,中共中央马克思恩格斯列宁斯大林著作编译局编译,人民出版社2012年版。

[俄] 拉甫罗夫:《历史和俄国革命者》,《俄罗斯思想》,贾泽林等译,浙江人民出版2000年版。

[匈] 卢卡奇:《卢卡奇早期文选》,张亮等译,南京大学出版社2004年版。

[匈] 卢卡奇著,杜章智编:《卢卡奇自传》,李渚青等译,社会科学文献出版社1986年版。

[匈] 卢卡奇:《社会存在本体论导论》,沈耕等译,华夏出版社1989年版。

[匈]卢卡奇:《审美特性》,徐恒醇译,社会科学文献出版社2014年版。

[匈]卢卡奇:《小说理论:试从历史哲学论伟大史诗的诸形式》,燕宏远等译,商务印书馆2012年版。

[匈]卢卡奇:《理性的毁灭:非理性主义的道路——从谢林到希特勒》,王玖兴等译,山东人民出版社1988年版。

[匈]卢卡奇:《历史与阶级意识》,杜章智等译,商务印书馆2018年版。

[匈]卢卡奇:《卢卡奇论戏剧》,罗璇等译,北京师范大学出版社2014年版。

刘小枫:《金钱·性别·生活感觉——纪念西美尔〈货币哲学〉问世一百周年》,《开放时代》2000年第5期。

刘东:《理论与心智》,江苏人民出版社2001年版。

[德]赖因哈德·劳特:《陀思妥耶夫斯基哲学——系统论述》,沈真等译,东方出版社1996年版。

[俄]列夫·舍斯托夫:《开端与终结》,方珊译,云南人民出版社1998年版。

[俄]列夫·舍斯托夫:《旷野呼告——克尔凯郭尔与存在哲学》,方姗译,华夏出版社1991年版。

[法]吕迪格尔·萨弗兰斯基:《海德格尔传——来自德国的大师》,靳希平译,商务印书馆1999年版。

[德]洛维特:《克尔凯郭尔与尼采》,李理译,《哲学译丛》

2001年第1期。

［德］洛维特:《从黑格尔到尼采:19世纪思维中的革命性决裂》,李秋零译,生活·读书·新知三联书店2006年版。

［德］洛维特:《世界历史与救赎历史:历史哲学的神学前提》,李秋零等译,生活·读书·新知三联书店2002年版。

［德］洛维特:《韦伯与马克思:以及黑格尔与哲学的扬弃》,刘心舟译,南京大学出版社2019年版。

［德］洛维特:《尼采》,刘心舟译,中国华侨出版社2019年版。

［德］洛维特:《雅各布·布克哈特》,楚人译,商务印书馆2013年版。

［德］洛维特:《纳粹上台前后我的生活回忆》,区立远译,学林出版社2008年版。

［德］洛维特:《海德格尔——贫困时代的思想家:哲学在20世纪的地位》,彭超译,西北大学出版社2015年版。

刘小枫:《个体信仰与文化理论》,四川人民出版社1997年版。

［美］列奥·施特劳斯:《关于马基雅维里的思考》,申彤译,译林出版社2009年版。

［美］列奥·施特劳斯:《自然权利与历史》,彭刚译,生活·读书·新知三联书店2003年版。

［美］列奥·施特劳斯:《回归古典政治哲学——施特劳斯通

信集》,朱雁冰等译,华夏出版社 2006 年版。

刘小枫选编:《灵知主义与现代性》,张新樟译,华东师范大学出版社 2005 年版。

刘勰著,詹锳义证:《文心雕龙义证》,上海古籍出版社 1989 年版。

[美] 理查德·沃林:《海德格尔的弟子》,张国清等译,江苏教育出版社 2005 年版。

[德] 洛维特:《海德格尔〈尼采的话"上帝死了"〉一文所未明言》,《墙上的书写——尼采与基督教》,冯克利译,华夏出版社 2004 年版。

[美] 列奥·施特劳斯:《霍布斯的政治哲学》,申彤译,译林出版社 2012 年版。

[美] 列奥·施特劳斯:《古典政治理性主义的重生——施特劳斯思想入门》,郭振华等译,华夏出版社 2011 年版,

[美] 列奥·施特劳斯:《迫害与写作艺术》,刘锋译,华夏出版社 2012 年版。

林岗、刘元春、张宇:《诺斯与马克思:关于社会发展和制度变迁动力的比较》,《中国人民大学学报》2000 年第 3 期。

林岗、刘元春:《诺斯与马克思:关于制度的起源和本质的两种解释的比较》,《经济研究》2000 年第 6 期。

林岗:《诺斯与马克思:关于制度变迁道路理论的阐释》,《中国社会科学》2001 年第 1 期。

林国先:《制度理论:马克思与诺思》,《经济学动态》2002年第9期。

林甘泉:《从"欧洲中心论"到"中国中心论"——对西方学者中国经济史研究新趋向的思考》,《中国经济史研究》2006年第2期。

梁謇:《马克思与诺思制度变迁理论的比较研究》,《北方论丛》2007年第4期。

罗峰:《马克思主义与诺思的国家理论之比较》,《政治学研究》2001年第3期。

刘和旺:《马克思与诺思制度分析框架比较的新视角》,《经济纵横》2011年第1期。

李勇:《索洛维约夫普世主义的上帝观——〈以神人类讲座〉为中心》,《浙江学刊》2000年第6期。

李宁:《〈福乐智慧〉英译研究》,民族出版社2010年版。

[英]罗素:《西方哲学史:及其与从古代到现代的政治、社会情况的联系》,马元德译,商务印书馆2011年版。

M

[法]米歇尔·福柯:《知识考古学》,董树宝译,生活·读书·新知三联书店2021年版。

[美]马吉德·法赫里:《伊斯兰哲学史》,陈中耀译,上海外语教育出版社1992年版。

马俊峰:《真正的政治:回答一种美好生活方式——法拉比政治哲学研究》,中国社会科学出版社2013年版。

闵抗生:《鲁迅的创作与尼采的箴言》,陕西人民教育出版社1996年版。

[伊拉克]穆萨·穆萨威:《阿拉伯哲学——从铿迭到伊本·鲁西德》,张文建等译,商务印书馆1997年版。

[英]迈克尔·苏立文:《东西方艺术的交会》,赵潇译,上海人民出版社2014年版。

[俄]梅列日科夫斯基:《未来的小人》,杜文娟译,云南人民出版社1999年版。

[俄]梅列日科夫斯基:《重病的俄罗斯》,李莉等译,云南人民出版社1999年版。

[美]马尔库塞:《理性和革命:黑格尔和社会理论的兴起》,程志民译,上海人民出版社2007年版。

马鹏:《马克思与诺斯:社会主义经济制度研究中的融通》,《江苏大学学报》2009年第4期。

马永翔:《心智、知识与道德——哈耶克的道德哲学及其基础研究》,生活·读书·新知三联书店2006年版。

[德]马克思、恩格斯:《马克思恩格斯全集》第2版,人民出版社1995—2022年版。

[德]马克思、恩格斯:《马克思恩格斯文集》,人民出版社2009年版。

［德］马克思：《马克思古代社会史笔记》，人民出版社 1996 年版。

［德］马克思：《卡尔·马克思历史学笔记》，中国人民大学出版社 2005 年版。

马俊峰：《马克思世界历史理论的方法论意义》，《中国社会科学》2013 年第 6 期。

麻赫穆德·喀什噶里：《突厥语大词典》第 1 卷，何锐等译，民族出版社 2002 年版。

麻赫默德·喀什噶里：《突厥语大词典》第 2 卷，校仲彝等译，民族出版社 2002 年版。

［德］马克斯·布劳巴赫等：《德意志史》第 2 卷《从宗教改革至专制主义结束》，陆世澄等译，商务印书馆 1998 年版。

［德］马克斯·韦伯：《新教伦理与资本主义精神》，阎克文译，上海人民出版社 2018 年版。

［德］马克斯·韦伯：《音乐社会学：音乐的理性基础与社会学基础》，李彦频译，西南师范大学出版社 2014 年版。

N

［日］能势朝次、大西克礼：《日本幽玄》，王向远译，吉林文史出版社 2011 年版。

［美］诺思、托马斯：《西方世界的兴起》，厉以平等译，华夏出版社 1999 年版。

[美]诺斯:《制度、制度变迁与经济绩效》,刘守英译,上海三联书店1994年版。

[美]诺思:《经济史上的结构和变革》,厉以平译,商务印书馆2009年版。

[美]诺思:《理解经济变迁过程》,钟正生等译,中国人民大学出版社2008年版。

[美]诺斯:《经济变迁的过程》,《经济学(季刊)》2002年第4期。

[美]诺思、瓦利斯、温格斯特:《暴力与社会秩序:诠释有文字记载的人类历史的一个概念性框架》,杭行等译,格致出版社2013年版。

[德]尼采:《查拉斯图拉如是说》,钱春绮译,生活·读书·新知三联书店2014年版。

[德]尼采:《偶像的黄昏——或怎样用锤子从事哲学》,李超杰译,商务印书馆2013年版。

[德]尼采:《权力意志》,孙周兴译,商务印书馆2007年版。

[德]尼采:《悲剧的诞生》,孙周兴译,商务印书馆2017年版。

[德]尼采:《善恶的彼岸》,赵千帆译,商务印书馆2015年版。

O

[美]奥尔森:《集体行动的逻辑》,陈郁等译,上海三联书店1995年版。

P

［英］佩里·安德森：《从古代到封建主义的过渡》，郭方等译，上海人民出版社 2016 年版。

［俄］普列汉诺夫：《普列汉诺夫文选》，虞容译，人民出版社 2010 年版。

彭松建：《西方人口经济学概论》，北京大学出版社 1987 年版。

［美］彭慕兰：《大分流：欧洲、中国及现代世界经济的发展》，史建云译，江苏人民出版社 2003 年版。

［美］彭慕兰、史蒂文·托皮克：《贸易打造的世界：1400 年至今的社会、文化与世界经济》，黄中宪等译，上海人民出版社 2018 年版。

［美］彭慕兰：《腹地的构建：华北内地的国家、社会和经济（1853—1937）》，马俊亚译，社会科学文献出版社 2005 年版。

普济：《五灯会元》，中华书局 1984 年版。

裴广强：《想象的偶然——从近代早期中英煤炭业比较研究看"加州学派"的分流观》，《清史研究》2014 年第 8 期。

Q

［斯洛文尼亚］齐泽克：《视差之见》，季广茂译，浙江大学出版社 2014 年版。

秦晖：《谁，面向哪个东方？评弗兰克〈重新面向东方〉，兼论

"西方中心论"问题》,《开放时代》2001年第8期。

齐艳红:《历史主义:从黑格尔到马克思》,《南开学报》2013年第6期。

瞿商:《加州学派的中国经济史研究特色与创新述评》,《国外社会科学》2008年第6期。

钱理群、温儒敏、吴福辉:《中国现代文学三十年》,北京大学出版社1998年版。

钱理群:《心灵的探寻》,生活·读书·新知三联书店2014年版。

钱理群:《鲁迅作品十五讲》,北京大学出版社2003年版。

[美]契普:《欧美现代艺术理论·三个人的天空》,余姗姗译,吉林美术出版社2000年版。

R

荣剑:《马克思的史前社会理论和东方社会理论考察——兼论马克思晚年"人类学笔记"的创作动机》,《学术月刊》1988年第5期。

[加]让·格朗丹:《伽达默尔传》,黄旺等译,上海社科院出版社2020年版。

热依汗·卡德尔:《〈福乐智慧〉与维吾尔文化》,内蒙古人民出版社2003年版。

热依汗·卡德尔:《东方智慧的千年探索——〈福乐智慧〉与北宋儒学经典的比对》,民族出版社2009年版。

S

［意］萨尔活·马斯泰罗内:《当代欧洲政治思想(1945—1989)》,社会科学文献出版社1998年版。

孙郁:《晚年鲁迅文本的"墨学"之影》,《北京大学学报》2020年第6期。

盛洪主编:《现代制度经济学》,北京大学出版社2003年版。

盛洪:《中国的过渡经济学》,上海人民出版社2006年版。

［德］叔本华:《作为意志和表象的世界》,石冲白译,商务印书馆2018年版。

孙圣民:《历史计量学五十年——经济学和史学范式的冲突、融合与发展》,《中国社会科学》2009年第4期。

孙圣民:《新制度经济学与演化经济学意识形态理论的比较分析》,《制度经济学研究》2005年总第7期。

孙圣民:《制度变迁视角的意识形态理论分析》,《经济评论》2006年第6期。

［美］斯蒂文·霍维茨:《从感觉秩序到自由秩序:哈耶克理性不及的自由主义》,拉齐恩·萨丽等著:《哈耶克与古典自由主义》,秋风译,贵州人民出版社2002年版。

［英］沙恩·韦勒:《现代主义与虚无主义》,张红军译,郑州大学出版社2017年版。

［美］史都华:《克尔凯郭尔对黑格尔体系中伦理学缺失的批判》,王齐译,《世界哲学》2006年第3期。

［俄］司徒卢威：《俄国经济发展问题的评述》，李尚谦等译，商务印书馆1992年版。

［俄］索尔仁尼琴：《红轮》，林全胜等译，江苏文艺出版社2011年版。

苏文：《"否则就永远不能讲了"——斯托雷平改革与俄国知识界的保守思潮》，《读书》1997年第1期。

［俄］索洛维约夫：《神人类讲座》，张百春译，华夏出版社2000年版。

［俄］索洛维约夫：《神权政治的历史和未来》，钱一鹏等译，华夏出版社2003年版。

［俄］索洛维约夫：《西方哲学的危机》，李树柏译，浙江人民出版社1999年版。

宋朝普：《卢卡奇对现代性的批判》，中国社会科学出版社2015年版。

商德文：《马克思晚年〈人类学笔记〉研究》，《经济科学》1989年第4期。

孙熙国、张莉：《马克思晚年"人类学笔记"的理论主题》，《北京大学学报》2017年第6期。

史清竹：《马克思〈政治经济学批判〉研究读本》，中央编译出版社2017年版。

［日］松尾芭蕉：《松尾芭蕉俳句选》，田原等译，上海文艺出版社2019年版。

T

［意］托马斯·阿奎那:《论存在者与本质》,段德智译,商务印书馆 2013 年版。

［意］托马斯·阿奎那:《反异教大全》,段德智等译,商务印书馆 2017 年版。

［意］托马斯·阿奎那:《论独一理智——驳阿维洛伊主义者》,段德智译,《世界哲学》2010 年第 6 期。

［英］托马斯·马丁·林赛:《宗教改革史》,孔祥民等译,商务印书馆 1992 年版。

汤在新主编:《〈资本论〉续篇探索——关于马克思计划写的六册经济学著作》,中国金融出版社 1995 年版。

拓和提:《维吾尔历史文化研究》,民族出版社 1995 年版。

汤在新:《从经济学手稿到〈资本论〉》,《中国社会科学》1992 年第 5 期。

W

宛耀宾主编:《中国伊斯兰百科全书》,四川辞书出版社 2007 版。

王希:《存在与本质——伊斯兰哲学中的本体论之争》,《哲学分析》2019 年第 2 期。

［俄］维特:《俄国末代沙皇尼古拉二世(续集):维特伯爵的回忆》,张开译,新华出版社 1985 年版。

［美］沃格林:《没有约束的现代性》,张新樟等译,华东师范大学出版社 2007 年版。

韦森:《再评诺斯的制度变迁理论》,《经济学(季刊)》2009 年第 2 期。

韦森:《个人主义与社群主义——东西方社会制序历史演进路径差异的文化原因》,《复旦学报》2003 年第 3 期。

汪丁丁:《哈耶克感觉的秩序导读》,《社会科学战线》2009 年第 1 期。

汪民安等主编:《现代性基本读本》,河南大学出版社 2005 年版。

王才勇:《印象派与东亚美术》,江苏人民出版社 2008 年版。

王弼著,楼宇烈校释:《王弼集校释》,中华书局 1980 年版。

王艮:《王心斋全集》,江苏教育出版社 2001 年版。

韦森:《经济理论与市场秩序:探寻良序市场经济运行的道德基础、文化环境与制度条件》,格致出版社 2009 年版。

韦森:《社会制序的经济分析导论》,上海三联书店出版社 2020 年版。

韦森、陶丽君、苏映雪:《"哈耶克矛盾"与"诺思悖论":Social Orders 自发生成演化抑或理性设计建构的理论之惑》,《清华大学学报》2019 年第 6 期。

汪民安、陈永国编:《尼采的幽灵——西方后现代语境中的尼采》,社会科学文献出版社 2001 年版。

[美]王国斌:《转变的中国——历史变迁与欧洲经验的局限》,李伯重等译,江苏人民出版社1998年版。

王毅:《展现经济史真实脉络——写在梁方仲、王毓铨文集出版之际,兼评他们与"加州学派"的区别》,《南方周末》2005年6月16日D30版。

王东、刘军:《"人类学笔记",还是"国家与文明起源笔记"——为马克思晚年笔记正名》,《哲学研究》2004年第2期。

王晓红、黄竹:《晚年马克思〈历史学笔记〉新探——〈资本论〉的深化和拓展》,《马克思主义与现实》2012年第5期。

王聚芹:《马克思东方发展理论研究》,吉林人民出版社2009年版。

万斌、金利安:《马克思恩格斯对资本主义兴起与宗教改革互动关系的基本论述》,《浙江社会科学》2006年第1期。

[德]威廉·戚美尔曼:《伟大的德国农民战争》,北京编译社译,商务印书馆2017年版。

魏良弢:《〈福乐智慧〉与喀喇汗王朝的文化整合》,《西域研究》2000年第3期。

王向远:《释"幽玄"——对日本古典文艺美学中的一个关键概念的解析》,《广东社会科学》2011年第6期。

王金林:《海德格尔与马尔库塞的通信对话》,《世界哲学》2007年第2期。

王松梅:《马克思与诺思:制度变迁理论的相互补充》,《求实》2003年第4期。

王希：《安萨里思想研究》，宗教文化出版社2015年版。

吴国盛：《时间的观念》，中国社会科学出版社1996年版。

吴增定：《尼采与柏拉图主义》，上海人民出版社2004年版。

X

［美］熊彼特：《经济分析史》，杨敬年译，商务印书馆2001年版。

徐传谌、孟繁颖：《诺斯制序分析中的建构理性主义及反思》，《上海经济研究》2006年第8期。

徐征、张月中、张圣洁、奚海主编：《全元曲》第10卷，河北教育出版社1998年版。

徐小虎：《日本美术史》，广西师范大学出版社2019年版。

谢霖：《马克思的"人类学笔记"与东方社会发展的道路》，《河北学刊》1988年第4期。

［英］希克斯：《经济史理论》，厉以平译，商务印书馆1987年版。

新疆社会科学院民族文学研究所编：《福乐智慧研究译文选》，新疆人民出版社1991年版。

新疆社会科学院民族文学研究所编：《福乐智慧研究论文选》，新疆人民出版社1993年版。

Y

［日］永井荷风:《晴日木屐》,陈德文译,花城出版社 2018年版。

［法］雅克·勒高夫:《中世纪的知识分子》,张弘译,商务印书馆 1996 年版。

［阿拉伯］伊本·西那:《论灵魂——〈治疗论〉第六卷》,北京大学哲学系译,商务印书馆 1963 年版。

杨启辰、杨华:《伊斯兰哲学研究》,宁夏人民出版社 2001年版。

［古希腊］亚里士多德:《灵魂论及其他》,吴寿彭译,商务印书馆 1999 年版。

［古希腊］亚里士多德:《物理学》,张竹明译,商务印书馆 2006 年版。

［德］约纳斯:《技术、医学与伦理学:责任原理的实践》,张荣译,上海译文出版社 2008 年版。

［美］约纳斯:《诺斯替宗教:异乡神的信息与基督教的开端》,张新樟译,上海三联书店 2006 年版。

晏鹰、朱宪辰:《从理性建构到认知演化:诺斯制度生发观的流变》,《社会科学战线》2010 年第 2 期。

杨圣明、冯雷、夏先良:《马克思国际贸易理论研究》,当代中国出版社 2017 年版。

易建平:《部落联盟模式与希腊罗马早期社会权力结构》,《世界历史》2000年第6期。

［法］雅克·勒高夫：《中世纪的英雄与奇观》，鹿泽新译，四川文艺出版社2020年版。

［土耳其］易卜拉欣·卡伦：《认识镜中的自我：伊斯兰与西方关系史入门》，夏勇敏等译，新世界出版社2018年版。

优素甫·哈斯·哈吉甫：《福乐智慧》，郝关中等译，民族出版社2003年版。

严明、山本景子、熊啸：《日本诗学导论》，上海古籍出版社2019年版。

姚洋：《制度与效率：与诺斯对话》，四川人民出版社2002年版。

姚海：《近代俄国立宪运动的源流》，四川大学出版社1996年版。

于沛霖：《马克思恩格斯论罗马法》，《法律科学》1989年第4期。

杨不风：《蔷薇花与十字架》，鹭江出版社2018年版。

Z

赵毅衡编选：《"新批评"文集》，中国社会科学出版社1988年版。

朱建平：《阿拉伯逻辑——亚里士多德逻辑与中世纪逻辑的交汇与接口》，《人文杂志》2018年第4期。

翟志宏:《阿奎那关于存在与本质相区分的思想》,《现代哲学》2010年第2期。

张建华:《俄国知识分子思想史导论》,商务印书馆2008年版。

张建华:《白银时代的喧哗:俄国自由主义知识分子的"左倾"》,《俄罗斯文艺》2003年第3期。

张亮:《国内卢卡奇研究七十年:一个批判的回顾》,《现代哲学》2003年第4期。

张双利:《宗教与革命的伦理——兼论卢卡奇与布洛赫的思想共生关系》,《马克思主义与现实》2010年第1期。

张鼎国:《诠释与实践》,商务印书馆2016年版。

张一兵:《事物化与物化:从韦伯到青年卢卡奇》,《现代哲学》2015年第1期。

张双利:《黑暗与希望——恩斯特·布洛赫乌托邦思想研究》,人民出版社2014年版。

张亮:《"崩溃的逻辑"的历史建构——阿多诺早中期哲学思想的文本学解读》,江苏人民出版社2014年版。

张广达:《西域史地丛稿初编》,上海古籍出版社1995年版。

张绪山:《史学管见集》,生活·读书·新知三联书店2019年版。

张亮:《克尔凯郭尔的生存概念与唯心主义问题——读阿多诺〈克尔凯郭尔:审美对象的建构〉》,《浙江学刊》2002年第2期。

张润君:《马克思与诺斯:两种制度变迁观之比较》,《西北师范大学学报》2000年第2期。

周传斌:《不一样的阿尔法拉比——兼论伊斯兰哲学的伊斯兰进路》,《北方民族大学学报》2010年第2期。

周琳:《书写什么样的中国历史?——"加州学派"中国社会经济史研究述评》,《清华大学学报》2009年第1期。

周作人:《鲁迅的故家》,河北教育出版社2002年版。

张钊贻:《早期鲁迅的尼采考——兼论鲁迅有没有读过勃兰兑斯的〈尼采导论〉》,《鲁迅研究月刊》1997年第6期。

张钊贻:《从〈非攻〉到〈墨攻〉:鲁迅史实文本辨正及其现实意义探微》,广西师范大学出版社2017年版。

张汝伦:《现代西方哲学纲要》,上海人民出版社2016年版。

张汝伦:《思想的踪迹》,山东友谊出版社2006年版。

邹诗鹏:《马克思对欧洲中心主义的批判与超越》,《哲学研究》2018年第9期。

张一兵、汪皓斌:《马克思真的没有使用过"资本主义"一词吗?》,《南京社会科学》1999年第4期。

张新樟:《诺斯、政治与治疗——诺斯替主义的当代诠释》,浙江大学出版社2008年版。

赵立行:《西欧社会变动与十字军东征的进程》,《复旦学报》2002年第4期。

赵鼎新:《加州学派与工业资本主义的兴起》,《学术月刊》

2014年第7期。

朱棣:《金刚经集注》,上海古籍出版社1984年版。

外文文献

A

A. J. Arberry, *Avicenna on Theolog*. Westport, Conn.: Hyperion Press, 1979.

Ankarloo, Daniel, "New Institutional Economics and Economic History." *Capital & Class*, Vol.26, No.78, 2002.

B

Ben Fine and Dimitris Milonakis, "From Principle of Pricing to Pricing of Principle: Rationality and Irrationality in the Economic History of Douglass North." *Comparative Studies in Society and History*, Vol.45, No.3, 2003.

Bruce Erlich, "Review: Young Lukács." *Prairie Schooner*, Vol.50, No.4, 1976.

D

Douglass C. North, "Economic Performance Through Time." *The American Economic Review*, Vol.84, No.3, 1994.

Douglass C. North, "Agriculture in Regional Economic Growth."

American Journal of Agricultural Economics, Vol.41, No.5, 1959.

Douglass C. North, *The Economic Growth of the United States, 1790–1860*. New Jersey: Prentice Hall Inc., 1961.

Douglass C. North and Robert Paul Thomas, "An Economic Theory of the Growth of the Western World." *The Economic History Review*, Vol.23, No.1, 1970.

Douglass C. North, "The Contradictions of Modern Society." *Government and Opposition*, Vol.19, No.3, 1984.

Douglass C. North, "Sources of Productivity Change in Ocean Shipping 1600–1850." *Journal of Political Economy*, Vol.76, No.5, 1968.

Douglass C. North, "Institutional Change and Economic Growth." *The Journal of Economic History*, Vol.31, No.1, 1971.

Douglass C. North, "Is it Worth Making Sense of Marx?" *Enquiry*, Vol.29, No.1, 1986.

Douglass C. North, "Structure and Performance: The Task of Economic History." *Journal of Economic Literature*, Vol.16, No.3, 1978.

Douglass C. North and Barry R. Weingast, "Constitutions and Commitment: The Evolution of Institutions Governing Public Choice in Seventeenth-Century England." *The Journal of Economic History*, Vol.49, No.4, 1989.

Dennis O. Flynn, Giráldez Arturo, "Path Dependence, Time Lags and the Birth of Globalisation: A Critique of O'Rourke and Williamson." *Europe Review of Economic History*, Vol.8, No.1, 2004.

E

Elizabeth Goodstein, "Style as Substance: Georg Simmel's Phenomenology of Culture." *Cultural Critique*, No.52, 2002.

Ellen Wood, "Marxism and Ancient Greece." *History Workshop*, No.11, 1981.

F

Fadlou Shehadi, *Metaphysics in Islamic Philosophy*. Delmer, New York: Caravan Books, 1982.

Fazlur Rahman, *Ibn Sina's Theory of the God-World Relationship, God and Creation: An Ecumenical Symposium.* edited by David B. Burrell, Bernard McGinn, Donald F. Duclow, South Bend: University of Notre Dame Press, 1990.

Ferenc L. Lendvai, "György Lukács 1902-1918: ' His Way to Marx'." *Studies in East European Thought*, Vol.60, No.1/2, 2008.

F. A. Hayek, *Studies in Philosophy, Politics and Economics*. Chicago: University of Chicago Press, 1967.

F. A. Hayek, *The Sensory Order: An Inquiry into the Foundations of Theoretical Psychology*, Chicago: University of Chicago Press, 1952.

G

Georg Lukács, *Selected Correspondence, 1902-1920.* edited by Judith Marcus & Zolton Tar, New York: Columbia University Press, 1986.

George Lukacs, *The Lukacs Reader.* edited by Arpad Kadarkay, Oxford: Wiley-Blackwell, 1995.

H

Herbert Alan Davidson, *Al-Farabi, Avicenna, & Averroes on Intellect.* New York: Oxford University Press, 1992.

Hans Jonas, *The Phenomenon of Life: Toward a Philosophical Biology.* New York: Dell Publishing Co., 1966.

Hans Jonas, *Mortality and Morality: A Search for the Good After Auschwitz.* edited by Lawrence Vogel, Evanston: Northwestern University Press, 1996.

Hans Jonas, *Heidegger's Resoluteness and Resolve: An Interview*, *Martin Heidegger and National Socialism.* edited by Gunther Neske and Emil Kettering, New York: Paragon House, 1990.

Hannah Arendt, *Between Past and Future: Six Exercises in Political Thought.* New York: The Viking Press, 1961.

Heinrich Dumoulin, "The Person in Buddhism: Religious and Artistic Aspects." *Japanese Journal of Religious Studies*, Vol. 11, No.2/3, 1984.

J

Janko Lavrin, "Vladimir Soloviev and Slavophilism." *The Russian Review*, Vol.20, No.1, 1961.

Janet L., Abu-lughod, *Before European Hegemony: The World System A. D. 1250-1350*, New York: Oxford University Press, 1989.

John A. Hall, *Powers and Liberties: The Causes and Consequences of the Rise of West*, Oxford: Basil Blackwell, 1985.

L

Leo Strauss, "Some Remark on the Political Science of Maimonides and Farabi," *Leo Strauss on Maimonides: The Complete Writings*, ed. Kenneth Hart Green Chicago: University of Chicago Press, 2013.

Li Bozhong, "The Formation of China's National Market, 1500-1850." *paper presented to the Eighth Annual World History Association International Congress*, Victoria, Canada, June 27, 1999.

P

Paul R. Milgrom, Douglass C. "North and Barry R. Weingast,

The Role of Institutions in the Revival of Trade: The Law Merchant, Private Judges, and the Champagne Fairs." *Economics and Politics*, Vol.2, No.1, 1990.

R

Regula M. Zwahlen, "Different concepts of personality: Nikolaj Berdjaev and Sergej Bulgakov." *Studies in East European Thought*, Vol.64, No.3/4, 2012.

Richard Wolin, *The Politics of Being: The Political Thought of Martin Heidegger*. New York: Columbia University Press, 1990.

Richard Von Glahn, Myth and Reality of China's Seventeenth-Century Monetary Crisis, *The Journal of Economic History*, Vol.56, No.2, 1996.

T

Tihanov, Galin, "Ethics and Revolution: Lukacs's Responses to Dostoevsky." *Modern Language Review*, Vol.94, No.3, 1999.

后　　记

我本科读的是新闻专业,报志愿时对新闻传播也没有什么概念,只是当时记者有"无冕之王"的称谓,遂以为好。然而读下来并不合我心,于是硕士研究生阶段改弦更张读了古代文学。再后来,我不合时宜的毛病发展到了极致,终于在博士阶段坠入了"史坑"。或许在别人看来,这种越来越趋于冷门的操作是匪夷所思的,但我却觉得兴趣盎然,虽环堵萧然,也未尝有悔意。

不过,频繁地改专业的确给我造成了难以聚焦的研究瓶颈。而我的工作经历更是加剧了我无法聚焦的探索困扰。我于2005年进入北京邮电大学民族教育学院从事少数民族预科的教学工作;2015年加盟马克思主义学院,带起了马克思主义发展史方向的研究生;2019年我转赴人文学院工作,同时也加入了本院的外国文学与文化研究团队。为了适应这频繁的内容变化,我也只有付出更多的精力来摸索不同学科的科研规律,唯有如此,方能勉强应对。

在求学和工作的道路上,我读过很多不同类型的书,专精谈不上，驳杂却似乎无可避免。在读书过程中，我颇有写札记的习惯，有的札记写得长了，就有了论文的规模。据说陈寅恪深谙西学，然而在著述里却不涉及一字，这是何等伟岸的气派，非我辈所能及。因为没有宗师的气派，因而也就没有必要遮掩藏掖，札记形成了论文，于是就坦率地拿去发表了，也不顾及所谓的学科越位之嫌。因为发表了这些论文，我听到的善意批评不下五六次之多，听不到的可能就更多了。

其实我并不是活在别人评价中的人，子曰"从吾所好"就是了。从吾所好十几年来，读书札记竟然也积累了20多万字，达到了一本书的规模。虽然在内容上，哲学的、经济学的、马克思主义的、文化交流的，各个层面的东西都有，但却也不是敷衍凑数，而是坚持每篇札记都有自己的看法，有详细的论证，起码在逻辑上可以做到自洽，在格式上可以做到规范。在我十几年的读书历程中，至少在我看来，每一篇札记都是一个朴实且坚定的脚印。

我年少时居于僻乡，虽知西哲之名却无书可读，直到大学才看到康德和尼采等人的著作，真有喜不自胜之感。从那时起，域外学术就成为我精神上的补给品。虽然所读专业与之并不相干，但我却颇以此为乐。甚至黑格尔的大部分著作，我也硬生生地啃了一遍。这样的读书，全然不是为了课题，也不是为了成果。西哲著作虽然晦涩难懂，但于我来说，却有一种无功利的精神愉悦在其中。按照哲学史对亚里士多德的评价来解释，那一定是逍遥的学问。

我主体研究方向是中国古典文献学,浸淫多年,也深知其味。很多从事传统文化的研究者,沉湎其中,容易由兴趣转向信仰。当今文化界以"国学"修行为旨归的群体,他们对传统文化带有热度极高的价值判断,以为当今之事非传统不能成之。然而其弊甚大,尤其是不能以理性的视角审视传统,从而不能给出冷静的评价。就这一层面而言,域外学术思想就显得尤为重要。只有客观审视域外,才能造就多元的视角。唯有通过多元的视角,才能促成比较的方法,也才能孕育出一种兼容并包的精神,进一步摒弃狭隘或固步自封的心态。

在盲目崇洋的岁月里,我们对传统给予过足够的温情;在"国学"大行其道的年代,当然也应该予以域外学术更多的关注。我在大学时代对鲁迅用力甚多,治学之根基可以说深植于"五四"。鲁迅虽多偏激之语,然而考察其学术与创作的路径,于中西并无偏倚。"五四"之精神虽有盲目,虽有弊端,但总体上却是理性而非狂热的。从"五四"走来的知识人自是不同于"国学"爱好者,也非是一味媚外的假洋鬼子。在他们的眼中,学术并无中西之分,而只有启蒙与民粹之别。

伽达默尔在《真理与方法》中译本序言里写道:"尽管我的先辈康德、黑格尔、尼采、海德格尔的全集尚未完成,我自己的思想却能介绍给生生不息的中国文化,这确实是一种荣幸。"在充分尊重本土文化的同时,给予东方国度以倾心推许,这是来自德意志的风范。而自己的文化被域外哲人敬之以"生生不息"四字,这是中华的光荣,更是中华伟力之所在。无论是德意志,还是我中华,抑或其他国度,其实是各有千秋,各擅胜场。只有在充分交流、彼此尊重的基础上借鉴他人的优点,才能扬长避短,使自己更加生生不息。这才是真正的文化自信。

域外学术毕竟不是我的主业,出版此书以后,我不可能再写一部同类的著作。可以说,此书既是我第一部有关域外学术的著作,也可能是我最后一部有关域外学术的著作。人的精力有限,我不可能再有太多时间涉及域外学术,想来也颇有些不舍。自从大学时代起,我就沉迷于西哲浩瀚的思想世界中,无论是在渊智园,还是在燕曦园,或是在近春园,在那些有园子的高校中,我都曾一本又一本地无功利地阅读过这个"斯"的大作,或那个"尔"的遗集。然而不惑之后的时光,不想为世事羁绁,那么青葱且纯粹的读书岁月竟然邈若山河。

本书自酝酿以来,恰值疫情肆虐,其间突发事件频仍,杂事缠手,兼以一双儿女也需照料辅导,因此此书之成书实可谓艰苦经营:班车上修改书稿自不必说,有时核酸检测排队期间也会托着电脑凝神苦想。我资质平平,若能有一点成绩,全凭着汗水的浇灌。我的一些信念大抵与种地的出身有关,在我看来,读书、写作其实与耕耘无异。小时候地里的收成,自是不靠什么天资,只不过是脚踏实地与投入罢了。这是十分浅显的道理。

本书得以面世,也得益于诸多师友所促成,其中周晔教授和顾雷编辑助力尤伟。周晔教授向来倡导兼容并包,故而不以我为驳杂;顾雷编辑深耕于文明对话领域,因此屡施以青眼。两位贤达一北一南,风土虽殊,但眷顾之意却并无二致。复旦大学出版社在业界声誉有目共睹,能于是社出版本书,我实感荣幸。更何况复旦大学还是我的母校,想起相辉堂前绵绵的绿茵,抹云楼畔幽微的香桂,邯郸路上烂缦的卿云,每每让人心旌摇曳,不能自已。

再版后记

本书有一部分内容是以马克思晚年的两部笔记——是"人类学笔记"和"历史学笔记"为研究对象的。不过,在以前我对两部笔记的理解实在不够深入,最近通过总体考量与探索,对马克思当年做摘录时的心境又有了进一步的认识。

在阅读摩尔根等人带来的美洲资料、东方资料前,马克思对人类社会发展的总体规律是抱有信心的,那个"亚细亚的,古代的,封建的和现代资产阶级的"逻辑体系虽然带有黑格尔"东升西落"的欧洲中心论观念,但却是马克思解剖历史与现实的利器。然而,在阅读人类学著作后,马克思发现了异域的多种面相,其失落感是显而易见的。要么,对欧洲之外的新材料视而不见,继续推行自己自洽的理论;要么,承认世界文明的多样性,重新优化或调整自己的逻辑体系。晚年的马克思疾病缠身,处于这两难的境地中,他必须要做出抉择。

当然,马克思并未轻下断语,关于东方的论定,感觉他似乎有些茫然,有些信件竟然四易其稿。在"人类学笔记"之后,马克思又开始摘录"历史学笔记",在"历史学笔记"中,他进行了广泛的、有关东西方交流资料的摘录,学术视野由欧亚延展至全球。在"历史学笔记"中,马克思重申了"古代的,封建的和现代资产阶级的"逻辑体系,虽然去除了"亚细亚的",但这依然是有关人类社会规律的总体性概括。马克思此番操作并不是一般性地复归原点,经过了"人类学笔记"的否定和"历史学笔记"的再度确定,那个人类社会规律的总括就褪去了黑格尔式的外壳,实现了螺旋式的升华。

马克思不是东方学家,然而文明的互鉴却让他的学术更加摇曳多姿。这就是伟大导师带给我们的提示与启迪。与马克思晚年取向相仿,本书在很多环节都十分注重讨论文明互鉴的价值。譬如讨论希腊哲学对伊斯兰教中古哲学的影响,德国古典唯心哲学对俄国文化界的意义;譬如讨论尼采之于鲁迅,禅宗对日本乃至对西方世界的影响;等等。正如马克思摘录两个笔记一样,在文明互鉴中,总体的学术收益都是正值。从更长的时段来说,上一阶段你惠及于我,下一阶段我可能反哺于你。文明互鉴的本质,并不是证明谁比谁更为优胜,而是在比较中相互提升,彼此照亮。

我的本专业是中国古典文献学,其中涉及中国思想史的大量内容,也就免不了讨论一些哲学命题。例如《老子》所说的"道"是"有",还是"无"?这个问题在魏晋时代就引发了汹汹的争议。当其时,"贵无派"贵无,"崇有派"崇有,彼此扞格而难通。的确,《老子》中有"有生于无"的句子,可以作为"无"为本体的证据;但《老子》中"有物混成"的描述同样也可以推出"有"为本体。是有是无,我曾一度辨析不清,但当读到黑格尔《小逻辑》"有"作为开端时立刻融会贯通起来。不可感觉、不可直观、不可表象的"有"作为开端,当它反思时却发现自己是"无",于是它决心使自己"有"起来,这样一个正反合的变化就生成的真正的内容。从这个视角反观《老子》的本体,就有了明确的答案:所谓的"道",既是无也是有,因为有个"无"也是"有"。

有学者曾用"拯救"与"逍遥"来对比中西文学之差别,也有学者以"罪与文学"为题总括西方并审视传统。"拯救"也好,"罪"也罢,这都是基督教的基因,并非西方文化的全部,像"逻各斯"和"努斯"的对立统一,就是源于希腊哲学的,前者可以外化为语言,后者则是生存论的内核。从希腊以来,一直到黑格尔,西方哲人都是坚信逻辑与语言的,唯一有些另辟蹊径的谢林,也会被视为异类而加以批判。反观东方,其本身就没有"逻辑"一词,《庄子》云"得意而忘言",禅宗说"不立文字",其本质就是对语言文字的最大限度的不信任。如果不能充分认识西方语境对逻辑语言的执着,又岂能充分理解东方传统中神秘的灵光闪耀?

在中国古典文献中,有不少资料尤其是出土资料指向了周秦之变与古典商品经济的终结这两个宏大命题。我关注这两个命题已经有十多年之久,也一直期待能写出一部专著很好地阐释这两个命题。为此,除了专注于中国传世文献和出土文献外,我还涉猎了氏族理论和新制度经济学等方面的内容。兜兜转转这么多年,却一个字也没能写出来,实在是惭愧。不过,理论与知识的准备视以往更为充足,这是值得欣慰的事情。十余年来的阅读体验,也使自己越来越明白,要想做好"周秦之变与古典商品经济的终结"的论述,依靠"食货志"是远远不够的,尤其是理论层面的借鉴必不可少。

有了制度变迁理论的支撑,我对经济史的看法超越了静止的切片考证,确立起立体且动态的推演模式。以制度变迁的视角来观察,看似熟烂的问题都会生发出新内容,例如井田在现实中到底会以一种怎样的形态存在?授田制是如何产生的,在人口变化的情况下会出现怎样的调整形态?以函数的形式演示均田制的实施与崩溃过程是否可行?阅读诺斯《西方世界的兴起》中的制度变迁模式,甚至让我看到了当今家庭联产承包责任制必然要走过的路径。"低效"这一关键词像梦魇一样奴役着历史,而"产权"这一关键词则像灵药一样治愈着现实。制度变迁理论下的经济史,是让人耳目一新的经济史。

有制度变迁理论的支撑,我对所谓的"唐宋变革"也有了更为深刻的理解。五代以前那种倡导血统论的贵族体制,其实是以均田制为前提的。说得更深入一些,即资源配置方式乃是以权力为主导。贵族体制势必会形成一个凝固化的社会,人身依附是最主要的社会关系,自由只能属于极少数人。五代以后尤其是宋代,商品经济在一定程度上发展起来,市场与产权也逐渐进入人们的视野。人身依附关系松解,契约意识开始萌动。"从身份到契约",不仅仅是梅因的宏大号召,也可以看作是"唐宋变革"的价值取向,尽管它最后在皇权钳制下胎死腹中。

  周秦之变的过程,也就是古典商品经济终结的过程,这个过程肇端于春秋时代,强化于战国时代,并最终定型于秦与两汉。这个过程也是一个抹杀商品和契约的过程,是对市场作为资源配置手段的一种挑战。古典商品经济终结后,历史洪流回落,直到宋代的"不立田制"与"不抑兼并",才使商品活动获得了稍稍喘息的机会。我对整个经济史的理解,得益于"唐宋变革论",对"唐宋变革论"的深化,又得益于新制度经济学的制度变迁理念。作为一个坚定的市场论者,我对历史上资本主义萌芽萌而未萌的境况是有确定答案的。没有制度变迁理论的拿来,我的理解或许会十分粗浅。

  我读初中的时候,班主任送我一本他读中师时的教材《美术鉴赏》,现在看来那只是一本普通的书,但在无书可读的时代却起到了打开我心灵窗户的作用。《美术鉴赏》的特点在于全方位的知识普及,其中不仅有绘画内容,还有园林、建筑和雕塑内容。在绘画层面,该书注重了中西平衡,其中既有中国的荆关董巨、李刘马夏、黄王吴倪、原朱髡渐,也有西方的古典主义、浪漫主义、现实主义和印象主义。可能从初中时代起,《美术鉴赏》在我心中就埋下了文化比较和文明互鉴的种子。我从不认为我们的点染皴擦就优胜于他们的挫拍揉勾,我也不认为他们的透视光影会超越我们的笔墨趣味。就我个人的认知而言,学习西方美术非但不会压低我们传统美术的地位,反而更有助于提升我们"神韵""意境"等独特美学格调的价值。

学习过巴比松七星师法自然所营造的诗境,或许更能理解中国画家搜尽奇峰的执着,寄情山水的品味;了解了蒙克、康定斯基情绪洪水所喷涌的色彩波澜后,或许更能领会青藤、雪个、大涤子之画的横涂纵抹。西方美术不是东方美术的对手,两者完全可以做到彼此衬托,相辅相成。

我老家村子西南边有一片台地,村里人都叫它西上岗儿,那块台地是我们刘连城村与西高口村的分界线,也是高阳县与肃宁县的分界线,同时也是保定地区和沧州地区的分界线。在我小的时候,村里孩子常常在那个台地上与西高口村的孩子们"开仗",其实就是用弹弓彼此攻杀,有时候真的会打得头破血流。那时候一个村子的人总是同仇敌忾,将另外一个村子的人视为水火不相容的敌对势力。长大后,却发现西高口村的人都不是什么凶神恶煞,竟然和刘连城村的人大抵相同,那么以前的极端排斥,想来也是可笑之举。

正如学习西医是为了构建现代医学一样,我们学习西学,也不是为西化,而是要充分的现代化。中华文明之所以生生不息,就是因为其具备包容开放的特性。就这个视角而言,任何形式的锁国之举,都无异开历史的倒车;任何形式的思想闭塞,也都不是树立文化自信的良策。从我童年经验而论,盲目鼓吹刘连城村至上者固然不足一哂,而信誓旦旦散布西高口村人是"捣蛋锤"者,也实在是其心可诛。

本书出版于2022年,由于不是自己主业,也并未重视推介工作,序言没有,研讨会没有,甚至书评都不曾有一篇。然而没想到的是,本书出版仅半年,数千册销售一空,一跃成为我销量最高的作品。对不合时宜的我来说,这或许就是最为温暖的肯定,彷佛一缕希望的光,突然穿透了生活中无尽的虚无。

2023 年 11 月于班车上

图书在版编目(CIP)数据

影响的张力:域外学术思想探赜/刘成群著.—上海:复旦大学出版社,2022.10(2023.11重印)
ISBN 978-7-309-16215-8

Ⅰ.①影… Ⅱ.①刘… Ⅲ.①马克思主义-研究 Ⅳ.①A81

中国版本图书馆 CIP 数据核字(2022)第 095180 号

影响的张力:域外学术思想探赜
刘成群 著
责任编辑/顾 雷

复旦大学出版社有限公司出版发行
上海市国权路 579 号 邮编:200433
网址:fupnet@fudanpress.com http://www.fudanpress.com
门市零售:86-21-65102580 团体订购:86-21-65104505
出版部电话:86-21-65642845
江阴市机关印刷服务有限公司

开本 890 毫米×1240 毫米 1/32 印张 13.625 字数 264 千字
2022 年 10 月第 1 版
2023 年 11 月第 1 版第 2 次印刷

ISBN 978-7-309-16215-8/A·52
定价:88.00 元

如有印装质量问题,请向复旦大学出版社有限公司出版部调换。
版权所有 侵权必究